문제 해결의 힘,
컴퓨팅 사고력

생각   구현   전략

문제 해결의 힘,
컴퓨팅 사고력

한옥영 지음

```
1 <class 'int'>
Python <class 'str'>
True <class 'bool'>
```

Computational Thinking

성균관대학교
출판부

차례

1장

문제 해결의 개념

Computational
Thinking

✔ 문제 해결은 오늘날 모든 학문, 산업은 물론 우리의 일상생활에서도 빠질 수 없는 필수 역량이다. 기술은 빠르게 발전하고 점점 더 복잡해지는 이 시대, 우리는 크고 작은 문제들과 끊임없이 마주한다. 그때마다 문제 해결 능력은 우리를 앞으로 나아가게 하는 동력이 된다.

....

✔ 컴퓨팅 사고와 논리적 접근 방식은 문제를 바라보는 시선을 바꾸고, 복잡하게 얽힌 실타래를 하나씩 풀어나갈 실마리를 제공한다. 현실의 복잡한 문제들은 단순한 방법으로 해결되지 않는다. 창의적 사고와 데이터 기반 접근 방식은 서로 얽혀 있는 문제의 본질을 꿰뚫고, 새로운 해답을 찾도록 이끈다. 따라서 문제 해결은 선택이 아니라, 더 나은 미래로 나아가기 위한 필수 조건이다.

....

✔ 개인뿐만 아니라 조직, 사회의 발전과 혁신 역시 문제를 해결하려는 도전에서 시작된다. 문제 해결을 통해 더 나은 사회를 설계하고, 더 효율적인 시스템을 구축하며, 모두가 공존할 수 있는 환경을 만들어 나간다. 따라서 현대 사회에서 문제 해결 역량은 경쟁력을 결정하는 핵심 요소다. 그러므로 문제를 마주했을 때 주저하지 말자. 그것이 바로 성장의 기회이기 때문이다.

....

✔ 이 단원에서는 문제 해결의 중요성을 깊이 있게 다루며, 왜 문제 해결이 우리 삶의 필수적인 부분인지 함께 생각해본다. 지금 해결하는 작은 문제는 내일의 더 큰 기회를 여는 열쇠가 될 것이다. 문제를 해결하는 사람만이 새로운 미래를 만들어간다. 그 미래는 바로 지금, 여러분의 선택에서 시작된다.

01 | 문제 해결 정의

① 문제 해결이란?

우리는 모두 목표를 가지고 살아간다. 때로는 그 목표에 빠르게 도달하기도 하지만, 많은 경우 '현재 상태'와 '목표 상태' 사이에는 넘어서야 할 벽이 존재한다. 그 벽을 넘는 과정이 바로 '문제 해결'이다. 문제 해결은 단순히 난관을 피하거나 돌아가는 것이 아니라, 그 본질을 파악하고 정면으로 마주하며 나아가는 여정이다.

해결되지 않은 문제는 우리 앞에 장애물처럼 서 있지만, 그것을 체계적으로 정의하고 계획하는 순간, 더 이상 두려움의 대상이 아니다. 문제를 정의하고 구체적인 실행 계획을 수립하는 과정에서 우리는 논리적 사고와 창의적 접근을 결합해 효율적인 해결책을 도출한다. 문제 해결은 단순히 문제를 해결하는 것에서 끝나지 않고, 사고를 확장시키고, 새로운 기회를 발견하는 과정이 되기도 한다.

문제 해결의 여정은 문제의 정의에서 시작된다. 문제의 원인을 분석하고, 다양한 해결 방안을 도출한 뒤 이를 실행하고 평가하는 다단계 과정이다. 이 과정은 명확한 목표와 구체적인 실행 계획 없이는 진행될 수 없다. 구체적인 목표가 설정될 때 우리는 더 높은 집중력과 효율성을 발휘할 수 있고, 구체적인 실행 계획은 문제 해결을 현실로 만든다.

컴퓨팅 사고는 문제를 작은 단위로 나누고, 패턴을 발견해 해결책을 설계하는 데 탁월한 도구가 된다. 우리는 이 과정을 통해 복잡한 문제를 하나씩 풀어나가며, 더 나은 해결책을 만들어 나간다. 문제 해결은 개인의 성취를 넘어서 조직과 사회의 발전에도 핵심적인 역할을 한다. 문제는 성장의 기회로서 해결하는 과정에서 더 나은 자신을 만나고, 더 나은 세상을 만들어 나간다. '문제를 피하지 않고 해결하려는 마음가짐'이야말로 우리의 가능성을 확장하는 첫걸음이다.

❷ 문제의 정의

문제는 우리가 이루고자 하는 '목표 상태'와 '현재 상태' 사이의 차이에서 비롯된다. 목표 상태는 우리가 꿈꾸는 이상적인 모습이며, 현재 상태는 우리가 직면하고 있는 현실이다. 문제는 단순히 불편한 상황이 아니라, 우리가 더 나아가기 위해 풀어야 할 과제다. 문제를 정의하는 것은 문제 해결의 첫걸음이다. 성공적인 문제 해결은 명확한 문제 정의에서 시작된다. 목표가 분명하지 않은 상태에서는 효율적인 해결책을 찾기 어렵다. 반대로 문제를 제대로 정의하면 해결 과정이 훨씬 명확해지고, 결과적으로 더 나은 해결책을 도출할 수 있다.

   문제를 정의할 때는 목표 상태와 현재 상태를 명확히 구분하는 것이 중요하다. 목표 상태는 우리가 이루고자 하는 바람직한 미래의 모습이며, 현재 상태는 우리가 출발해야 할 지점을 의미한다. 문제 정의는 두 상태 사이의 차이를 인식하고, 이를 구체적으로 설명하는 과정이다. 정확한 문제 정의는 문제 해결의 효율성과 효과를 결정짓는다. 명확하게 정의된 문제는 해결 방향을 설정하는 나침반과 같다. 목표와 현재 상태를 구체적으로 파악하고, 그 차이를 줄이기 위한 계획을 세우는 과정은 문제 해결의 필수 단계다.

❸ 문제의 종류

우리의 삶은 예상치 못한 문제들로 가득하다. 하지만 모든 문제가 같은 방식으로 드러나는 것은 아니다. 어떤 문제는 눈앞에서 선명하게 발생하고, 어떤 문제는 시간이 지나 발견되며, 어떤 문제는 우리가 찾아내야만 비로소 드러난다. 문제를 인식하는 방식은 다르지만, 이를 구분하고 이해하는 것은 문제를 해결하는 첫걸음이다.

발생하는 문제   일상에서 자연스럽게 나타난다. 피부에 여드름이 올라오는 것처럼 갑작스럽게 나타나는 문제들은 예상하지 못한 순간에 우리를 당황하게 만든다. 기계가 고장나거나, 시간을 제대로 관리하지 못해 중요한 일을 놓치는 상황이 이에 해당한다. 이런 문제들은 피할 수 없지만, 빠르게 인식하고 해결하는 것이 중요하다. 예를 들어, 시험 기간에 갑자기 집중이 안 되는 상황이나, 다이어트를 시작했지만 저녁에 야식을 먹고 후회하는 일도 발생하는 문제의 일종이다. 이러한 문제는 누구에게나 일어나며, 적절하게 대응하는 것이 문제 해결의 핵심이다.

발견하는 문제　　겉으로 명확히 드러나지 않아 주의 깊게 살펴야 한다. 마치 벽에 생긴 작은 금이 시간이 지나 커지는 것처럼, 문제는 진행되고 있지만 바로 인식하지 못하는 경우가 많다. 피부 트러블이 계속 생기는 이유가 단순한 피로 때문인지, 잘못된 생활 습관 때문인지를 분석하는 과정도 발견하는 문제에 속한다. 또한, 친구의 표정이 평소와 다르게 어둡고 우울해 보일 때, 그것이 단순한 피곤함인지 더 깊은 문제가 있는지 알아보는 과정 역시 발견하는 문제의 사례. 성적이 갑자기 떨어질 때도 마찬가지다. 문제의 원인은 여러 가지일 수 있으며, 이를 분석하고 찾아내는 것이 필요하다.

발굴하는 문제　　눈에 보이지 않지만, 우리가 적극적으로 찾아내야 하는 문제다. 친구가 겉으로는 평범해 보이지만, 표정이나 행동에서 미묘하게 느껴지는 우울함을 감지하고 다가가는 것, 그 과정에서 자살이나 정신적 위기를 예방하는 것이 발굴하는 문제의 좋은 예다. 기후 변화에 대응해 지속 가능한 에너지 개발을 추진하는 것, 미래의 교육 방식이 현재로서는 문제가 없어 보이지만 점차 새로운 시스템이 필요하다고 인식하는 것 역시 발굴하는 문제의 사례. 발굴하는 문제는 적극적인 관찰과 분석을 통해 문제의 싹을 발견하고, 미리 대처하는 과정이다.

　　발생하는 문제, 발견하는 문제, 발굴하는 문제는 각각 다른 방식으로 우리 앞에 나타난다. 문제를 정확히 구분하고 인식할 수 있다면, 해결책을 설계하는 과정은 더욱 명확해진다. 문제 해결의 시작은 문제를 있는 그대로 바라보고, 그 본질을 파악하는 데서 출발한다.

4 문제 해결 유형

문제는 단순하지 않다. 문제의 형태에 따라 접근 방식이 달라지며, 이를 구분하는 것은 효과적인 해결책을 찾는 데 중요한 역할을 한다. 문제 해결의 유형을 이해하면 우리는 각 상황에 맞는 전략을 세울 수 있으며, 문제를 보다 효율적으로 처리할 수 있다. 문제는 각기 다른 형태로 우리 앞에 나타난다. 문제의 유형을 이해하는 것은 문제를 효과적으로 해결하는 첫걸음이다. 문제 해결 방식은 문제의 특성에 따라 달라지며, 이를 정확하게 구분하는 것은 최적의 해결책을 찾는 데 중요한 역할을 한다.

결정 문제 명확한 선택이 필요한 상황에서 발생한다. 새로운 스마트폰을 구매하려고 할 때 다양한 모델 중 어떤 제품을 선택할지 고민하는 상황이다. 기능과 가격을 비교하고, 디자인이나 브랜드를 고려해 최종 결정을 내려야 한다. 출근길에 지하철을 탈지, 버스를 탈지 선택하는 것도 결정 문제의 사례다. 결정 문제는 다양한 선택지 중에서 가장 적합한 것을 선택하는 과정이다.

계산 문제 구체적인 숫자와 수치적 결과를 필요로 한다. 한 달 생활비를 계획하거나 프로젝트 예산을 산출하는 상황이 이에 해당한다. 예를 들어, 용돈 또는 월급에서 고정 지출과 저축 금액을 뺀 뒤 남은 금액을 어떻게 분배할지 고민하는 과정은 전형적인 계산 문제다. 시험에서 몇 문제를 더 맞혀야 목표 점수를 받을 수 있을지 계산하는 것도 마찬가지다. 계산 문제는 명확한 공식과 데이터가 요구되며, 결과는 수치로 표현된다.

탐색 문제 최적의 대상을 찾는 과정이다. 새로운 맛집을 찾기 위해 인터넷을 검색하거나, 방대한 자료 속에서 논문 작성을 위한 적합한 정보를 찾는 상황이 이에 해당한다. 또 다른 예로는 여행을 떠날 때 최단 경로를 탐색하는 경우를 들 수 있다. 구글 지도를 활용해 가장 빠른 길을 찾는 것은 탐색 문제의 전형적인 사례다. 탐색 문제는 다양한 경로와 선택지를 분석하고, 그중에서 최적의 것을 찾아내는 과정이다.

최적화 문제　자원을 가장 효율적으로 활용하는 상황에서 발생한다. 제한된 예산 안에서 최고의 결과를 얻기 위해 비용을 절감하는 방법을 찾는 것이 이에 해당한다. 최소 비용으로 최대한 많은 상품을 생산하거나, 짧은 시간 안에 가장 많은 업무를 처리하는 방식도 최적화 문제의 일종이다. 마치 하루 24시간을 효율적으로 계획해, 일과 공부, 운동을 균형 있게 배치하는 것과 같다. 최적화 문제는 주어진 조건 안에서 최대의 효과를 내기 위한 해결책을 설계하는 과정이다.

문제를 해결할 때는 문제의 유형을 정확히 파악하는 것이 중요하다. 문제의 본질을 이해하고, 그에 맞는 접근 방식을 선택하는 과정에서 우리는 더욱 효율적이고 현명하게 문제를 해결할 수 있다. 문제를 바라보는 관점과 접근 방식이 달라질 때, 더 나은 결과와 성과를 얻을 수 있다.

5 문제 해결 요소

문제 해결은 단순한 행운에 맡길 수 있는 일이 아니다. 문제를 제대로 해결하려면 세 가지 중요한 요소가 필요하다. 바로 시간, 노력, 사고다. 이 세 가지 요소는 우리가 문제를 정의하고, 해결책을 도출하며, 결국 목표를 달성하는 데 필수적이다. 즉, 문제 해결 과정에서 방향을 제시하고, 결과의 질을 결정하는 핵심 동력이다.

시간　문제 해결에서 시간은 결과의 질을 결정하는 중요한 요소다. 프로젝트 마감 기한을 지키기 위해서는 주어진 시간을 효율적으로 관리하는 것이 필수적이다. 시간이 부족하면 해결책이 미흡해지고, 실수가 발생할 가능성이 커진다. 반면에 충분한 시간을 들여 계획을 세우고 실행하면 완성도가 높은 결과를 얻을 수 있다. 예를 들어, 시험을 준비할 때도 전날 벼락치기를 하기보다는 일주일 전부터 시간을 나누어 복습하는 것이 훨씬 효과적이다. 시간은 문제 해결 과정에서 방향을 잡아주며, 우리가 더 나은 결과를 도출하는 데 중요한 역할을 한다.

노력　시간이 충분하더라도 집중과 반복이 없다면 문제는 쉽게 해결되지 않는다. 시험에서 좋은 성적을 얻기 위해서는 지속적인 복습과 문제 풀이가 필수적이다. 하루이틀 공부하는 것으로는 부족하며, 꾸준히 시간을 들여 준비해야 한다. 체력을 기르기 위해서 헬스장에 등록하는 것만으로는 부족하다. 매일 운동하고 반복적으로 단련해야 원하는 결과를 얻을 수 있다. 마찬가지로, 문제 해결에서도 끊임없는 시도와 개선이 필요하다. 노력은 단순히 결과를 만드는 것을 넘어, 과정을 통해 성장하게 하는 중요한 요소다.

사고　문제 해결 과정에서 창의적이고 논리적인 사고는 핵심적인 역할을 한다. 데이터를 분석하고 새로운 아이디어를 도출하는 과정은 문제 해결의 중요한 부분이다. 예를 들어, 프로젝트를 기획할 때 기존 방식을 그대로 답습하는 대신, 데이터를 분석하고 혁신적인 아이디어를 결합하면 더 나은 해결책이 만들어진다. 시험 준비에서도 단순한 암기보다는 내용을 이해하고 자신의 방식으로 정리하는 사고 과정이 필요하다. 사고는 문제를 다른 각도에서 바라보게 하고, 우리가 예상하지 못한 해결책을 발견하도록 돕는다.

　문제 해결은 시간, 노력, 그리고 사고가 조화를 이루는 과정이다. 시간이 방향을 잡아주고, 노력은 지속적인 실행을 가능하게 하며, 사고는 문제의 본질을 꿰뚫어 새로운 해결책을 찾아낸다. 이 세 가지 요소는 문제 해결의 모든 과정에서 중요한 역할을 하며, 궁극적으로 더 나은 결과를 만들어내는 데 기여한다.

02 | 문제 해결 과정

문제를 해결하는 과정은 단순한 직감이나 즉흥적인 선택이 아니라, 체계적이고 단계적인 접근이 필요하다. 문제는 쉽게 풀리는 경우도 있지만, 대부분은 여러 단계에 걸쳐 분석하고 검토해야 올바른 해결책을 찾을 수 있다. 문제 해결의 4단계는 명확한 방향을 제시하며, 복잡한 문제를 체계적으로 접근할 수 있도록 돕는다.

1단계: 문제 이해　문제 해결의 첫걸음은 문제를 명확하게 이해하는 것이다. 현재 상태를 정확하게 파악하고 목표 상태와 비교하는 과정에서 문제의 본질이 드러난다. 예를 들어, 프로젝트 일정이 늦어지는 상황에서는 '현재 진행 상태'와 '최종 목표'를 구체적으로 분석해야 한다. 어디에서 일정이 지연되었는지, 무엇이 문제의 원인인지 파악하는 것이 중요하다. 이러한 문제 정의 과정은 이후 해결책을 마련하는 데 있어 필수 기반이 된다.

2단계: 해결 방안 고안　문제를 명확하게 정의했다면, 이제 다양한 해결 방안을 떠올릴 차례다. 이 단계에서는 '창의력'이 중요하게 작용한다. 다양한 아이디어를 내고, 그 아이디어들이 문제 해결에 적합한지 검토하는 과정이다. 예를 들어, 일정이 늦어진 프로젝트에 대해 팀원들과 함께 브레인스토밍을 진행하거나, 새로운 협업 도구를 도입하는 등의 방법을 고려할 수 있다. 여러 가지 대안을 마련하고 그중에서 가장 현실적이고 효과적인 방법을 찾는 것이 핵심이다.

3단계: 해결책 선택　여러 가지 해결 방안 중에서 가장 적합한 것을 선택하는 단계다. 해결책을 선택할 때는 비용, 효율성, 실행 가능성 등 다양한 요소를 종합적으로 고려해야 한다. 예를 들어, 프로젝트 일정이 늦어졌을 때 추가 인력을 투입하는 방법과 기존 인력의 업무 분담을 조정하는 방법이 있다. 각각의 방안은 장단점이 있으며, 상황에 따라 가장 적합한 방안을 신중하게 선택하는 것이 중요하다. 선택된 해결책이 목표 달성에 실질적인 도움이 되는지 평가하는 과정도 포함된다.

4단계: 실행 및 평가 마지막 단계는 선택한 해결책을 실행하고 그 결과를 평가하는 것이다. 문제 해결은 실행으로 끝나지 않는다. 실행 후 결과를 분석하고, 부족한 부분이나 예상치 못한 문제가 발생했을 경우 피드백을 받아 개선하는 과정이 필요하다. 예를 들어, 새로운 협업 도구를 도입했지만 팀원들이 적응하는 데 시간이 걸린다면, 추가 교육이나 가이드라인을 제공하는 등의 후속 조치가 필요하다. 문제 해결의 과정은 끊임없는 피드백과 개선을 통해 더 나은 결과를 도출하는 데 목적이 있다.

이처럼 문제 해결은 단순한 행동이 아닌, 체계적이고 반복적인 과정이다. 문제를 명확하게 이해하고, 다양한 방안을 고민하며, 최적의 해결책을 선택하고 실행하는 과정에서 우리는 한 단계 더 성장하게 된다. 문제는 성장의 기회이며, 그 기회를 잘 활용하는 것이 문제 해결의 핵심이다. 이제, 각 단계별로 자세히 검토해보자.

① 1단계: 문제 이해

문제를 해결하는 데 있어 가장 중요한 첫걸음은 문제를 정확히 이해하는 것이다. 문제가 무엇인지 제대로 파악하지 못한다면, 아무리 많은 시간과 노력을 들이더라도 엉뚱한 방향으로 나아갈 수 있다. 문제의 본질을 간과한 채 표면적인 증상만을 해결하려는 시도는, 마치 병의 근본 원인을 찾지 않고 증상만 완화하려는 것과 같다. 결국 문제는 해결되지 않고 재발하게 되며, 비효율적인 결과를 낳는다.

문제 이해에서 가장 중요한 것은 현재 상태와 목표 상태 간의 차이를 명확하게 정의하는 것이다. 목표 상태는 우리가 바라는 이상적인 결과이며, 현재 상태는 우리가 처한 현실이다. 예를 들어, 학생들의 성적이 지속적으로 낮게 나오는 상황이 있다고 하자. 이 문제를 단순히 '학생들이 공부를 열심히 하지 않기 때문'이라고 정의한다면, 문제의 근본 원인을 놓칠 수 있다. 실제로는 학생들의 학습 환경이 열악하거나, 수업 방식이 학생들에게 맞지 않을 수 있다. 따라서 문제를 보다 구체적이고 깊이 있게 분석해야 한다. 문제를 정의하는 과정에서는 원인과 결과를 구체적으로 분석하여 문제의 본질을 파악해야 한다. 성적 저하라는 결과는 단순하지만, 그 원인은 다양할 수 있다. 학생들의 동기 부족, 학습 자료 부족, 가정 내 문제, 심지어는 교사의 지도 방식이 학생들과 맞지 않는 경우도 있을 수 있다. 이러한 다양한 요소를 분석하지 않고 표면적인 이유에만 의존해 해결책을 도출한다면, 효과는 제한적일 수밖에 없다.

잘못된 문제 정의는 해결 과정에서 비효율로 이어질 가능성이 높다. 방향을 잘못 잡은 상태에서 해결책을 찾는 것은 목적지를 모른 채 길을 떠나는 것과 같다. 예를 들어, 학생의 성적 저하를 '학생의 노력 부족'으로 정의하는 경우, 학생에게 더 많은 숙제를 부과하거나 자율 학습 시간을 늘리는 방식으로 문제를 해결하려 할 것이다. 하지만 실제 문제는 수업 내용이 학생들에게 어렵거나, 교사의 설명 방식이 이해하기 어렵기 때문일 수 있다. 이처럼 문제를 잘못 정의하면, 노력에도 불구하고 결과는 기대에 미치지 못한다.

문제 이해는 단순히 문제를 보는 것이 아니라, 문제의 이면을 들여다보는 과정이다. 진짜 문제를 파악하려면, 현재 상태를 면밀히 조사하고, 목표 상태를 구체적으로 설정해야 한다. 그리고 그 사이의 간극이 무엇인지 정확하게 분석하는 것이 필요하다. 이를 통해 문제의 본질을 이해하고, 보다 효과적이고 현실적인 해결책을 도출할 수 있다. 문제 해결에서 가장 중요한 것은 정확한 출발점이다. 문제를 제대로 이해하고 정의하는 것만으로도 해결 과정의 절반은 성공한 셈이다. 문제의 본질을 파악했다면, 그에 맞는 해결책을 고안하는 일이 뒤따른다. 이제 다양한 관점에서 문제를 분석하고, 효과적인 해결책을 찾아가는 여정을 시작해보자.

❷ 2단계: 해결 방안 고안

문제를 정확히 이해했다면, 다음 단계는 그 문제를 해결할 수 있는 다양한 방안을 고안하는 것이다. 이 과정은 단순히 하나의 해결책을 찾는 데 그치지 않는다. 다양한 관점에서 문제를 바라보고, 가능한 모든 해결책을 열어두는 태도가 필요하다. 때로는 창의적이고 혁신적인 접근 방식이 예상치 못한 해결책을 제공하기도 한다.

해결 방안을 고안할 때는 기존의 사례와 경험을 적극적으로 참고하는 것이 도움이 된다. 이미 유사한 문제가 해결된 사례를 분석하고, 이를 기반으로 새로운 해결책을 설계하는 방식은 시간과 자원을 절약할 수 있다. 예를 들어, 도심의 교통 혼잡 문제를 해결하는 방안을 생각해보자. 단순히 도로를 확장하는 것만이 답은 아니다. 대중교통 시스템을 개선하거나, 신호등 체계를 최적화하는 등 여러 가지 대안이 존재한다. 기존 도시에서 시행된 사례를 분석하면, 해당 도시의 상황에 맞는 효과적인 해결책을 도출할 수 있다. 또한, 해결 방안을 고안하는 과정에서 팀워크는 중요한 역할을 한다. 개인의 아이디어는 한계가 있을 수 있지만, 여러 사람이 함께 문제를 분석하고 아이디어를 공유하면 보다 창의적이고 실현 가능한 해결책이 도출된다. 서로의 경험과 지식을 결합해 시너지를 창출하는 과정은 문제 해결의 핵심이다. 교통 문제에 대해 각 분야의 전문가들이 모여 토론을 진행하면, 기술적인 측면뿐만 아니라 사회적, 경제적 측면을 고려한 종합적인 해결책을 마련할 수 있다.

해결 방안을 고안하는 과정은 마치 퍼즐을 맞추는 것과 같다. 처음에는 흩어진 조각처럼 보이지만, 각 부분을 세심하게 검토하고 조합하다 보면 완성된 그림이 점차 드러난다. 모든 해결책이 완벽할 필요는 없다. 중요한 것은 다양한 해결 방안을 모색하고, 이를 통해 최적의 해결책을 발전시켜 나가는 과정이다. 결국, 문제 해결은 단순한 지식의 영역을 넘어선다. 다양한 시각에서 문제를 분석하고, 팀워크와 창의력을 통해 해결책을 발전시키는 과정은 개인뿐만 아니라 조직과 사회 전체의 성장으로 이어진다. 해결 방안을 찾는 여정에서 우리는 더 나은 결과를 만들어낼 수 있으며, 이는 곧 우리가 마주하는 모든 문제를 해결하는 데 있어 중요한 자산이 될 것이다.

문제 해결의 힘, 컴퓨팅 사고력

❸ 3단계: 해결책 선택

문제를 해결하기 위한 다양한 방안이 마련되었을 때, 그중에서 최적의 해결책을 선택하는 과정은 문제 해결의 성공과 실패를 좌우하는 중요한 단계다. 해결책을 선택할 때는 단순히 가장 쉽게 실행할 수 있는 방안을 고르는 것이 아니라, 효율성, 실행 가능성, 비용 대비 효과 등 다각적인 기준을 고려해야 한다. 문제를 해결하는 과정은 마라톤과 같다. 단기적으로 속도를 내는 것이 중요할 때도 있지만, 장기적인 지속 가능성과 안정성을 확보하는 것 역시 필수적이다. 효율성과 실행 가능성, 비용 대비 효과는 해결책을 선택하는 데 있어 가장 기본적인 기준이다. 아무리 훌륭한 아이디어라도 실행할 수 없다면 그것은 이상에 불과하다. 해결책이 실제로 현장에서 적용될 수 있는지, 그리고 투입되는 비용에 비해 얻을 수 있는 효과가 충분한지를 따져봐야 한다. 예를 들어, 교통 혼잡을 해결하기 위해 거대한 지하철 노선을 새로 건설하는 방안이 떠올랐다고 하자. 이 방안은 효과적일 수 있지만, 막대한 비용과 긴 시간이 필요하다. 반면, 기존 대중교통 시스템을 개선하거나 신호등 체계를 최적화하는 방법은 비교적 적은 비용으로 빠르게 시행할 수 있다.

또한, 단기적 해결책과 장기적 해결책의 균형을 맞추는 것도 중요하다. 당장 눈앞의 문제를 해결하는 단기적 방안이 필요하지만, 지속 가능한 발전을 위해서는 장기적인 관점에서 문제를 해결하는 방안도 병행되어야 한다. 예를 들어, 기업이 급격한 매출 하락을 겪을 때, 단기적으로는 프로모션이나 할인 이벤트를 통해 매출을 회복할 수 있다. 하지만 장기적으로는 브랜드 가치 강화, 제품 개발 등 근본적인 해결책이 필요하다. 데이터 기반의 의사 결정은 해결책의 신뢰성을 높이는 데 중요한 역할을 한다. 직감이나 경험만으로 결정을 내리는 것보다, 객관적인 데이터를 바탕으로 분석하고 검토하는 과정은 해결책의 타당성을 한층 강화시킨다. 고객의 피드백, 시장 조사, 경쟁사 분석 등 다양한 데이터를 종합하여 해결책을 선택하면, 문제 해결의 성공 확률이 크게 향상된다.

마지막으로, 선택한 해결책의 타당성 검증은 간과해서는 안 되는 과정이다. 해결책이 실질적으로 문제를 해결할 수 있는지, 예상치 못한 부작용은 없는지 철저히 검토해야 한다. 작은 문제라고 가볍게 넘기면, 실행 과정에서 더 큰 장애물이 될 수 있다. 해결책을 소규모로 시범 운영해보고, 그 결과를 바탕으로 수정과 보완을 거쳐야만 최적의 해결책을 도출할 수 있다.

문제 해결은 단순한 아이디어 도출에서 끝나지 않는다. 가장 적합한 해결책을 선택하고, 이를 효과적으로 실행하는 과정이 문제 해결의 진정한 완성이다. 문제를 해결하는 과정에서의 선택은 곧 우리의 사고 방식과 미래를 결정짓는 중요한 순간이며, 이 선택들이 모여 보다 나은 세상을 만들어가는 초석이 된다.

④ 4단계: 실행 및 평가

실행 과정의 체계화 문제를 해결할 방안이 결정되었다면, 이제 남은 것은 그것을 실행에 옮기는 일이다. 실행 과정은 계획을 현실로 바꾸는 중요한 단계로, 체계적이고 조직적인 접근이 필수적이다. 뛰어난 해결책도 실행 단계에서 혼란이 발생하거나 계획이 제대로 이행되지 않으면 빛을 발하지 못한다. 따라서 각 작업을 세분화하고, 책임을 명확히 분배하며, 효율적으로 자원을 활용하는 것이 중요하다.

실행 과정에서는 작업을 나누어 각자가 맡을 역할을 명확히 하고, 그에 따른 책임을 분담하는 것이 핵심이다. 프로젝트를 수행할 때 모든 사람이 같은 일을 동시에 진행하는 것은 비효율적이다. 예를 들어, 대규모 행사 준비에서는 행사 기획, 홍보, 현장 준비 등으로 역할을 나누고, 각 팀이 맡은 작업을 독립적이면서도 유기적으로 수행해야 한다. 각 단계에서 누가 어떤 부분을 맡고 있는지 명확하게 하는 것은 프로젝트의 혼선을 방지하고 일정 지연을 막는 데 도움이 된다.

문제 해결 과정에서는 예상치 못한 상황이 발생할 수 있다. 계획 단계에서 놓친 부분이나 외부 요인으로 인해 일정이 틀어질 수도 있다. 이러한 상황에 유연하게 대응하는 능력은 문제 해결의 핵심 중 하나다. 문제가 발생했을 때는 그 상황을 빠르게 인식하고, 해결 방안을 신속하게 모색하는 기민함이 요구된다. 예를 들어, 행사 당일 예상치 못한 비가 내린다면, 야외 행사를 실내로 전환하는 대안을 미리 마련해두는 것이 필요하다. 작업의 우선순위를 설정하는 것도 중요한 부분이다. 모든 작업을 동시에 진행하는 것은 불가능하므로, 무엇을 먼저 처리해야 하는지 판단하고 자원을 집중하는 것이 필요하다. 프로젝트에서는 긴급한 작업부터 처리하고, 상대적으로 시간이 걸리더라도 중요성이 낮은 작업은 뒤로 미루는 방식이 효율적이다. 이를 통해 한정된 자원을 최대한 효과적으로 활용할 수 있다.

또한, 진행 상황을 지속적으로 모니터링하고 점검하는 것은 필수적이다. 계획대로 진행되고 있는지, 일정에 차질이 없는지를 수시로 확인하는 과정은 문제를 사전에 예방하고, 발생한 문제를 조기에 발견해 빠르게 수정할 수 있도록 돕는다. 명확한 의사소통 채널을 확보하는 것 역시 실행 과정에서 중요한 역할을 한다. 모든 팀원들이 서로의 진행 상황을 공유하고, 필요한 정보가 신속하게 전달될 수 있도록 체계를 갖추는 것이 중요하다.

마지막으로, 문제 해결이 완료된 후에는 그 과정에서 얻은 교훈과 결과를 기록으로 남기는 것이 필요하다. 이는 향후 유사한 문제가 발생했을 때 참고할 수 있는 귀중한 자산이 되며, 조직 전체의 역량을 높이는 데 기여한다. 지식은 공유될 때 비로소 더 큰 가치를 가지며, 성공적인 경험뿐만 아니라 실패한 경험 역시 중요한 배움의 기회가 된다. 실행 과정의 체계화는 단순히 계획을 수행하는 것 이상이다. 그것은 팀워크, 자원 관리, 지속적인 점검과 피드백을 통해 더 나은 결과를 도출하는 과정이다. 성공적인 실행은 문제 해결의 마지막 관문이며, 이를 통해 비로소 목표에 도달할 수 있다.

피드백: 지속 가능한 성장의 열쇠 해결책을 실행한 이후, 그것이 실제로 얼마나 효과적이었는지를 평가하는 과정은 문제 해결의 마지막이자 다음 문제 해결을 위한 출발점이다. 평가와 피드백은 단순히 성과를 측정하는 것 이상의 의미를 지닌다. 이는 성공을 재확인하고, 실패를 자산으로 전환하는 과정이며, 지속적으로 발전하기 위한 필수적인 단계다.

문제 해결 과정에서의 평가는 해결책이 문제에 가져온 변화를 정량적, 정성적으로 분석하는 것에서 시작된다. 해결책이 의도한 결과를 달성했는지, 아니면 예상치 못한 부작용이 있었는지를 구체적으로 파악해야 한다. 예를 들어, 교통 혼잡을 줄이기 위해 신호 체계를 조정했을 경우, 교통 흐름이 실제로 개선되었는지를 통계적으로 분석하는 한편, 시민들이 체감하는 변화도 함께 평가하는 방식이다. 이러한 다각적인 평가는 해결책의 실효성을 높이는 데 필수적이다.

평가 과정에서는 성공적인 점과 부족한 점을 명확히 구분하고, 이를 다음 단계에 반영하는 피드백 루프가 중요하다. 성공한 부분은 다음 프로젝트에서 강화하고, 부족했던 부분은 구체적으로 분석하여 보완책을 마련해야 한다. 마치 스포츠 경기에서 경기 영상을 분석해 강점은 극대화하고 약점은 개선하는 것과 같은 원리다. 이를 통해 지속적으로 개선하는 문화가 형성되고, 문제 해결 능력은 점차 발전하게 된다. 또한, 피드백은 팀과 조직의 성장을 촉진하는 중요한 자산이다. 해결책을 도출하고 실행한 팀원들뿐만 아니라, 프로젝트의 결과를 직접 경험한 사용자나 고객으로부터 받은 피드백은 향후 더 나은 해결책을 설계하는 데 핵심적인 역할을 한다. 실제로 많은 기업이 고객 피드백을 기반으로 제품을 개선하고, 서비스의 질을 높이며 경쟁력을 강화한다. 이처럼 외부의 시각을 적극적으로 수용하는 자세는 문제 해결의 완성도를 한층 끌어올린다.

해결책의 평가 과정에서는 장기적인 관점에서의 지속 가능한 개선이 중요하다. 단기적인 성공에 만족하지 않고, 시간이 지나도 꾸준히 효과를 발휘할 수 있는지 확인해야 한다. 단기적으로는 유용해 보이지만 장기적으로는 비효율적일 수 있는 해결책은 다시 검토해야 한다. 예를 들어, 비용을 절감하기 위해 직원 교육을 축소한 경우, 단기적으로는 이익을 얻을 수 있지만 장기적으로는 직원 역량이 떨어져 나중에 더 큰 비용이 발생할 수 있다. 평가와 피드백은 실패의 원인을 분석하고 대안을 마련하는 과정에서도 빛을 발한다. 해결책이 기대에 미치지 못했다면, 그 원인을 철저히 분석하고, 이를 다음 프로젝트에서 반복하지 않도록 하는 것이 중요하다. 실패는 끝이 아니라, 더 나은 해결책을 위한 디딤돌이 된다.

궁극적으로, 평가와 피드백은 문제 해결의 완성 단계이자 새로운 시작을 알리는 출발점이다. 이를 통해 개인과 조직은 한층 더 성숙해지고, 다음 문제를 더 효과적으로 해결할 준비를 갖추게 된다. 문제 해결에서 중요한 것은 결과가 아니라, 그 과정에서 얻는 배움과 성장임을 잊지 말아야 한다.

03 | 문제 해결에서 컴퓨팅 사고의 역할

우리는 복잡하고 예측할 수 없는 문제에 끊임없이 직면하며 살아간다. 때로는 사소해 보이는 문제가 우리의 발목을 잡기도 하고, 예상치 못한 장애물이 앞을 가로막기도 한다. 이러한 문제들을 해결하는 과정은 삶을 살아가는 데 있어 필수적인 능력이며, 컴퓨팅 사고는 이와 같은 문제 해결에서 핵심적인 역할을 수행한다.

컴퓨팅 사고는 세상을 보다 논리적이고 체계적으로 바라보는 방식이다. 복잡하게 얽힌 문제를 단순하고 명확하게 풀어내는 능력, 본질을 파악하고 이를 구조적으로 분석해 단계별로 해결책을 마련하는 과정에서 컴퓨팅 사고는 강력한 도구로 작용한다. 이는 단순히 컴퓨터를 사용하는 기술이 아니라, 우리가 살아가는 모든 영역에서 문제를 해결하는 사고방식이다.

예를 들어, 도로의 교통 체증 문제를 생각해보자. 교통 혼잡을 해결하기 위해 컴퓨팅 사고는 먼저 문제를 여러 부분으로 나누는 과정(문제 분해)부터 시작한다. 어느 구간에서 혼잡이 발생하는지, 특정 시간대에 문제가 집중되는지 데이터를 분석해 패턴을 찾는다. 이어서 신호 체계 변경, 우회 도로 설계, 대중교통 강화 등 다양한 해결 방안을 설계하고, 각각의 방안을 시뮬레이션하여 가장 효율적인 해결책을 도출하는 방식이다. 이 모든 과정은 논리적이고 체계적인 접근법에 의해 진행되며, 그 중심에 컴퓨팅 사고가 있다.

컴퓨팅 사고의 힘은 복잡한 문제를 피하지 않고, 오히려 문제의 복잡성 속으로 깊이 들어가 본질을 이해하는 데서 나온다. 문제를 있는 그대로 바라보고, 각 요소를 분석하여 본질을 파악하는 것은 문제 해결의 첫걸음이다. 문제의 원인을 명확하게 규명하지 않은 채 겉으로 드러난 증상만을 해결하려 한다면, 동일한 문제가 반복될 가능성이 크다. 하지만 컴퓨팅 사고를 활용하면, 문제의 근본적인 원인을 추적하고 그에 맞는 해결책을 설계할 수 있다.

데이터와 패턴 분석은 컴퓨팅 사고에서 중요한 축을 담당한다. 과거의 데이터를 분석해 숨겨진 패턴을 찾아내는 과정은 문제를 예측하고 예방하는 데 큰 역할을 한다. 예를 들어, 어떤 마트의 판매 데이터에서 특정 요일에 우유 판매량이 급증하는 패턴을 발견했다면, 그 요일에 맞춰 공급량을 조정하는 방식으로 재고 관리의 효율성을 높일 수 있다. 이처럼 데이터 기반 의사 결정은 감이나 직관에 의존하는 방식보다 훨씬 신뢰도가 높다. 직감은 때로는 유용하지만, 지속적이고 장기적인 문제 해결을 위해서는 데이터라는 객관적인 기준이 필요하다. 컴퓨팅 사고는 이러한 데이터 분석을 기반으로 하여 문제 해결을 과학적이고 합리적으로 이끈다.

　또한, 시각화는 컴퓨팅 사고의 중요한 요소 중 하나다. 복잡한 데이터를 단순한 그래프나 차트로 표현하는 과정은 정보의 전달력을 극대화한다. 시각화는 우리가 문제를 보다 쉽게 이해하고, 직관적으로 해결책을 도출하는 데 도움이 된다. 단순한 수치보다 시각적으로 표현된 데이터는 훨씬 빠르게 문제의 핵심을 파악하게 한다.

　문제 해결에서 중요한 것은 단 하나의 해결책에 집착하지 않는 것이다. 컴퓨팅 사고는 여러 해결책을 동시에 탐색하고, 각각을 비교 분석한 후 최적의 방안을 선택하는 과정이다. 다양한 시뮬레이션을 통해 잠재적인 위험 요소를 사전에 파악하고, 예상치 못한 결과를 미리 방지하는 데 기여한다.

　결국, 컴퓨팅 사고는 우리가 맞닥뜨리는 모든 문제를 보다 명확하게 이해하고 해결하는 데 필요한 필수 역량이다. 이는 단순히 코딩을 배우는 것에서 끝나는 것이 아니라, 문제를 바라보는 방식 자체를 변화시키고, 논리적이고 창의적인 사고를 습관화하는 과정이다.

　컴퓨팅 사고는 오늘날의 복잡한 사회를 살아가는 데 있어 하나의 필수 언어와 같다. 이를 통해 우리는 미래를 준비하고, 더 나아가 새로운 가능성을 발견하고 창조할 수 있는 능력을 갖게 된다.

04 | 문제 해결을 위한 도구와 기술

복잡함 속에서 길을 찾다   현대 사회는 그 어느 때보다 빠르게 변화하고 있으며, 우리가 직면하는 문제들은 점점 더 복잡하고 다차원적으로 얽혀 있다. 이러한 시대에 문제를 해결하는 것은 단순한 논리적 사고만으로는 충분하지 않다. 효율적으로 문제를 분석하고 해결하는 데 도움을 주는 다양한 도구와 기술이 필요하다. 도구는 우리에게 더 나은 방향을 제시하고, 문제 해결 과정에서 길을 잃지 않도록 돕는 나침반과 같다.

복잡한 문제의 해결을 위한 필수 도구   오늘날의 문제는 단순하지 않다. 도시의 교통 체증, 환경 오염, 기업의 경영 문제 등은 다양한 원인이 복합적으로 얽혀 있어 한 가지 방식으로 해결하기 어렵다. 이러한 복잡성을 풀어내기 위해서는 문제를 구조적으로 분해하고 체계적으로 분석하는 도구가 필요하다. 도구는 마치 퍼즐 조각을 하나씩 맞추듯, 문제를 부분으로 나누고 각 요소를 분석하여 문제의 근본 원인을 파악하는 데 도움을 준다.

도구는 또한 시간과 자원의 효율적인 활용을 가능하게 한다. 문제 해결 과정에서는 종종 많은 시간이 소요되며, 반복적인 작업이 필요하다. 이를 자동화하거나 단순화할 수 있는 도구는 우리의 노력을 절감하고, 더 창의적이고 전략적인 부분에 집중할 수 있도록 한다. 예를 들어, 데이터 분석 도구는 방대한 양의 데이터를 빠르게 처리하고, 의미 있는 인사이트를 도출하는 데 중요한 역할을 한다.

데이터 기반 의사 결정: 감이 아닌 근거로 문제 해결   과거에는 경험과 직관이 문제 해결의 주요한 방식이었다. 그러나 현대 사회에서는 데이터 기반 의사 결정이 더욱 신뢰받고 있다. 데이터는 문제 해결 과정에서 객관성과 정확성을 제공하며,

도구는 이러한 데이터를 분석하고 시각화하여 보다 명확하고 설득력 있는 해결책을 도출하는 데 기여한다. 감에 의존하는 대신, 도구를 통해 정확하고 과학적인 방식으로 문제를 해결하는 것이 가능해졌다. 예를 들어, 기업이 신제품을 출시하기 전에 고객 데이터를 분석하여 시장의 요구를 파악하는 것은 직관적 판단보다 훨씬 더 성공 가능성이 높다. 데이터는 제품의 개선 방향을 제시하고, 잠재적인 리스크를 사전에 발견할 수 있게 한다.

협업과 소통을 강화하는 도구　문제 해결은 개인의 역량만으로 이루어지지 않는다. 팀워크와 협업은 복잡한 문제를 해결하는 데 필수적이며, 이를 효과적으로 수행하기 위해서는 의사소통을 지원하는 다양한 플랫폼이 필요하다. 협업 도구는 팀원들이 실시간으로 정보를 공유하고, 피드백을 주고받으며, 프로젝트의 진행 상황을 명확하게 파악하는 데 도움을 준다. 특히, 원격 근무와 온라인 협업이 일상화된 시대에서 효율적인 협업 도구는 프로젝트의 성패를 가르는 중요한 요소로 작용한다. 팀원들이 같은 페이지에서 작업하고, 의견을 나누며, 아이디어를 발전시키는 과정에서 도구는 강력한 연결고리가 된다.

창의적 문제 해결을 위한 아이디어 도출　도구는 문제 해결에서 단순한 보조 수단을 넘어, 새로운 아이디어를 탐구하고 표현하는 창의적인 수단으로도 활용된다. 프로토타입을 설계하거나, 새로운 프로젝트를 구상할 때, 도구는 아이디어를 시각화하고 구체화하는 데 중요한 역할을 한다. 예를 들어, 디자인 소프트웨어나 3D 모델링 프로그램은 추상적인 아이디어를 실제 형태로 구현하는 데 사용된다. 이러한 과정은 단순한 발상에 그치지 않고, 이를 검증하고 개선하는 데 기여한다.

미래를 여는 기술: AI와 머신러닝　우리는 이제 미래 지향적인 기술을 활용해 더욱 복잡한 문제에 도전할 수 있다. 머신러닝, 인공지능(AI), 데이터 시뮬레이션 등은 기존의 문제 해결 방식을 넘어 새로운 패러다임을 제시한다. AI는 방대한 데이터를 학습하여 패턴을 발견하고, 예측 모델을 만들어 미래에 대비할 수 있도록 돕는다. 예를 들어, AI 기반 추천 시스템은 사용자의 행동 데이터를 분석해 맞춤형 콘텐츠를 제공한다. 의료 분야에서는 AI가 질병 진단을 보조하는 등 다양한 분야

에서 혁신을 이끌고 있다. 이러한 기술들은 단순한 계산을 넘어, 사람들이 놓칠 수 있는 부분을 발견하고 해결책을 제시하는 데 중요한 역할을 한다.

문제 해결에서 도구와 기술은 단순한 보조 장치가 아니다. 복잡성을 풀어내고, 시간과 자원을 절감하며, 창의성과 협업을 촉진하는 핵심 요소다. 우리는 도구를 통해 문제를 보다 깊이 이해하고, 명확하고 실현 가능한 해결책을 도출할 수 있다. 결국, 도구는 문제 해결의 동반자로서 우리의 사고를 확장시키고, 더 나은 미래를 향한 발걸음을 가속화하는 필수적인 자산이다.

1 문제 정의를 위한 도구

문제 정의는 문제 해결 과정의 출발점이자 이후 모든 과정의 방향성을 결정짓는 핵심 단계다. 마치 잘못된 지도 위에서 길을 찾는 것과 같이, 부정확한 문제 정의는 노력과 시간이 엉뚱한 방향으로 흘러가게 만든다. 반면에 명확하고 정확한 문제 정의는 문제의 본질을 파악하고, 이를 바탕으로 효과적인 해결책을 도출하는 데 중요한 밑거름이 된다.

현대 사회는 복잡하고 다양한 문제가 얽혀 있으며, 이러한 문제들은 단순한 직관이나 감각에만 의존해서는 쉽게 해결되지 않는다. 따라서 문제의 본질을 꿰뚫고, 핵심 원인을 찾아내기 위한 도구와 체계적인 접근이 필수적이다. 문제 해결의 첫걸음은 곧 정확한 문제 정의에서 시작되며, 이 과정이 생략되거나 부실하게 이루어진다면 이후의 모든 노력은 허사가 될 가능성이 크다. 예를 들어, 팀 프로젝트에서 자주 발생하는 일정 지연 문제를 단순히 '팀원들의 태만'으로 정의한다면, 근본적인 원인을 놓치게 된다. 이 경우 작업 프로세스, 자원 분배, 커뮤니케이션 부재 등 다양한 요소가 복합적으로 작용했을 가능성이 크다. 잘못된 문제 정의는 비효율적인 작업을 반복하게 하며, 때로는 불필요한 갈등을 유발하기도 한다.

문제 정의의 필요성은 시간과 자원을 절약하고, 최적의 해결책을 도출하는 과정에서 더욱 빛을 발한다. 명확한 문제 정의를 통해 우리는 문제의 핵심을 빠르게 파악하고, 이를 바탕으로 적절한 해결 방안을 설계할 수 있다. 또한, 문제 정의 과정에서 사용되는 다양한 도구들은 논리적이고 체계적인 사고를 촉진하며, 문제를 다각도로 분석하고 새로운 관점을 발견하는 데 기여한다.

결국, 문제 정의는 단순한 시작 단계가 아닌, 문제 해결의 성공을 결정짓는 중요한 과정이다. 이를 소홀히 하면 시간과 노력이 낭비될 뿐만 아니라, 문제 자체가 더 복잡해질 수 있다. 따라서 문제를 정확하게 정의하는 데 필요한 도구와 기술을 적극적으로 활용하고, 이를 통해 보다 창의적이고 효과적인 해결책을 모색해야 한다.

브레인스토밍(Brainstorming)　　브레인스토밍은 창의성과 자유로움이 만나는 공간이다. 방 한구석에서 누군가가 던진 작은 아이디어가, 다른 누군가의 상상력과 결합되어 새로운 가능성으로 확장된다. 마치 퍼즐 조각들이 하나씩 맞춰지는 것처럼, 문제 해결의 실마리가 다양한 목소리를 통해 서서히 드러난다. 이 방법은 짧은 시간 안에 최대한 많은 아이디어를 끌어내는 것을 목표로 한다. 중요한 점은 아이디어의 품질보다는 양이 우선시된다는 것이다. "이건 너무 황당한 생각 아닌가?"라는 생각조차 잠시 접어두자. 오히려 그런 황당함 속에서 진짜 창의적인 해결책이 나온다. 브레인스토밍에서는 제한 없는 발상이 핵심이다. 비판은 금물, 모든 아이디어는 환영이다.

브레인스토밍이 흥미로운 이유는 아이디어들이 서로 얽히고설켜 연결과 확장이 이루어진다는 점이다. 누군가의 작은 생각이 다른 사람의 상상력에 불을 붙여 전혀 예상치 못한 해결책으로 이어질 수 있다. 예를 들어, 학교에서 "학생들의 학습 동기 향상"이라는 주제로 브레인스토밍을 한다고 상상해보자. 누군가 "게임 요소를 추가해보자"라고 말하면, 다른 누군가는 "학생들이 직접 퀘스트를 디자인하는 건 어때?"라고 덧붙인다. 이런 식으로 아이디어는 끝없이 확장된다.

브레인스토밍은 단순해 보이지만 강력한 도구다. 정체된 문제 상황을 타개하고, 새로운 시각에서 문제를 바라볼 수 있는 기회를 제공한다. 가끔은 엉뚱하고 기발한 아이디어가 문제의 본질을 꿰뚫는 열쇠가 되기도 한다. 그러니 다음에 팀 프로젝트나 중요한 결정을 앞두고 있다면, 커피 한 잔을 나누며 브레인스토밍을 시도해보자. 놀랍도록 창의적인 해결책이 문득 떠오를지도 모른다.

마인드맵(Mind Map)　　세상에 넘쳐나는 복잡한 정보와 아이디어를 한눈에 정리할 수 있는 도구가 있다면 어떨까? 머릿속에서 흩어지던 생각들이 하나의 구조로 연결되고, 문제의 본질이 점점 선명해진다. 이 과정은 마치 미로를 탈출하는 지도와 같다. 그 지도는 바로 마인드맵이다. 마인드맵은 생각을 시각화하는 강력한 도구이다. 마인드맵은 생각을 자유롭게 펼치는 동시에, 논리적으로 구조화하는 데 도움을 준다. 중심 주제를 설정하고, 그 주제를 둘러싼 다양한 아이디어들이 가지처럼 뻗어나간다. 중심에서 퍼져나가는 이 가지들은 문제를 깊이 탐구하고 해결하는 실마리가 된다.

그렇다면 마인드맵은 왜 필요한 것일까? 아이디어는 언제나 우리의 머릿속에서 마구 떠다닌다. 하지만 막상 무언가를 해결하거나 정리하려고 하면 어디서부터 시작해야 할지 막막하다. 이럴 때 마인드맵은 산만한 생각들을 체계적으로 정리해준다. 비선형적 사고를 가능하게 하며, 기존의 선형적(리스트 형태) 방식보다 훨씬 유연하다. 가령, 프로젝트 기획을 한다고 가정해보자. 종이에 '프로젝트 기획'이라고 적고 동그라미를 친다. 그 주변으로 '목표 설정', '일정 관리', '필요 자원' 등의 가지를 뻗어나간다. 이 가지들은 다시 세부적으로 '일정 관리'—'마일스톤 설정', '자원 확보'—'예산 수립'처럼 점점 세밀하게 확장된다. 이처럼 마인드맵은 큰 그림을 그리면서도 세부 사항을 동시에 파악할 수 있는 탁월한 도구다.

마인드맵의 힘은 생각을 눈에 보이게 만들어 주는 것이다. 사람의 뇌는 본질적으로 시각적이다. 복잡한 글보다 하나의 그림이나 구조가 훨씬 오래 기억에 남는다. 마인드맵은 단순히 글자로 나열된 아이디어가 아니라, 이미지와 색상, 선의 흐름을 활용해 정보를 직관적으로 전달한다. 중요한 키워드를 중심으로 선을 긋고 가지를 확장하는 과정에서 연결되지 않았던 생각들이 유기적으로 엮인다. 프로젝트를 진행하면서 벽에 부딪혔을 때, 마인드맵을 다시 들여다보면 빠르게 길을 찾을 수 있다. 중요한 것은 마인드맵이 정보를 '저장'하는 도구에 그치지 않고, 새로운 아이디어를 '창출'하는 도구로도 기능한다는 점이다.

마인드맵은 우리에게 다음의 3가지를 선물한다.

1 **정보를 효과적으로 관리한다**: 마인드맵은 복잡하게 얽힌 정보들을 단순화하고 핵심을 추출해낸다. 큰 그림과 세부 사항이 하나의 공간에 공존하기 때문에, 빠르게 정보를 검색하고 필요한 내용을 찾을 수 있다.

2 **창의적인 사고를 촉진한다**: 새로운 아이디어를 떠올릴 때, 기존의 사고 방식에 얽매이기 쉽다. 하지만 마인드맵은 연결을 통한 확장을 장려한다. 기존의 아이디어에 새로운 가지를 더하면서 독창적인 해결책이 자연스럽게 도출된다.

3 **협업과 소통이 원활해진다**: 팀 프로젝트에서 마인드맵을 활용하면, 모든 팀원이 같은 그림을 바라보며 아이디어를 공유할 수 있다. 복잡한 설명 없이도 하나의 마인드맵이 팀의 방향성과 목표를 명확하게 보여준다.

그러면 이러한 마인드맵은 어떻게 만드는 것일까? 다음의 4단계를 거치며 제작할 수 있다.

1 **중심 주제를 설정한다**: 해결하고자 하는 문제나 아이디어를 중심에 적고 동그라미로 강조한다.

2 **주요 가지를 뻗는다**: 주제와 관련된 주요 영역을 주변에 배치하고 선으로 연결한다.

3 **세부 가지를 확장한다**: 주요 가지에서 파생되는 하위 주제나 세부 사항을 추가로 연결한다.

4 **시각적 요소를 활용한다**: 색상, 아이콘, 그림 등을 사용해 가독성과 직관성을 높인다. 아이디어의 흐름을 강조하는 데 유용하다.

마인드맵은 생각의 지도를 그리는 과정이다. 이 지도는 아이디어를 체계적으로 정리하는 데 그치지 않고, 새로운 길을 발견하고 창의적인 해결책을 찾는 데 도움을 준다. 종이와 펜만 있다면 언제든 시작할 수 있다. 오늘 당신의 아이디어를 하나의 마인드맵으로 만들어보자. 문제 해결의 길이 훨씬 선명하게 드러날 것이다.

피시본 다이어그램(Fishbone Diagram) 피시본 다이어그램은 문제 해결에 있어 마치 탐정이 사건의 단서를 찾아가는 과정과도 같다. 겉으로 드러난 현상이 아닌, 그 뒤에 숨겨진 근본 원인을 밝혀내는 데 사용되는 강력한 도구다. 피시본 다이어그램은 물고기의 뼈처럼 생겼다고 해서 붙여진 이름으로, 문제와 관련된 다양한 요인을 시각적으로 분류하고 구조화하여 보여준다.

피시본 다이어그램은 매력적인 도구이다. 문제를 해결할 때 우리는 자주 표면적인 증상만 보고 빠르게 결론을 내리곤 한다. 하지만 이렇게 접근하면 근본적인 원인이 해결되지 않아 같은 문제가 반복될 가능성이 높다. 피시본 다이어그램은 이런 함정을 피할 수 있도록 돕는다. '왜 이 문제가 발생했을까?'라는 질문을 통해 다양한 각도에서 문제를 분석하고, 여러 요인을 꼼꼼히 살펴본다. 이 과정은 단순히 문제를 해결하는 것을 넘어, 이후 유사한 문제가 발생하는 것을 막는 데도 효과적이다.

피시본 다이어그램은 크게 4가지 주요 요소로 구성된다.

1. **머리(Head)**: 물고기의 머리 부분에는 해결하고자 하는 문제가 위치한다. 이 부분은 최종적으로 해결하고자 하는 목표나 증상으로, 문제 해결의 중심이 된다.
2. **뼈대(Spine)**: 물고기의 등뼈에 해당하는 부분으로, 문제와 관련된 주요 원인들이 가지처럼 뻗어나간다. 이 뼈대는 전체 구조를 잡아주는 역할을 한다.
3. **갈비뼈(Rib)**: 각 뼈대에서 세부적으로 가지를 뻗어 원인을 구체화한다. 사람, 장비, 재료, 환경 등 다양한 카테고리로 나누어 각 원인을 세부적으로 분석하는 과정이다.
4. **세부 원인(Branch)**: 각 카테고리 안에서 더 구체적인 원인들을 찾고 브레인스토밍을 통해 확장해 나간다. 이 단계에서는 팀원들과의 협력이 중요한 역할을 한다.

피시본 다이어그램은 단순히 문제의 원인을 찾는 데 그치지 않고, 팀원들 간의 협업 도구로도 활용된다. 브레인스토밍 세션에서 각자의 아이디어를 자유롭게 표현하고, 다양한 관점에서 문제를 분석할 수 있는 장을 마련한다. 이를 통해 놓쳤던 세부적인 원인까지 파악할 수 있게 된다. 예를 들어, 제품의 불량률이 높다는 문제가 발생했을 때, 피시본 다이어그램을 사용해 인적 요인(사람), 장비(기계), 재료(자재), 방법(프로세스) 등의 카테고리로 나누어 원인을 찾는다. 이런 구조적인 접근 덕분에 문제 해결 과정이 논리적이고 체계적으로 이루어진다.

피시본 다이어그램의 제작 방법은 다음의 단계를 거친다.

1. **문제 정의**: 다이어그램의 머리 부분에 해결하고자 하는 문제를 명확하게 작성한다.
2. **주요 원인 식별**: 문제를 유발하는 주요 원인을 4M(Man, Machine, Material, Method)과 같이 큰 카테고리로 분류한다.
3. **세부 원인 추가**: 각 카테고리에 해당하는 세부 원인을 브레인스토밍을 통해 도출한다.

④ **검토 및 분석**: 작성된 다이어그램을 검토하고 주요 원인과 세부 원인 간의 연관성을 분석한다.

피시본 다이어그램 활용 예시로 '제품 불량률 증가' 문제를 검토해보자. 문제 상황은 최근 제품 불량률이 지속적으로 증가하고 있다. 원인을 명확하게 파악하지 않고 단순히 결과만 해결하려는 접근 방식으로는 불량률을 낮추기 어렵다. 이 경우, 피시본 다이어그램을 사용해 문제를 분석하고 근본 원인을 체계적으로 파악할 수 있다.

① **문제 정의**: '제품 불량률 증가'라는 문제가 발생했다. 이는 회사의 수익성과 브랜드 신뢰에 직접적인 영향을 미치는 중요한 문제다. 따라서 문제를 명확히 정의하고 물고기의 머리 부분에 '제품 불량률 증가'라고 작성한다.

② **주요 원인 분류 — 4M 분석**

피시본 다이어그램에서는 4M 분석법을 사용해 주요 원인을 카테고리별로 분류한다.

Man(사람): 작업자의 숙련도 부족, 작업자의 피로 누적

Machine(기계): 기계 유지보수 부족, 기계 노후화

Material(재료): 자재 품질 저하, 부품 규격 미달

Method(방법): 제조 공정의 오류, 매뉴얼 미비, 작업 순서 오류

③ **세부 원인 추가 — 가지 확장**

각 주요 원인 아래에 세부 원인을 가지처럼 뻗어나가게 한다.

Man: 작업자의 교육 부족

　　　새로운 작업자의 투입 증가

　　　숙련도 차이로 인한 작업 편차

Machine: 정기적인 유지보수 미흡

　　　　노후된 설비 사용

　　　　기계 설정 오류 발생

Material: 공급 업체 변경으로 인한 품질 저하

　　　　자재 검사 프로세스 미흡

　　　　규격 미달 자재 사용

Method: 작업 매뉴얼 부재

작업 순서 오류 발생

생산 라인 레이아웃 문제

4 검토 및 분석 — 근본 원인 파악

세부 원인까지 도출한 후, 각 원인 간의 연관성을 분석하고 문제의 핵심 원인을 찾는다. 이 단계에서 다음과 같은 사항을 검토한다.

빈도 분석: 각 원인이 실제로 발생한 빈도를 조사한다.

영향 분석: 각 원인이 불량률 증가에 미치는 영향을 평가한다.

실행 가능성 평가: 바로 개선 가능한 항목부터 장기적인 조치가 필요한 항목까지 구분한다.

예를 들어, 작업자의 교육 부족과 기계 유지보수 미흡이 불량률 증가의 핵심 원인으로 파악될 수 있다. 이 경우, 교육 프로그램 개선과 기계 유지보수 일정 강화를 우선순위로 두고 조치를 진행한다.

피시본 다이어그램을 활용한 개선 방안은 다음과 같이 정리될 수 있다.

- **작업자 교육 프로그램 강화**: 신규 및 기존 작업자에 대한 주기적인 교육 실시
- **기계 정기 유지보수**: 기계별 유지보수 스케줄 수립 및 점검 기록 관리
- **자재 품질 검증 강화**: 자재 입고 시 품질 검사 프로세스를 도입해 규격 미달 자재 사용 방지
- **공정 매뉴얼 재정비**: 공정 단계별 매뉴얼 작성 및 표준화, 작업 순서 오류 방지

피시본 다이어그램의 효과는 이처럼 복합적인 문제를 체계적으로 분석하고, 문제의 근본 원인을 명확히 파악함으로써 장기적으로 문제 재발을 방지하는 데 기여할 수 있다. 이는 단순한 문제 해결을 넘어 프로세스의 전반적인 개선과 조직의 성장으로 이어진다. 종합적으로 피시본 다이어그램의 장점은 팀 내 협업과 문제 해결에 강력한 도구로, 모든 팀원이 문제 해결 과정에 적극적으로 참여할 수 있게 돕는 것이다. 또한 문제의 원인을 시각적으로 표현하여 한눈에 파악하기 쉽다. 이를 통해 우리는 복잡하고 난해한 문제를 보다 체계적으로 분석하고, 최적의 해결책을 찾을 수 있다. 이처럼 피시본 다이어그램은 단순히 문제를 분석하는 도구

를 넘어, 조직의 문제 해결 능력을 높이고, 팀워크를 강화하는 데에도 중요한 역할을 한다.

5 Whys 기법 문제가 발생했을 때, 우리는 흔히 눈앞에 드러난 증상을 해결하려고 한다. 하지만 그 증상을 잠시 없앨 수는 있어도, 문제의 근본적인 원인이 해결되지 않으면 같은 문제가 반복된다. 이러한 악순환을 막기 위해 필요한 것이 바로 5 Whys 기법이다. 이 기법은 마치 끈질긴 어린아이가 "왜?"라고 계속해서 묻는 것과 비슷하다. 문제의 뿌리를 찾기까지 '왜?'라는 질문을 다섯 번 이상 반복하며 논리적으로 파고든다. 즉, 문제의 본질을 꿰뚫는 단순하지만 강력한 도구이다.

5 Whys 기법의 핵심은 문제의 근본 원인을 찾아내고, 이를 제거하여 반복적인 문제 발생을 방지하는 데 있다. 증상에만 집중하는 대신에 증상을 유발한 진짜 원인을 찾아가는 것이다.

- **근본 원인 파악**: 표면적인 증상이 아닌, 숨겨진 원인을 탐구한다.
- **효율적 문제 해결**: 핵심 원인을 제거함으로써, 문제가 다시 발생하지 않도록 한다.

이 기법의 가장 큰 매력은 복잡한 도구나 기술이 필요하지 않다는 점이다. 누구나 쉽게 사용할 수 있고, 간단한 질문만으로도 강력한 결과를 얻을 수 있다. 5 Whys 기법의 특징은 다음의 3가지로 정리 가능하다.

1. **단순성과 효과성**: 특별한 기술이 필요 없으며, 그저 '왜?'라는 질문을 반복하는 것만으로도 문제를 해결할 수 있다.
2. **논리적 문제 해결**: 원인과 결과의 관계를 논리적으로 분석하여 문제의 본질을 파악한다.
3. **시간 효율성**: 빠른 시간 안에 근본 원인을 도출할 수 있어, 바쁜 일정 속에서도 효과적으로 활용된다.

5 Whys 기법의 적용 방법은 따라 하기 쉽고 간단하다. 이제 5 Whys 기법을 실제로 어떻게 적용하는지 살펴보자. 예를 들어, "과제 제출이 늦어졌다"라는 문제가 발생했다고 가정해보자.

1 **문제 진술**

문제: 과제 제출이 늦어졌다.

2 **'왜?' 질문 반복**

왜 과제 제출이 늦어졌는가?

→ 과제가 마감 시간까지 완료되지 않았다.

왜 마감 시간까지 완료되지 않았는가?

→ 필요한 자료를 충분히 조사하지 못했다.

왜 필요한 자료를 조사하지 못했는가?

→ 자료 조사에 사용할 시간이 부족했다.

왜 자료 조사 시간이 부족했는가?

→ 시간 관리를 제대로 하지 못했다.

왜 시간 관리를 하지 못했는가?

→ 강의 일정, 동아리 활동, 개인 일정 등을 효과적으로 조율하지 못했다.

3 **근본 원인 도출**

이 과정을 통해 우리는 단순히 '과제가 늦어졌다'는 결과를 해결하는 것이 아니라, 시간 관리의 문제라는 근본 원인을 찾아내게 된다.

5 Whys 기법은 문제 해결을 위하여 간단하지만 강력한 변화의 시작이다. 즉, 문제 해결 과정에서 가장 기본적이면서도 본질적인 힘을 발휘하는 도구이다. 개인의 일상에서 시간 관리나 학습 방법 개선에 사용될 수 있으며, 기업에서는 프로젝트 관리, 고객 불만 처리, 생산 과정 개선 등에 폭넓게 활용된다. 결국 5 Whys 기법의 가치는 문제를 명확하게 진단하고, 근본 원인을 제거하여 지속 가능한 성장을 이끄는 데 있다.

여러분의 삶이나 업무에서 반복되는 문제가 있다면, 지금 바로 5 Whys 기법을 사용해보자. '왜?'라는 간단한 질문이 더 나은 미래를 여는 열쇠가 될 수 있다.

2 문제 해결을 위한 데이터 수집 도구

데이터 수집은 문제 해결의 출발점이자 핵심 단계다. 적절한 데이터를 모으지 않고는 정확한 의사 결정을 내릴 수 없으며, 데이터의 신뢰성과 정확성이 떨어질 경우 문제 해결 과정에서 혼란이 발생할 수 있다. 이 과정은 마치 탐정이 사건을 해결하기 위해 다양한 단서를 모으는 것과 비슷하다. 탐정이 사건 현장에서 모든 흔적을 놓치지 않듯, 우리는 데이터 수집을 통해 문제를 면밀하게 분석하고 올바른 결론에 도달해야 한다.

데이터 수집 도구의 중요성　　데이터는 문제 해결의 출발점이자 모든 결정의 기반이 되는 중요한 자산이다. 복잡한 문제를 해결하거나 새로운 기회를 발견하는 과정에서 올바른 데이터가 없다면, 우리는 나침반 없이 항해하는 것과 같다. 반면, 다양한 데이터 수집 도구를 활용해 정확하고 신뢰성 있는 데이터를 확보하면, 문제의 본질을 명확히 파악하고 효과적인 해결책을 도출할 수 있다.

현대 사회는 데이터의 홍수 속에 살고 있다. 그러나 무조건 많은 데이터가 가치 있는 것은 아니다. 필요한 데이터를 선별하고, 적절하게 가공하며, 체계적으로 수집하는 과정이 중요하다. 이러한 데이터 수집은 문제 해결뿐만 아니라 미래를 예측하고 혁신을 이끌어내는 강력한 도구로 작용한다. 그렇다면 데이터 수집 도구가 구체적으로 왜 중요한지, 그리고 어떤 방식으로 활용될 수 있는지 살펴보자.

1　체계적인 정보 수집

문제를 해결하기 위해 필요한 정보를 체계적으로 수집하는 과정은 모든 의사 결정의 기초가 된다.

데이터는 단순히 많이 모으는 것이 아니라, 문제의 본질과 관련된 정확하고 유의미한 데이터를 수집하는 것이 중요하다.

2　데이터 기반 의사 결정

직관에 의존하는 결정은 종종 예상치 못한 결과를 초래할 수 있다.

반면, 데이터에 기반한 의사 결정은 논리적이고 신뢰성이 높아, 보다 정교하고 일관된 문제 해결 과정을 보장한다.

예를 들어, 소비자의 구매 패턴을 분석해 제품을 개선하는 과정은 데이터 없이는 불가능하다.

③ 신뢰성 있는 데이터 확보

다양한 도구를 활용해 정확하고 신뢰성 있는 데이터를 확보하는 것은 문제의 핵심 원인을 파악하고 해결책을 찾는 데 결정적인 역할을 한다.

정확한 데이터를 바탕으로 한 문제 해결 과정은 불확실성을 줄이고, 결과적으로 비용 절감과 시간 단축으로 이어진다.

데이터 수집 도구 문제를 해결하기 위해 사용되는 데이터 수집 도구는 매우 다양하며, 목적과 상황에 따라 적절한 도구를 선택하는 것이 필요하다.

- **설문조사 및 인터뷰 도구 활용**

  사람들의 의견을 직접 수집하는 방법으로, 질적 데이터를 얻는 데 탁월하다.

  설문조사는 대규모 인원의 의견을 효율적으로 수집할 수 있으며, 인터뷰는 심층적인 정보를 파악하는 데 유리하다.

- **공공데이터 활용**

  정부 및 기관에서 제공하는 공공데이터 플랫폼을 활용하면 이미 수집된 방대한 양의 데이터를 손쉽게 확보할 수 있다.

  예를 들어, 기상청 데이터나 교통 흐름 데이터 등은 특정 문제 해결에 유용하게 사용된다.

- **웹 크롤링과 API 활용**

  인터넷 상의 데이터를 자동으로 수집하는 웹 크롤링은 트렌드 분석이나 시장 조사에 효과적이다.

  API(Application Programming Interface)는 특정 서비스의 데이터를 실시간으로 받아오는 방법으로, 프로그램을 통해 원하는 데이터를 손쉽게 가져올 수 있다.

- **IoT 센서를 통한 실시간 데이터 수집**

  사물인터넷(IoT) 센서는 온도, 습도, 이동 거리 등 물리적 환경에서 실시간으로 데이터를 수집하는 데 사용된다.

  예를 들어, 스마트 팩토리에서는 IoT 센서를 통해 기계의 상태와 생산량을 지속적으로 모니터링한다.

에너지 절약 프로젝트를 추진하는 경우를 예로 생각해보자.

IoT 센서를 활용해 각 기기의 전력 사용량을 실시간으로 측정하고,

공공데이터를 통해 지역별 에너지 소비 패턴을 분석하며,

설문조사를 통해 사용자들의 전기 사용 습관을 파악하는 방식으로 데이터가 수집될 수 있다. 이렇게 모인 데이터는 에너지 절감 방안을 설계하는 데 결정적인 역할을 한다.

데이터 수집은 문제 해결의 시작 문제를 정의하고 분석하는 과정에서 데이터는 우리를 올바른 방향으로 이끄는 나침반과 같다. 정확하고 신뢰성 있는 데이터를 수집하는 것은 문제 해결의 절반을 의미하며, 결과적으로 문제 해결의 질을 높이는 중요한 요소가 된다. 데이터 수집 도구를 적극적으로 활용하여, 보다 효율적이고 창의적인 문제 해결 방안을 설계할 수 있을 것이다.

③ 문제 해결 아이디어 생성 도구

어떤 문제가 발생했을 때, 정해진 답만 찾으려는 태도로는 획기적인 해결책을 기대하기 어렵다. 문제 해결의 과정은 '고정 관념'이라는 벽을 넘는 여행과 같다. 기존의 방식으로는 풀리지 않는 문제들을 마주할 때, 아이디어를 창의적으로 생성하는 도구들이 다리 역할을 한다. 이런 도구들은 우리가 익숙한 생각의 틀을 벗어나, 전혀 다른 관점에서 문제를 바라볼 수 있게 만들어 준다.

아이디어 생성의 중요성 아이디어는 문제 해결의 첫걸음이자, 혁신의 시작점이다. 평범한 문제라도 새로운 시각에서 접근하면 전혀 다른 차원의 해결책이 도출될 수 있다. 아이디어 생성 과정은 마치 어두운 방에서 빛을 하나씩 켜는 것과 같다. 하나의 작은 아이디어가 더 큰 아이디어로 이어지고, 결국 방 전체를 밝히는 결과로 이어질 수 있다. 그렇다면 왜 아이디어 생성이 중요한가? 다음의 3가지 이유로 설명할 수 있다.

1 **창의적 접근이 필수적**: 문제 해결에서 단순한 정답 찾기가 아닌, 창의적인 방식으로 다양한 해결책을 도출할 수 있다.

2 **다양한 관점 확보**: 여러 방향에서 문제를 바라볼 수 있어, 더 나은 결정을 내릴 가능성이 높아진다.

3 **자유로운 확산**: 기존의 경계를 넘는 아이디어들이 연결되고 확산되며, 예상치 못한 곳에서 실마리를 찾을 수 있다.

주요 아이디어 생성 도구에는 3가지가 있다. 각각의 내용에 대하여 살펴보기로 하자.

SCAMPER 기법   아이디어에 날개를 달아주는 SCAMPER 기법은 문제를 다양한 방식으로 변형하고 재구성하는 창의적 아이디어 생성 도구다. SCAMPER의 각 글자는 특정 아이디어 변화 방법을 나타낸다.

- **Substitute(대체)**: 문제의 일부를 다른 요소로 교체한다. "이것 대신 저것을 사용하면 어떻게 될까?"

- **Combine(결합)**: 두 가지 이상의 아이디어나 요소를 결합해본다. "이것과 저것을 합치면 새롭고 더 나은 해결책이 나올까?"

- **Adapt(응용)**: 기존 아이디어를 다른 상황에 맞게 수정한다. "이 아이디어를 현재 상황에 맞게 바꾸면 어떨까?"

- **Modify(수정)**: 아이디어의 일부를 확대하거나 축소해본다. "이 부분을 키우거나 줄이면 효과가 달라질까?"

- **Put to another use(다른 용도로 활용)**: 전혀 다른 방식으로 아이디어를 사용해 본다. "다른 목적으로 활용하면 새로운 가능성이 보일까?"

- **Eliminate(제거)**: 불필요한 부분을 제거한다. "이 요소가 없어도 문제가 해결될 수 있을까?"

- **Reverse(역발상)**: 아이디어를 반대로 생각하거나 뒤집는다. "반대로 접근하면 문제 해결의 실마리가 될까?"

SCAMPER는 익숙한 것을 낯설게, 낯선 것을 익숙하게 만드는 마법과 같다. SCAMPER 기법은 문제를 다양한 방식으로 재구성하고 확장하여 새로운 해결책을 찾는 데 유용하다. 대학 캠퍼스에서 스터디 공간 활용을 최적화하는 방안을 SCAMPER 기법으로 접근해보자.

주제 **대학 캠퍼스 내 효율적인 스터디 공간 활용 방안**

- **Substitute(대체하기)**: 기존의 고정형 책상을 조립식 가구로 대체
  스터디 공간에서의 유연성은 학생들의 학습 효율을 높이는 핵심 요소다. 기존의 무거운 고정형 책상 대신, 조립식이나 이동이 용이한 가구를 도입한다면 공간 배치가 자유로워지고 필요에 따라 다양한 학습 환경을 조성할 수 있다.

- **Combine(결합하기)**: 스터디 공간에 식음료 코너 결합
  집중력은 때때로 적절한 휴식에서 나온다. 스터디 공간에 간단한 음료나 간식을 즐길 수 있는 작은 카페 코너를 결합해보자. 학생들은 공부 중간에 쉽게 재충전할 수 있으며, 학습 공간이 보다 활기찬 분위기로 변모할 것이다.

- **Adapt(응용하기)**: 공유 오피스 모델을 캠퍼스 스터디 공간에 적용
  최근 인기를 끌고 있는 공유 오피스 모델을 대학 내 스터디 공간에 도입해보자. 학생들이 팀 프로젝트를 진행하거나 그룹 스터디를 할 때 예약 시스템을 통해 공간을 효율적으로 이용할 수 있도록 한다.

- **Modify(수정하기)**: 기존 공간에 예약 시스템 추가
  스터디 공간에서 자리 부족 문제는 자주 발생한다. 이를 해결하기 위해 예약 시스템을 도입하면 학생들이 사전에 자리를 확보할 수 있고, 불필

요한 공간 낭비가 줄어든다. 시간대별로 공간을 효율적으로 관리할 수 있게 된다.

- **Put to another use(다른 용도로 활용하기)**: 강의실을 스터디 공간으로 활용(수업 외 시간대)

  강의가 없는 시간대의 강의실을 스터디 공간으로 개방하는 방식이다. 캠퍼스 내 공간 부족 문제를 해결하면서도, 기존 자원을 최대한 활용하는 경제적인 방안이다. 학생들은 보다 넓고 쾌적한 공간에서 학습할 수 있게 된다.

- **Eliminate(제거하기)**: 공간에서 불필요한 장식물이나 고정 가구 제거

  스터디 공간에 사용되지 않는 장식물이나 비효율적인 고정 가구를 제거해보자. 더 많은 책상과 의자를 배치할 수 있으며, 공간 활용도가 높아진다. 단순한 변화이지만 학습 환경의 질을 크게 향상시킬 수 있다.

- **Reverse(역발상하기)**: 야외 학습 공간 마련

  항상 실내에서만 공부할 필요는 없다. 캠퍼스 내 야외 공간을 학습 장소로 활용하는 것도 하나의 방안이다. 자연 속에서 공부하면 스트레스가 완화되고 창의력도 증진된다. 캠퍼스 정원이나 잔디밭에 간단한 테이블과 의자를 배치해 야외 학습 공간을 조성해보자.

결론적으로 SCAMPER 기법은 하나의 문제를 다양한 각도에서 바라보고 새로운 해결책을 이끌어내는 강력한 도구다. 우리 주변의 일상적인 주제도 SCAMPER를 활용하면 혁신적이고 실용적인 변화의 출발점이 될 수 있다.

6 Thinking Hats 두 번째 아이디어 생성 도구는 6 Thinking Hats이다. 이 도구는 문제 해결을 위한 창의적이고 체계적인 사고 도구로, 다양한 관점을 통해 문제를 바라보고 해결책을 모색하는 방법이다. 이는 개인이나 팀이 특정 문제에 대해 다각적으로 접근하여 보다 깊이 있는 해결책을 찾도록 돕는다. 특히, 감정, 논리, 창의성, 부정적 시각, 긍정적 시각, 전체적인 통찰을 균형 있게 조합하여 해결 방안을 도출하는 데 유용하다.

6 Thinking Hats는 문제를 여섯 가지 색깔의 모자로 비유하며, 각각의 모자가 서로 다른 관점에서 문제를 바라보는 역할을 한다. 이 방법은 팀의 모든 구성원이 같은 방식으로 생각하는 대신, 각기 다른 관점에서 아이디어를 제시하게 하여 논의의 폭을 넓히고 다양한 해결책을 탐색할 수 있도록 한다. 각 모자 색깔의 의미는 다음과 같다.

- **흰색(White Hat)**: 객관적인 정보와 데이터에 집중한다.
- **빨간색(Red Hat)**: 감정과 직관에 따른 의견을 표현한다.
- **초록색(Green Hat)**: 창의적이고 혁신적인 아이디어를 제시한다.
- **노란색(Yellow Hat)**: 낙관적이고 긍정적인 측면을 분석한다.
- **검은색(Black Hat)**: 비판적이고 부정적인 측면을 고려하여 위험 요소를 파악한다.
- **파란색(Blue Hat)**: 전체 과정의 관리와 통제 역할을 하며, 결론을 내리고 실행 계획을 수립한다.

이 방법은 팀 회의에서 각자의 사고 방식을 균형 있게 반영하도록 돕는 도구로, 문제 해결을 위한 다각적인 관점의 확보를 가능하게 한다. 6 Thinking Hats는 특정 색상의 모자에 해당하는 사고 방식에만 집중하여 한 번에 한 가지 사고 방식에 집중하여 논의를 진행한다. 이를 통해 사고의 방향이 명확해지고 혼란이 줄어든다. 즉, 다양한 관점의 탐구가 가능하다. 여러 모자를 사용해 문제를 다각도로 바라볼 수 있기 때문이다. 이는 기존에 놓쳤던 부분을 발견하게 해주며, 문제를 보다 철저하게 분석하는 데 기여한다. 6 Thinking Hats 활용 예시로 대학생들이 시험 기간에 겪는 스트레스를 효과적으로 관리하는 방안을 탐구해보자.

- **White Hat(정보와 데이터 수집)**

  설문 조사 결과, 학생들의 70%가 시험 기간 중 높은 스트레스를 경험한다고 응답했다. 주요 원인으로는 과제 마감, 학습 시간 부족, 수면 부족 등이 있다.

- **Red Hat(감정과 직관 표현)**

  "시험 기간만 되면 불안하고 압박감이 심하다."

  "수면 부족이 계속되면 집중이 잘 되지 않는다."

- **Green Hat(창의적 해결책 제시)**

  포모도로(Pomodoro) 기법을 도입해 25분 집중 학습 후 5분 휴식 루틴을 마련한다. 포모도로 기법은 1980년대에 프란체스코 시릴로(Francesco Cirillo)가 개발한 시간 관리 기법으로 짧은 시간 동안 집중해서 작업하고, 그 후 짧은 휴식을 취하는 방식으로, 생산성을 높이고 집중력을 강화하는 데 효과적이다.

  AI 기반 학습 계획 앱을 활용하여 개인별 맞춤 계획을 자동으로 수립한다.

- **Yellow Hat(긍정적 시각)**

  적절한 시간 관리와 운동 프로그램을 도입하면 학습 효율이 증가할 가능성이 있다.

  명상이나 스트레칭을 병행하면 심리적 안정에 도움이 된다.

- **Black Hat(비판적 분석)**

  기존 스트레스 관리 방법은 일시적이며, 꾸준히 지속되지 않는 경우가 많다.

  계획이 지켜지지 않을 경우 스트레스가 오히려 증가할 위험이 있다.

- **Blue Hat(결론 및 실행 계획)**

  제안된 방안 중 실현 가능한 것부터 우선순위를 정해 실행한다.

  시행 후 결과를 분석하여 다음 시험 기간에도 활용할 계획을 수립한다.

6 Thinking Hats 기법은 다양한 시각을 통해 문제를 보다 깊이 있게 파악하고, 창의적인 해결책을 도출하는 데 탁월한 도구이다. 이를 통해 개인이나 팀이 문제를 다각도로 분석하고 논의의 수준을 한 단계 끌어올릴 수 있다.

랜덤 워드(Random Word)   랜덤 워드 기법은 무작위 속에서 빛나는 영감을 찾는 도구로 창의력 폭발의 열쇠이다. 랜덤 워드 기법은 엉뚱하지만 기발한 해결책을 찾고 싶을 때 사용되는 강력한 도구다. 이 방법은 무작위 단어를 선택해 현재 해결하려는 문제와 연결시킴으로써 새로운 관점을 얻게 해준다. 어쩌면 아무 연관 없어 보이는 단어가 문제 해결의 실마리를 제공할지도 모른다. 랜덤 워드 기법의 원리는 생각의 고정관념에서 벗어나는 것이다. 우리는 문제를 해결할 때, 보통 논리적이고 연관성 있는 방법을 선택한다. 하지만 랜덤 워드 기법은 전혀 관련 없는 단어를 던져 문제를 바라보는 새로운 시각을 유도한다. 랜덤 워드 기법의 사용법은 다음의 4단계로 이루어진다.

1 **1단계: 문제 정의**

현재 해결하고자 하는 문제를 명확히 정의한다.

예 "학생들이 집중력을 유지할 수 있는 학습 환경을 만들려면?"

2 **2단계: 무작위 단어 선택**

책, 신문, 사전 등에서 아무 단어나 골라 적는다.

랜덤 워드 생성기 또는 눈에 보이는 첫 번째 단어를 활용해도 된다.

예 "풍선(balloon)"

3 **3단계: 연결 고리 찾기**

선택한 단어와 문제를 연결해본다.

풍선 → "공중에 떠 있다" → "자유롭다" → "유연한 학습 환경을 만들 수 있지 않을까?"

4 **4단계: 아이디어 확장**

풍선이라는 단어에서 "가벼움, 유연성, 다양한 색상" 등의 키워드를 도출해 학습 공간에 다양한 색감을 더하거나, 이동식 학습 공간을 만드는 아이디어로 발전시킨다.

랜덤 워드 기법의 매력은 다음과 같다.

- **비논리적 사고 유도**: 정해진 방식에서 벗어나기 때문에 예상치 못한 결과가 나온다.
- **즉흥적이고 빠르다**: 복잡한 과정 없이 단어 하나로 시작할 수 있다.
- **즐겁고 재미있다**: 마치 게임을 하듯 아이디어를 확장하는 과정이 유쾌하다.
- **팀 활동에 적합**: 각 팀원이 다른 단어를 선택하고 발표하는 방식으로 활용하면, 더 다양한 아이디어를 수집할 수 있다.

문제 해결의 힘, 컴퓨팅 사고력

랜덤 워드 기법의 예시로 '캠퍼스의 효율적인 학습 공간 설계'를 적용해보자.

- **문제**: "학생들이 집중해서 공부할 수 있는 스터디 카페를 만들려면?"
- **랜덤 워드**: 사과(apple)
- **연결 과정**:

  사과는 신선하다 → 신선한 공기를 제공하는 공간 필요

  사과는 껍질이 있다 → 외부 소음을 차단하는 벽 필요

  사과는 건강에 좋다 → 학습 공간에 건강 음료 바 설치

- **결과**: 스터디 카페에 신선한 공기를 순환시키는 공기 정화 시스템과 건강 음료 코너를 설치해 학생들의 집중력을 높이는 아이디어가 탄생했다.

랜덤 워드 기법의 팁으로 다음을 기억하자.

- **단어 선택에 두려워하지 말 것**: 엉뚱한 단어일수록 더욱 창의적인 아이디어로 발전한다.
- **다양한 매체 활용**: 사전, 앱, 잡지 등에서 무작위로 단어를 고른다.
- **연관성이 없어도 OK**: 단어와 문제 사이의 연결 고리를 만드는 과정 자체가 창의력 향상에 도움이 된다.

랜덤 워드 기법은 단순하지만 강력한 창의적 도구다. 문제 해결이 막막할 때, 이 기법을 활용해 전혀 다른 방향에서 답을 찾아보는 것은 어떨까? 예상치 못한 단어가 새로운 아이디어의 씨앗이 될 수 있다!

4 문제 해결을 위한 의사 결정 도구

의사 결정 도구는 마치 복잡한 미로에서 길을 찾는 나침반과 같다. 우리가 인생에서 매 순간 마주하는 크고 작은 문제들을 해결하기 위해서는 때로는 직관에 의존하지만, 중요한 결정일수록 더 체계적이고 논리적인 방법이 필요하다. 문제 해결 과정에서 최적의 선택을 도출하는 것은 단순한 판단 이상의 의미를 지닌다. 다양

한 대안을 분석하고 비교하는 과정을 통해, 우리는 가장 합리적이고 효과적인 결론에 다가갈 수 있다.

우리는 종종 시간과 자원이 제한된 상황에서 최선의 결정을 내려야 한다. 이때 의사 결정 도구는 불확실성을 줄이고, 실수를 방지하며, 목표에 한 걸음 더 가까이 가도록 돕는 역할을 한다.

- **효율적인 자원 활용**
  의사 결정 도구는 시간과 비용을 절약하는 데 핵심적인 역할을 한다. 무작정 여러 가지 방법을 시도하는 대신, 가장 적합한 해결책을 빠르게 찾을 수 있는 길을 제시한다.
- **합리적인 선택**
  직관에만 의존해 결정을 내리는 것은 때로는 큰 리스크를 동반한다. 그러나 데이터와 객관적인 평가를 기반으로 의사 결정을 내리면, 보다 공정하고 타당한 선택이 가능해진다. 이는 단순한 감이 아니라 분석에 근거한 판단이다.
- **복잡한 문제 해결**
  현실에서 마주하는 문제들은 단순하지 않다. 의사 결정 도구는 여러 대안을 구조적으로 비교하고, 각 대안의 장단점을 명확히 분석함으로써, 복잡한 문제에 대한 체계적인 접근을 가능하게 한다. 이를 통해 문제 해결 능력이 강화된다.
- **팀워크 향상**
  의사 결정은 때로는 다양한 의견이 충돌하는 과정이기도 하다. 하지만 체계적인 의사 결정 도구를 사용하면, 팀원 간의 의견 차이를 좁히고 의견 조율이 수월해진다. 각자의 의견을 명확하게 표현하고, 논리적 근거에 의해 평가하는 과정에서 팀워크는 한층 강화된다.

의사 결정 도구는 단순한 판단을 넘어서서 우리를 더 나은 선택으로 인도하는 중요한 동반자다. 크고 작은 문제를 마주할 때, 이 도구들은 마치 손에 쥔 강력한 열쇠처럼 상황을 풀어가는 실마리가 되어줄 것이다.

의사 결정 매트릭스(Decision Matrix) 의사 결정 매트릭스는 복잡한 선택의 갈

림길에서 길을 찾는 데 유용한 나침반 같은 도구다. 선택지가 많고 평가 기준이 다양할 때, 감이나 직관에 의존하기보다는 체계적인 분석을 통해 최적의 결정을 내리는 데 도움을 준다. 우리는 일상에서 수많은 선택을 한다. 하지만 모든 선택이 단순하지는 않다. 예를 들어, 동아리 활동 공간을 정해야 하는 경우를 떠올려 보자. 비용, 접근성, 시설 등 고려해야 할 요소들이 많다. 이때 의사 결정 매트릭스는 각 기준을 수치화하여 논리적으로 평가하고 비교해준다. 감정적 요소를 배제하고, 객관적이고 공정하게 결정을 내릴 수 있도록 돕는 것이다.

의사 결정 매트릭스의 작동 방식은 다음과 같다.

① **1단계 대안(Alternatives)**: 선택 가능한 여러 옵션을 나열한다.
② **2단계 기준(Criteria)**: 각 대안을 평가할 기준을 설정한다. 비용, 품질, 효율성 등이 포함될 수 있다.
③ **3단계 가중치(Weight)**: 각 기준의 중요도를 반영한 가중치를 부여한다. 예를 들어, 비용이 가장 중요하다면 비용에 높은 가중치를 설정한다.
④ **4단계 점수(Score)**: 각 대안이 기준을 얼마나 만족하는지 점수화한다.
⑤ **5단계 총점 계산**: 점수와 가중치를 곱해 대안별 총점을 계산한다. 가장 높은 점수를 받은 대안이 최적의 선택지로 선정된다.

예시로 학생 동아리 활동을 위한 최적의 장소를 선택해야 한다고 가정해 보자. 선택 가능한 공간으로 대안 1을 동아리실, 대안 2를 도서관 소회의실, 대안 3을 교내 카페로 해보자. 그리고 평가 기준은 비용, 접근성, 시설로 정하고, 비용에 가중치 3, 접근성에 2, 시설에 1을 부여하면, 각 대안은 기준에 따라 1~10의 점수로 평가되며, 이 점수에 가중치를 곱해 총점을 산출할 수 있다.

- **대안 A의 경우:**
  비용: 8점×가중치 3 = 24
  접근성: 7점×가중치 2 = 14
  시설: 6점×가중치 1 = 6
  총점: 24 + 14 + 6 = 44

- **대안 B의 경우:**

   비용: 6점×가중치 3 = 18

   접근성: 9점×가중치 2 = 18

   시설: 8점×가중치 1 = 8

   총점: 18 + 18 + 8 = 44

- **대안 C의 경우:**

   비용: 7점×가중치 3 = 21

   접근성: 8점×가중치 2 = 16

   시설: 9점×가중치 1 = 9

   총점: 21 + 16 + 9 = 46

총점을 비교해 보면 대안 C(교내 카페)가 46점으로 가장 높은 점수를 받았다. 이는 비용에서 약간 낮은 점수를 받았지만, 접근성과 시설에서 높은 점수를 획득했기 때문이다. 따라서, 교내 카페가 학생 동아리 활동 장소로 최적의 선택이 된다. 의사 결정 매트릭스의 강점은 다음으로 요약할 수 있다.

- **객관적이고 공정한 평가**: 감정이나 개인적 선호에 치우치지 않고, 데이터에 기반한 의사 결정을 내릴 수 있다.
- **중요 요소에 집중**: 비용 등 중요한 요소에 높은 가중치를 부여하여 더 실질적인 평가가 가능하다.
- **효율성**: 다양한 대안이 있을 때 신속하게 최적의 선택을 도출하는 데 도움을 준다.

이러한 방식은 예시에서 다루었던 동아리 활동뿐만 아니라 프로젝트 관리, 제품 개발, 장소 선정 등 다양한 의사 결정 상황에 적용할 수 있다.

SWOT 분석   SWOT 분석은 단순하지만 강력한 도구다. 회사의 전략을 세울 때, 개인의 커리어 계획을 세울 때, 심지어 친구들과 여행 계획을 세울 때도 쓸 수 있는 도구이다. 이름에서 알 수 있듯이 강점(Strengths), 약점(Weaknesses), 기회(Opportunities), 위협(Threats)의 네 가지 요소를 분석한다. 이 도구의 가장 큰 매력은 간단하지만 효과적이라는 점이다. 복잡한 계산이나 어려운 기술 없이도, 종이 한 장과 펜만 있으면 어디서든 전략을 세울 수 있다.

SWOT 분석은 단순한 체크리스트가 아니라, 문제 해결을 위한 가이드라인이다. 자신의 강점을 극대화하고, 약점을 최소화하며, 기회를 잡고, 위협에 대비하는 과정은 의사 결정에서 실수를 줄이고 성공 확률을 높이는 핵심 전략이 된다. SWOT 분석을 활용해, 문제를 해결하고, 기회를 잡으며, 미래를 계획해볼 수 있을 것이다. 상상해보자! 당신이 친구들과 캠핑을 가기로 했다. 멋진 자연 속에서 바비큐도 하고, 별도 보며 힐링하고 싶다. 그런데 문제는 장소 선정이다. 어디로 가야 모두가 만족할 수 있을까? 이럴 때 바로 SWOT 분석이 빛을 발한다.

- **Strengths(강점): 내부의 긍정 요소**
  "우리는 요리하는 걸 좋아하고, 캠핑 장비도 모두 갖추고 있다!"
  강점은 문제 해결에 도움이 되는 내부 자원이나 능력이다. 요리에 자신 있고, 캠핑 경험이 많다면 좋은 출발이다.

- **Weaknesses(약점): 내부의 부정 요소**
  "하지만, 우리 중에 운전할 사람이 없다!"
  약점은 문제를 해결하는 데 방해가 되는 내부 요소다. 운전 가능한 친구를 섭외하거나, 버스나 기차로 갈 수 있는 장소를 고려해야 한다.

- **Opportunities(기회): 외부의 긍정 요소**
  "다행히 요즘 캠핑장 예약이 쉽고, 날씨도 너무 좋다!"
  기회는 외부에서 오는 긍정적인 조건이다. 날씨가 좋거나, 캠핑장 할인 이벤트가 있다면 이를 적극 활용할 수 있다.

- **Threats(위협): 외부의 부정 요소**
  "하지만 인기 있는 캠핑장은 이미 예약이 끝났을지도 몰라."
  위협은 외부에서 발생하는 부정적인 요소로, 미리 준비하지 않으면 곤란해질 수 있다. 이런 상황에서는 빠르게 대체 장소를 찾는 게 필요하다.

이 SWOT 분석의 결론은 간단하다. 강점을 최대한 살리고, 약점을 극복할 방안을 마련하며, 기회를 적극적으로 활용하고, 위협에 대비하는 것이다. 결국 "운전할 사람이 없다"는 약점이 존재하지만, 대중교통을 이용하거나 운전 가능한 친구를 섭외하는 것으로 해결할 수 있다. 또한, 날씨가 좋고 예약이 수월하다는 기회를 잡아 빠르게 계획을 실행하는 것이 중요하다. 이 SWOT 분석을 통해, 최적의 캠핑 장소를 신속하게 예약하고, 즐거운 캠핑을 위한 준비를 마칠 수 있다. 문제는 복잡해 보일 수 있지만, 현재 상황을 명확히 인식하고 전략적으로 접근한다면 기대 이상의 결과를 얻을 수 있다.

SWOT 분석은 단순한 네 가지 요소로 구성되어 있지만, 놀라울 정도로 전략적이다. 강점은 더 강하게 만들고, 약점은 보완하며, 기회는 최대한 활용하고, 위협은 미리 준비해 막는다. 결국 내부 자원을 최대한 활용하고, 외부 환경을 잘 분석해 앞으로 나아가는 것이 핵심이다. 문제 해결이 필요한 순간, 어렵게 생각하지 말자. 강점, 약점, 기회, 위협을 차례로 적어보자. 당신만의 전략이 눈앞에 펼쳐질 것이다.

⑤ 문제 해결을 위한 시뮬레이션 도구

시뮬레이션 도구는 마치 가상 세계에서 벌어지는 흥미진진한 모험과 같다. 실제로 몸을 던져 뛰어들지 않고도, 다양한 상황을 시험해 보고 최적의 해결책을 찾아낼 수 있기 때문이다. 게임 속에서 시뮬레이션을 통해 전략을 연습하듯이, 현실에서도 기업이나 연구소에서는 시뮬레이션을 활용해 복잡한 문제를 해결하고 리스크를 줄인다.

시뮬레이션 도구란?   시뮬레이션 도구는 실제 환경을 그대로 재현해 문제 상황을 가상으로 실행하고, 해결 방법을 탐색하는 강력한 도구다. 현실에서는 비용이나 시간이 많이 들고, 위험 요소가 큰 문제들이 존재하지만, 시뮬레이션은 이러한 장벽을 뛰어넘는다. 다양한 시나리오를 실험하면서 가장 효율적인 방안을 찾을 수 있으며, 실패해도 실제 피해는 없다. 예를 들어, 비행기 조종사가 실제로 하늘을 날기 전에 시뮬레이터에서 수없이 많은 훈련을 거치듯, 시뮬레이션은 시행착오를 최소화하고 문제 해결의 정답에 가까워지는 도구로 사용된다.

시뮬레이션 도구의 필요성은 다음의 4가지로 정리 가능하다.

① **위험 감소**: 시뮬레이션은 실제로 실행하기 전에 잠재적인 문제를 미리 발견할 수 있게 해준다. 비행기나 원자로와 같은 고위험 장비를 다루는 경우, 실제로 문제가 발생하기 전에 가상으로 시뮬레이션을 진행해 리스크를 최소화하는 것이 필수적이다.

② **비용 절감**: 모든 것을 실제로 진행하려면 비용이 많이 들지만, 시뮬레이션에서는 물리적인 자원 대신 컴퓨터 상에서 실험을 진행할 수 있다. 예를 들어, 자동차 회사에서 새로운 모델을 설계할 때, 실제로 차를 여러 대 만들어가며 실험하는 대신, 가상 환경에서 테스트해 비용을 아낄 수 있다.

③ **결과 예측**: 다양한 시나리오를 통해 최적의 해결책을 미리 찾는 과정이 가능하다. 시뮬레이션은 단순한 현재 상황 분석에서 벗어나, 미래의 결과를 예측하고 대비하는 도구로 활용된다. 예를 들어, 도시 계획에서 교통 흐름을 분석하거나, 신약 개발 과정에서 약물이 인체에 미치는 영향을 가상으로 분석하는 데 시뮬레이션이 활용된다.

④ **교육적 활용**: 시뮬레이션은 학생이나 실무자가 복잡한 시스템을 쉽게 이해하고 문제 해결 능력을 키울 수 있는 도구다. 예를 들어, 의대생이 수술 시뮬레이션을 통해 실전 경험을 쌓거나, 엔지니어가 가상의 환경에서 새로운 기술을 테스트하는 방식으로 사용된다. 실패해도 실제로는 안전하며, 반복 훈련을 통해 점점 더 숙달된다.

시뮬레이션은 말 그대로 '미리 해보는 것'이다. 그 과정에서 얻는 교훈과 통찰력은 문제 해결에 있어 강력한 무기가 된다. 새로운 환경을 시뮬레이션해 보고, 다양한 해결책을 찾아 나가는 과정에서 보다 효율적이고, 안전하며, 비용 절감까지 이룰 수 있는 최적의 길을 찾을 수 있다. 실패해도 다시 도전하면 된다.

05 | 미래의 문제 해결 기술

① 협력의 가치(The Value of Collaboration)

문제를 해결하는 과정에서 다양한 관점의 결합은 단순한 더하기가 아니라 폭발적인 시너지 효과를 만들어낸다. 특히 기후 변화, 빈곤, 공중보건 위기 같은 글로벌 문제는 개인 혼자 해결할 수 있는 범위를 훨씬 뛰어넘는다. 이런 복합적인 이슈는 팀과 커뮤니티의 협력 없이는 풀기 어렵다. 각자의 전문성과 경험이 더해질 때, 비로소 지속 가능한 해결책이 탄생한다.

예를 들어, 기후 변화 대응을 위해 과학자들은 데이터를 분석하고, 정책 입안자들은 이를 법제화하며, 기업들은 친환경 기술을 개발해 상용화한다. 서로 다른 분야의 전문가들이 한 방향으로 힘을 모을 때 비로소 큰 변화가 일어난다. 이런 협력은 단순한 문제가 아니라 세계적인 도전 과제에서 더욱 빛을 발한다.

협력은 더 이상 오프라인에서만 이루어지지 않는다. Slack, Notion, Trello 같은 협업 도구와 플랫폼 덕분에 물리적인 공간의 제약도 사라졌다. 팀원들이 지구 반대편에 있어도, 같은 프로 도구의 발전은 문제 해결의 속도와 효율을 높이는 데 핵심적인 역할을 한다.

또한, 협력은 개인의 성장에도 중요한 역할을 한다. 서로 다른 관점을 나누고, 피드백을 주고받는 과정에서 더 나은 해결책이 나오고, 자연스럽게 새로운 기술과 사고방식을 습득하게 된다. 하나의 문제를 여러 각도에서 바라보는 능력은 협력의 과정에서만 얻을 수 있는 값진 자산이다. 결국 협력은 개인과 팀, 나아가 사회 전체의 성장을 이끄는 원동력이다. 문제 해결의 과정에서 효율성과 창의성을 극대화하고, 더 나은 결과물을 만들어낸다. 협력의 가치는 단순히 여러 사람이 함께 일하는 것을 넘어, 서로의 지식과 경험을 융합해 새로운 가능성을 여는 것에 있다.

문제 해결의 힘, 컴퓨팅 사고력

② 역량의 필요성(The Need for Skills and Competency)

디지털 사회에서 문제 해결 역량은 생존 기술로 자리잡았다. 기술이 급격히 발전하고, 사회가 복잡해지면서 더 이상 단순한 기술력만으로는 미래의 문제에 대응하기 어렵다. AI, 자동화, 빅데이터 등 기술의 진보는 우리에게 편리함을 제공하는 동시에, 그만큼 복합적이고 다층적인 문제를 던지고 있다. 이러한 변화 속에서 논리적 사고와 창의적 접근은 필수적이다. 문제는 한 가지 방향에서만 접근하는 것이 아니라, 다양한 관점에서 바라보고 분석해야 진정한 해결책을 도출할 수 있다.

현대 직업군에서는 문제 해결 역량이 핵심 경쟁력으로 떠오르고 있다. 기업은 더 이상 단순히 주어진 업무를 처리하는 사람을 원하지 않는다. 문제를 정의하고, 데이터를 통해 분석하며, 창의적으로 해결책을 제시하는 인재가 요구된다. 이는 AI와 자동화 기술이 고도화될수록 더욱 두드러진다. 기계는 패턴을 학습하지만, 문제의 본질을 파악하고 새로운 방식으로 접근하는 것은 인간의 영역이다. 이를 위해 비판적 사고, 창의성, 데이터 분석 능력, 기술적 이해와 같은 융합적 사고가 필수적으로 요구된다.

데이터 리터러시(Data Literacy)는 모든 직업군에서 중요해지고 있다. 단순히 데이터를 읽는 것을 넘어, 데이터를 분석하고 이를 바탕으로 전략을 수립하는 능력은 의사 결정 과정에서 필수적인 자원이 되었다. AI와 빅데이터 기술이 발전함에 따라 데이터를 해석하는 능력과 통찰력은 조직 내에서 큰 가치를 지닌다.

하지만 기술적 능력만으로는 충분하지 않다. 빠르게 변화하는 기술 환경에서의 적응력이 미래 사회에서 중요한 문제 해결 역량 중 하나로 자리잡고 있다. 과거에는 특정 분야에 대한 전문 지식만으로도 성공할 수 있었지만, 오늘날과 미래에는 여러 분야를 넘나드는 융합적 사고가 필수다. 가령, AI와 데이터를 다루는 직업에서도 윤리적 관점과 인간 중심적 사고가 강조되고 있으며, 이는 기술적 지식과 인문학적 사고가 결합된 결과다.

또한, 의사 결정 과정에서의 신뢰성 확보는 기업과 조직에서 중요한 역할을 한다. 수집된 데이터를 근거로 삼고, 객관적으로 평가하며, 다양한 이해관계를 반영하는 과정이 요구된다. 이는 문제 해결 과정에서 데이터 기반의 사고를 강화하고, 정확한 의사 결정으로 이어진다.

이 모든 과정에서 필수적인 것이 바로 팀워크와 협업 능력이다. 복합적인 문제를 해결하기 위해서는 다양한 배경과 전문성을 지닌 사람들이 서로의 아이디어를 공유하고 조율하는 과정이 필요하다. 서로의 강점을 살리고, 약점을 보완하며, 새로운 해결책을 창출하는 협력은 현대 사회에서 가장 중요한 문제 해결 방식 중 하나다.

결국, 미래 사회에서 요구되는 문제 해결 역량은 비판적 사고, 창의성, 데이터 분석, 기술적 이해, 협력하는 능력의 조합이다. 이러한 역량을 갖춘 사람은 단순한 문제 해결자가 아닌 미래의 리더로서 일하게 될 것이다.

❸ 문제 해결의 사회적 가치(Social Value of Problem Solving)

문제 해결 기술은 미래 사회에서 공동체와 전 세계의 발전을 이끄는 핵심 동력으로 자리잡고 있다. 사회적 문제는 점점 더 복잡해지고 있으며, 이를 해결하기 위해서는 기술, 데이터, 협력, 창의성이 결합된 통합적인 접근이 필수적이다. 특히, 기술 혁신과 사회적 가치의 결합은 더 나은 미래를 설계하는 데 있어 중요한 역할을 한다.

문제 해결 기술과 공동체 발전 사회적 가치를 창출하는 문제 해결 기술은 단순한 개인적 문제를 넘어 공동체 전체의 삶의 질을 향상시키는 데 기여한다. 예를 들어, AI와 빅데이터를 활용한 공공 정책 수립, 에너지 절감 솔루션, 스마트 시티 구축 등은 기술을 통해 사회적 문제를 직접 해결하는 대표적인 사례다. 이러한 기술은 공공 서비스의 효율성을 높이고, 자원의 공정한 분배를 가능하게 하며, 사회적 불평등을 해소하는 데 중요한 역할을 한다. 기술 기반의 문제 해결은 지역사회의 활성화와 경제적, 문화적 성장을 동시에 이끌어내며, 지속 가능한 발전을 견인한다.

미래 세대를 위한 지속 가능한 성장 문제 해결 기술은 미래 세대의 지속 가능한 성장을 위해 필수적이다. 기후 변화, 에너지 위기, 식량 부족 등은 기술을 활용한 문제 해결이 절실한 분야다. 탄소 중립 기술, 재생 에너지 개발, 스마트 농업 등의 혁신은 미래 세대에게 더 나은 환경을 제공하고, 지속 가능한 지구를 만드는 데 기여한다. 이러한 기술은 단기적인 경제적 이익을 넘어 장기적인 사회적 가치 창출로 이어지며, 개인의 문제 해결 능력이 공동체와 전 인류의 발전으로 확장된다.

사회적 기업과 기술의 융합   사회적 기업은 문제 해결 기술을 활용해 사회적 불평등을 해소하고, 취약 계층을 지원하며, 지역 경제를 활성화하는 데 앞장서고 있다. 예를 들어, 재활용 기술을 기반으로 한 스타트업, 장애인 접근성을 개선하는 소프트웨어 기업 등은 사회적 가치와 경제적 성과를 동시에 달성하는 모델을 제시한다. 이들은 기술을 통해 새로운 비즈니스 모델을 창출하며, 사회적 문제 해결의 새로운 길을 열어간다.

글로벌 협력과 기술 혁신   미래 사회에서 국제적 협력은 문제 해결 기술의 핵심 축이 될 것이다. 기후 변화, 전염병 확산, 경제 위기 등 글로벌 이슈는 개별 국가나 개인이 해결하기 어려운 문제들이다. 따라서, 국경을 초월한 기술 협력과 데이터 공유, 국제 연구 프로젝트는 문제 해결의 중요한 기반이 된다. 기술은 사회적 가치의 확장을 통해 전 세계가 함께 번영하는 미래를 만드는 데 기여할 것이다.

사회적 가치 중심의 기술 교육과 혁신   미래의 문제 해결 기술은 단순한 기능적 역량을 넘어 사회적 가치를 창출하는 능력을 요구한다. 비판적 사고, 창의성, 데이터 분석 능력은 문제를 깊이 이해하고 해결하는 데 필수적인 요소다. AI 및 자동화 시대에서 개인이 가져야 할 핵심 역량은 기술을 통해 인간 중심의 문제를 해결하는 것이다. 이러한 기술 교육과 혁신은 사회적 가치를 중심으로 설계되어야 하며, 미래 세대가 더 나은 세상을 만드는 주체로 성장할 수 있도록 돕는다.

결국, 미래의 문제 해결 기술은 사회적 가치를 창출하고, 공동체와 인류 전체의 발전을 이끄는 강력한 도구가 된다. 기술의 발전과 사회적 가치의 결합은 미래를 여는 열쇠이며, 이를 통해 우리는 지속 가능한 미래를 함께 설계하고 실현해 나갈 수 있다.

④ 문제 해결의 미래(The Future of Problem Solving)

문제 해결의 미래는 더 이상 선택이 아닌 필수다. 개인적으로는 삶의 질을 높이고, 조직적으로는 경쟁력을 강화하며, 사회적으로는 지속 가능한 발전을 이루는 데 중요한 역할을 한다. 복합적이고 예측 불가능한 문제들이 점점 늘어가는 시대에서 문제 해결 능력은 모든 영역에서 핵심 자산이 된다.

기술의 발전은 문제 해결 방식에 혁신을 가져오고 있다. AI, 빅데이터, IoT는 방대한 정보를 분석하고 패턴을 찾아 미래의 문제를 예측하며, 적절한 해결책을 자동으로 제시하는 시대를 열었다. 이러한 기술은 기존의 수작업 방식으로는 불가능했던 속도와 정확성으로 문제를 해결한다. 예를 들어, 의료 분야에서는 AI가 질병을 조기 진단하고, 공장에서는 IoT 센서가 기계 고장을 사전에 예측한다.

디지털 트윈, 메타버스, 가상 시뮬레이션은 물리적 환경을 가상으로 재현하여 미래를 사전에 테스트하는 새로운 방식이다. 이러한 기술은 건설, 제조, 도시 계획 등 다양한 분야에서 활용되어 잠재적인 문제를 미리 발견하고 수정할 수 있는 기회를 제공한다. 예를 들어, 스마트 시티 프로젝트에서는 디지털 트윈을 통해 도시 전체의 에너지 소비와 교통 흐름을 예측하고 효율적으로 관리한다. 이처럼 문제 해결은 더 이상 하나의 영역에 국한되지 않는다. 전 세계가 연결된 시대에서는 글로벌 문제를 해결하기 위한 협력과 통합이 필수적이다. AI 기술의 발전과 함께 인간의 창의성과 공감 능력은 더욱 빛을 발하게 될 것이다. AI가 데이터를 분석하고 해결책을 제시하는 동안, 인간은 그 해결책이 윤리적이며 사회적으로 수용 가능한지 판단하는 역할을 맡는다.

문제 해결의 미래는 기술과 인간의 협력으로 더욱 정교해지고, 더 많은 가능성을 열어갈 것이다. 이 여정에서 중요한 것은 열린 마음으로 변화에 적응하고, 새로운 기술을 배우며, 협업을 통해 더 나은 미래를 만들어 가는 것이다.

⑤ 도전(Challenges Ahead)

문제 해결은 도전의 연속이다. 학업에서 직장까지, 심지어 일상생활에서도 문제를 마주치는 것은 피할 수 없다. 하지만 진짜 중요한 건 그 문제를 대하는 태도다. 실패를 두려워하지 않고, 도전을 반복하며 성장하는 과정이 필요하다.

　논리적 사고와 창의적 사고는 문제를 해결하는 가장 강력한 무기다. 때로는 남들이 보지 못한 새로운 관점을 통해, 또는 기존의 틀을 깨는 아이디어로 해결책이 탄생한다. 문제 해결은 단순한 절차가 아닌, 차별화된 결과를 만드는 여정이다.

　기술이 빠르게 발전하는 시대에 새로운 도전도 끊임없이 생겨난다. AI는 우리에게 편리함을 제공하지만, 동시에 윤리적 문제와 데이터 편향이라는 난제를 남긴다. 개인정보 보호, 알고리즘의 공정성, AI가 인간의 일자리에 미치는 영향까지, 문제 해결은 더 이상 기술적인 부분에만 국한되지 않는다. 이제는 다양한 관점에서 문제를 분석하고, 협업을 통해 통합적인 해결책을 마련하는 것이 필수다. 한 사람의 아이디어보다 여러 사람의 통찰력이 더 나은 결과를 만들어낸다. 아이디어 공유와 협력은 문제를 더 깊이 이해하고, 완성도 높은 해결책을 찾는 데 중요한 역할을 한다.

　도전은 힘들지만, 그만큼 성장의 기회다. 문제 해결 능력은 도전을 극복하며 더욱 단단해진다. 미래를 준비하는 가장 좋은 방법은 바로 지금, 눈앞의 문제를 정면으로 마주하고 해결하는 것이다.

6 기술(Technologies Driving the Future)

미래의 문제 해결 기술은 마치 SF 영화에서 보던 기술들이 현실로 다가오는 순간을 보여준다. 기술은 더 이상 단순한 도구가 아니라, 문제를 해결하는 핵심 파트너다. AI와 머신러닝은 방대한 데이터를 분석해 보이지 않던 패턴을 찾아내고, 인간이 놓친 해답을 제시한다. 생성형 AI(Generative AI)는 창의적인 콘텐츠를 만들어내며 디자인, 글쓰기, 코딩 등 다양한 분야에서 혁신을 이끌고 있다.

　퀀텀 컴퓨팅은 복잡한 문제를 단 몇 초 만에 해결할 수 있는 놀라운 계산 능력을 제공한다. 기존 컴퓨터로는 수십 년이 걸릴 계산을 퀀텀 컴퓨터는 단숨에 처리하며, 약물 개발, 금융 분석, 기후 변화 모델링 등에서 새로운 가능성을 열어간다.

　사물인터넷(IoT)은 모든 것을 연결해 문제를 실시간으로 모니터링하고 제어할 수 있도록 돕는다. 스마트홈에서부터 스마트시티까지, IoT는 안전하고 효율적인 시스템을 구축하는 데 필수적이다. 예를 들어, 공장에서는 IoT 센서가 기계 상태를 모니터링해 고장 전에 수리할 수 있도록 알림을 준다.

블록체인은 데이터 보안과 신뢰성을 극대화하는 기술이다. 탈중앙화 시스템을 통해 데이터 위변조를 막고, 투명하고 안전한 거래를 가능하게 한다. 특히 금융, 의료, 물류 분야에서 혁신적인 변화가 일어나고 있다.

증강현실(AR)과 가상현실(VR)은 시뮬레이션을 통해 실제 환경을 가상으로 재현하고, 복잡한 문제를 안전하게 해결할 수 있는 공간을 제공한다. 의료 수술 훈련부터 건축 설계, 재난 대처 훈련까지, AR과 VR은 문제 해결 역량을 강화하는 데 중요한 역할을 하고 있다.

바이오 기술은 인간의 건강을 개선하고 지속 가능한 미래를 설계하는 데 기여한다. 유전자 편집, 바이오 프린팅, 신약 개발 등은 미래의 삶을 더 나은 방향으로 이끌고 있다.

미래의 문제 해결 기술은 서로 융합되며 더욱 강력한 솔루션을 만들어낸다. 다양한 기술들이 하나의 플랫폼에서 결합되어, 더 빠르고 효율적인 문제 해결이 가능해진다. 기술이 발전할수록, 우리는 새로운 도전을 맞이하지만 동시에 더욱 강력한 도구를 손에 쥐게 된다.

결국, 기술은 문제 해결의 핵심 무기가 된다. 이 기술들을 어떻게 활용하느냐에 따라 우리의 미래는 완전히 달라질 수 있다.

스스로 문제를 정의하고 해결책을 구상해보는 과정을 통하여 단순히 읽고 끝나는 것이 아니라 직접 문제를 해결해보는 새로운 도전에 뛰어들어보자.

팀 프로젝트, 왜 이렇게 하기 싫을까?　조별 과제를 듣기만 해도 한숨이 나온다는 학생들이 많다. '열심히 하는 사람만 손해 본다', '책임이 한쪽으로 쏠린다'는 불만이 자주 터져 나온다. "왜 내가 다 해야 하지?"라는 생각은 팀 프로젝트 경험 자라면 한 번쯤 해봤을 것이다. 하지만 팀 프로젝트는 단순한 과제가 아니다. 의사소통 능력, 협업 기술, 문제 해결력 등 사회에서 꼭 필요한 역량을 기를 수 있는 좋은 기회다. 따라서, 이 문제를 외면하기보다 해결해 나가는 방법을 찾는 것이 더 현명하다. 다음의 내용으로 스스로 문제 해결을 경험해보자.

1단계 문제 정의: 팀 프로젝트에서 생기는 갈등의 뿌리를 찾아라!

팀 프로젝트가 힘든 이유는 다양하다. '열심히 하는 사람만 손해 본다'는 말은, 단순히 게으른 팀원이 문제라는 시각에서 출발한다. 하지만 문제의 본질은 생각보다 더 복합적이다. 여기서 피시본 다이어그램(Fishbone Diagram)을 활용해 왜 이런 문제가 생기는지 파악해 보자.

- **Fishbone Diagram: 팀 프로젝트 참여율 저하의 원인**
  - ✅ Man(사람): 팀원이 과제의 중요성을 인식하지 못하거나, 책임감이 부족하다.
  - ✅ Machine(도구): 소통 도구가 비효율적이거나, 일정 관리 툴이 없다.
  - ✅ Method(방법): 역할 분담이 공정하지 않거나, 팀장이 독단적으로 결정을 내린다.
  - ✅ Material(자원): 팀원 개개인의 시간이 부족하거나, 필요한 자료가 정리되지 않았다.

이렇게 분석해보면, 팀 프로젝트 갈등의 핵심이 명확해진다. "팀원이 과제에 참여하지 않는 것은 단순한 무관심이 아니라, 소통 부재와 역할 분담 문제에서 비롯된다."

2단계 아이디어 생성: 팀 프로젝트를 재미있게 만드는 방법은 없을까?

문제를 정의했으면, 이제 해결책을 찾아야 한다. "억지로 하기보다는, 재미있게 할 수 있는 방법을 생각해보자." 이때 SCAMPER 기법을 활용해 다양한 아이디어를 떠올려 보자.

- **SCAMPER: 팀 프로젝트 흥미 유발 아이디어**
  - ✅ Substitute(대체하기): 팀 과제 대신 '1인 과제 + 피드백 세션'으로 변경해 참여율을 높인다.
  - ✅ Combine(결합하기): 게임 요소(포인트제, 리더보드 등)를 추가해 팀원의 경쟁심을 유발한다.
  - ✅ Adapt(응용하기): 팀원들이 가장 자신 있는 분야를 맡도록 조율해 부담감을 줄인다.
  - ✅ Modify(수정하기): 팀별 진행 상황을 공유하는 중간 발표회를 도입해 책임감을 높인다.
  - ✅ Put to another use(다른 용도로 활용하기): 팀 과제 결과물을 포트폴리오로 활용할 수 있게 한다.
  - ✅ Eliminate(제거하기): 불필요한 팀 회의를 없애고, 핵심 회의만 진행해 시간 낭비를 줄인다.
  - ✅ Reverse(역발상하기): 팀장 역할을 랜덤으로 돌려서 팀원들이 책임감을 나눠 갖도록 한다.

3단계 의사 결정: 아이디어는 많다, 하지만 무엇이 최선일까?

많은 아이디어 중에서 가장 현실적이고 효과적인 것을 선택해야 한다. SWOT 분석을 통해, '중간 발표회'와 '팀장 랜덤 배정' 아이디어를 평가해보자.

- **SWOT 분석: 중간 발표회**

- ✅ Strengths(강점): 팀원들이 각자 맡은 부분에 책임감을 느낀다.
- ✅ Weaknesses(약점) — 중간 발표 준비로 시간이 추가로 소요될 수 있다.
- ✅ Opportunities(기회) — 과제의 완성도가 높아지고, 팀원 간 피드백이 활발해진다.
- ✅ Threats(위협) — 발표를 부담스러워하는 팀원이 있을 수 있다.

결과적으로 '중간 발표회 도입 + 팀장 랜덤 배정'이 가장 현실적인 해결책으로 선정되었다.

🎯 도전 과제

다음의 생각하기 문제 중 원하는 내용을 선택하여 예시와 같이 문제 해결 과정을 정리해보기로 하자.

생각하기 1: 팀 프로젝트, 더 이상 피하지 말자

팀 프로젝트에서 새로운 방식으로 도전해보자. 문제를 정의하고, 다양한 아이디어를 통해 더 나은 해결책을 찾아보는 것이다. 실패를 두려워하지 않고, 과정 속에서 성장하는 경험을 만들어보자. "팀 프로젝트는 피하는 것이 아니라, 함께 만들어가는 것이다." 한 걸음씩 도전해 나간다면, 언젠가는 팀 프로젝트도 즐거운 경험으로 바뀔 수 있다.

생각하기 2: 캠퍼스 그린 프로젝트 — 친환경 캠퍼스를 만들자

캠퍼스에서 종종 버려진 플라스틱 컵, 쓰레기장에 넘쳐나는 일회용품을 본 적이 있는가? 교내 곳곳에서 플라스틱 사용을 줄이고, 친환경 대안을 찾는 것은 우리가 당면한 환경 문제 해결의 시작이 될 수 있다. 문제를 정의하고, 플라스틱 사용을 줄이거나 재활용을 활성화하는 아이디어를 통해 캠퍼스를 바꿔보자. 예를 들어, 텀블러 사용 캠페인, 재활용 경진대회, 개인 용기 사용 포인트 적립 프로그램 등을 고민해볼 수 있다. "작은 행동 하나가 더 나은 지구를 만든다." 캠퍼스에서 시작된 변화는 지역사회로 확장되고, 더 나아가 환경 보호의 새로운 전환점이 될 것이다.

강의실에 가기 위해 버스를 기다리다 지각한 적이 있는가? 교내 자전거 도로 부족, 주차 문제, 교통 혼잡은 많은 학생들이 겪는 불편이다. 이러한 문제를 해결할 수 있는 아이디어를 고민해보자. 문제를 정의하고, 자전거 대여 시스템, 전동 킥보드 공유, 캠퍼스 셔틀버스 확대 등 현실적으로 적용할 수 있는 방안을 찾는 것이다. "교통의 변화는 더 나은 일상의 시작이다." 편리하면서도 환경을 지키는 교통 시스템을 만들기 위한 아이디어가 캠퍼스를 넘어 지역사회에도 긍정적인 영향을 미칠 수 있다. 캠퍼스에서 시작된 교통 혁신이 지역 사회로 확장되어, 더 많은 사람들이 지속 가능한 교통 문화를 경험할 수 있도록 하자.

모든 변화는 작은 한 걸음에서부터

우리가 마주하는 팀 프로젝트의 갈등, 환경 문제, 교통 불편은 결국 모두 함께 고민하고 힘을 모을 때 더 나은 방향으로 나아갈 수 있다. 문제를 정의하고, 아이디어를 모으고, 최선의 해결책을 찾는 과정은 단순히 과제를 해결하는 데 그치지 않는다. 이는 개인의 성장, 공동체의 발전, 더 나은 미래를 위한 준비 과정이다.

"문제 해결은 결과보다 과정이 더 큰 가치를 지닌다." 실패와 도전 속에서 얻은 경험은 앞으로의 길을 밝히는 등불이 될 것이다. 스스로 던진 질문에 답을 찾는 이 여정을 통해, 우리는 더 나은 내일을 만들어갈 수 있다. 이제, 여러분의 아이디어가 세상을 바꾸는 첫걸음이 될 차례다. 작은 문제 하나를 해결하는 과정에서, 우리가 세상을 바꾸는 첫걸음이 시작된다. 캠퍼스에서의 작은 변화가, 지역 사회로 퍼지고, 나아가 전 세계에 영향을 미칠 수도 있다. 도전하고, 성장하고, 변화하라. 여러분의 도전이 캠퍼스를 넘어 세상을 움직일 수 있다.

마무리

문제 해결은 단순한 기술이 아니라, 더 나은 미래를 향한 여정이다. 우리가 직면하는 수많은 도전과 장애물은 우리를 시험하지만, 그것을 넘어서는 순간 우리는 성장하고 진화한다. 문제 해결의 과정은 때로는 길고 험난하지만, 그 끝에 기다리는 성취감은 무엇과도 바꿀 수 없는 가치가 된다. 일상을 변화시킨 위대한 혁신의 시작은 작은 문제 하나를 해결하려는 노력에서 비롯되었다. 전구를 발명한 에디슨, 인터넷을 개척한 과학자들, 오늘날 AI를 발전시키는 수많은 엔지니어까지, 그들은 모두 "왜?"라는 질문에서 출발해 "어떻게?"라는 해답을 찾기 위해 멈추지 않았다.

문제를 해결하는 능력은 우리의 삶을 풍요롭게 하고, 공동체를 더욱 강하게 만든다. 개인의 작은 해결책이 모여 사회의 혁신을 만들고, 나아가 전 세계에 긍정적인 변화를 가져온다. 누군가에게는 불가능해 보이는 일도, 협력과 기술을 통해 가능으로 바꿀 수 있다. 미래는 문제를 해결하는 자들의 것이다. 지금 우리가 배우고 익히는 문제 해결 능력은 개인을 넘어 조직, 사회, 세계에 걸쳐 영향력을 미친다.

이제 우리는 선택해야 한다. 멈출 것인가, 아니면 한 걸음 더 나아가 도전할 것인가. 그 한 걸음이 세상을 바꾸는 시작이 될 수 있다. 하지만 문제를 해결하는 것만으로는 충분하지 않다. 복잡하고 다차원적인 문제를 풀기 위해서는 논리적 사고, 창의성, 데이터를 기반으로 한 의사결정이 필수적이다. 바로, 컴퓨팅 사고력이 문제 해결의 중요한 도구로 자리잡는다.

다음 장에서는 우리가 왜 컴퓨팅 사고력을 길러야 하는지, 그리고 그것이 어떻게 문제 해결 능력을 한 단계 더 발전시킬 수 있는지를 깊이 있게 탐구해보자. 컴퓨팅 사고력이라는 강력한 도구를 통해 문제를 바라보는 새로운 시각을 얻고, 이를 바탕으로 미래를 여는 열쇠를 찾는 여정에 여러분을 초대한다.

2장

컴퓨팅 사고력

```
1 <class 'int'>
Python <class 'str'>
True <class 'bool'>
```

Computational
Thinking

☑ 컴퓨팅 사고력은 문제 해결을 위한 새로운 언어이다. 세상은 점점 더 복잡해지고, 우리가 마주하는 문제들은 단순하지 않다. 학업, 일상생활, 직장에서 우리는 매일 크고 작은 문제들을 해결해야 한다. 그런데 어떤 사람은 문제를 쉽게 풀어나가고, 또 어떤 사람은 같은 문제 앞에서 막막해한다. 이 차이를 만드는 것은 무엇일까? 바로 컴퓨팅 사고력(Computational Thinking)이다.

··

☑ 컴퓨팅 사고력은 컴퓨터처럼 논리적이고 체계적으로 사고하는 능력을 의미한다. 하지만 오해하지 말자. 컴퓨팅 사고력이란 프로그래밍을 잘하거나, 코드를 작성하는 기술만을 뜻하는 것이 아니다. 이는 복잡한 문제를 분석하고, 단계적으로 해결해 나가는 방식이다. 예를 들어, 요리를 할 때도 재료를 준비하고 순서를 정하며, 중간중간 맛을 보며 수정하는 과정을 거친다. 이러한 사고 과정 자체가 컴퓨팅 사고력이다.

··

☑ 컴퓨팅 사고력은 컴퓨터 과학 전공자들만의 전유물이 아니다. 학생, 교사, 직장인, 예술가, 심지어 요리사까지 컴퓨팅 사고력을 통해 더 창의적이고 효율적으로 문제를 해결할 수 있다. 이는 우리가 데이터를 분석하고, 알고리즘을 설계하며, 다양한 도구를 활용해 목표를 달성하는 데 필요한 필수 역량이다.

··

☑ 이번 단원에서는 컴퓨팅 사고력이란 무엇이며, 어떤 핵심 요소를 포함하는지, 그리고 어떻게 이를 강화할 수 있는지에 대해 알아본다. 컴퓨팅 사고력은 우리 삶의 모든 영역에서 유용하게 쓰이며, 미래 사회에서 반드시 필요한 역량이 될 것이다. 자, 이제 함께 컴퓨팅 사고력의 세계로 들어가보자. 여러분의 문제 해결 방식이 완전히 달라질 것이다.

❶ 컴퓨팅 사고(Computational Thinking, CT)란?

컴퓨팅 사고는 문제를 분석하고 해결하는 데 필요한 핵심적인 사고 방식이다. 이는 단순히 컴퓨터 프로그래밍을 배우는 것을 넘어, 다양한 분야에서 문제를 체계적이고 논리적으로 해결하는 능력을 포함한다. 지넷 윙(Jeannette Wing)은 2006년 논문에서 '모든 사람을 위한 컴퓨팅 사고'를 강조하며, 컴퓨팅 사고가 전 세계적으로 주목받는 계기를 마련했다. 이후 컴퓨팅 사고는 전 세계 교육 분야에서 중요한 주제로 자리잡았으며, 컴퓨팅 사고력은 미래 인재가 갖춰야 할 필수 역량으로 인식되고 있다. 컴퓨팅 사고는 인간의 문제 해결 방식에서 영감을 받아, 컴퓨터 과학적 사고를 기반으로 문제를 정의하고, 이를 해결하기 위한 단계별 과정을 거친다. 이는 복잡한 문제를 작게 나누고, 패턴을 찾아내며, 단계적으로 해결해 나가는 과정을 포함한다. 그러나 중요한 점은 컴퓨터는 사고할 수 없는 기계라는 것이다.

컴퓨터는 '깡통', 하지만 문제는 세상에서 제일 잘 푼다 컴퓨터는 문제를 해결하는 데 탁월하다. 주식 시장 분석, 날씨 예측, 인공지능 기술 등 다양한 분야에서 인간이 상상하지 못한 속도로 데이터를 처리하고 결과를 도출해 낸다. 그러나 컴퓨터 자체는 '깡통', 즉 생각할 줄 모르는 하드웨어일 뿐이다. 그렇다면 컴퓨터가 어떻게 그렇게 뛰어난 문제 해결 능력을 발휘할 수 있을까? 그 해답은 바로 소프트웨어(SW)에 있다. 소프트웨어는 인간이 설계한 알고리즘과 논리적 사고를 기반으로 동작하며, 컴퓨터가 문제를 해결하는 방법을 결정한다.

컴퓨터는 사고하지 않는다. 대신 인간이 작성한 프로그램을 실행할 뿐이다. 컴퓨팅 사고력은 문제를 컴퓨터가 이해할 수 있는 방식으로 정의하고, 해결 절차를 설계하는 과정이다. 결국, 컴퓨팅 사고력은 SW에 구현된 인간의 사고 과정이다.

인간의 사고가 컴퓨터를 움직인다　컴퓨터는 계산하고, 데이터를 분석하고, 복잡한 문제를 처리하는 능력이 뛰어나지만, 그 모든 과정의 출발점은 인간의 사고와 창의성이다. 컴퓨터는 효율적인 도구일 뿐, 문제를 해결하는 진짜 주체는 인간의 컴퓨팅 사고력이라는 점을 잊지 말아야 한다. 이처럼 컴퓨팅 사고는 컴퓨터의 잠재력을 최대한 끌어내는 사고 방식이며, 이를 통해 우리는 다양한 문제를 더 빠르고 효율적으로 해결할 수 있다.

❷ CT의 정의

컴퓨팅 사고는 문제를 정의하고 해결하기 위해 논리적이고 추상적인 사고를 사용하는 능력이다. 이는 단순한 기술적 역량이 아니라, 컴퓨터 과학의 개념을 바탕으로 다양한 문제에 체계적으로 접근하는 사고 방식이다. CT는 인간이 논리적으로 사고하는 방식에서 출발하지만, 컴퓨터의 강력한 계산 능력과 결합해 문제를 더욱 효율적으로 해결할 수 있도록 돕는다. 이를 통해 복잡한 문제를 단순화하고, 명확하게 구조화하여 점진적으로 해결하는 과정을 거치게 된다.

CT의 핵심 질문　컴퓨팅 사고에서 중요한 것은 단순히 문제를 해결하는 것이 아니라, '어떻게 더 창의적이고 효율적으로 해결할 것인가?'에 대한 고민이다. 마치 퍼즐을 맞추듯 문제의 본질을 파악하고, 그 속에 숨겨진 규칙과 패턴을 찾아내는 과정이다. 이 과정에서 던져야 할 두 가지 중요한 질문이 있다.

❶ 문제를 어떻게 효율적으로 해결할 것인가?

문제는 언제나 복잡하게 보인다. 때로는 문제가 너무 커 보이거나, 어디서부터 시작해야 할지 막막할 때가 있다. 하지만 모든 문제는 작게 나눠보면 해결의 실마리가 보인다. 예를 들어, 방이 어지럽혀져 있을 때 전체를 한 번에 치우기보다는, 책상, 옷장, 바닥 등으로 구역을 나눠 하나씩 정리하는 것이 효과적이다. 코딩에서도 마찬가지다. 프로그램을 처음부터 끝까지 한 번에 작성하려 하면 막히기 쉽다. 작은 기능 단위로 쪼개어 하나씩 완성해나가면 금세 전체가 완성된다.

효율성은 빠르기만 한 것이 아니다. 정확성과 재사용 가능성도 중요하다. 이미 풀었던 문제에서 얻은 교훈을 다음 문제에 적용해보는 것도 효율적인 해결책이 된다.

2 **해결 과정에서 컴퓨터를 어떻게 활용할 것인가?**

컴퓨터는 무한한 가능성을 가진 도구다. 하지만 아무리 좋은 도구라도 사용하는 방법을 모르면 무용지물이다. 마치 고성능 카메라를 가지고 있지만, 셔터만 누를 줄 아는 것과 비슷하다.

컴퓨터는 반복 작업과 데이터 처리에서 인간보다 뛰어난 능력을 보인다. 예를 들어, 1,000명의 학생의 성적을 일일이 계산하는 대신, 프로그램을 사용해 몇 초 만에 평균과 등수를 매길 수 있다. 만약 반복적으로 수행해야 하는 작업이 있다면, 컴퓨터를 활용해 자동화할 방법을 고민해야 한다. 또한, 컴퓨터는 단순 계산을 넘어 시뮬레이션과 예측까지 가능하다. 날씨 예보, 주가 예측, 교통 흐름 분석 등 다양한 분야에서 컴퓨터는 이미 필수적인 도구로 자리잡았다.

CT를 활용한 문제 해결의 실생활 예시를 살펴보자.

- **집**: 장보기 목록을 만들 때, 직접 기억하기보다는 스마트폰 앱을 활용해 목록을 정리하고, 구매 이력을 저장하면 다음 장보기에 더 편리하다.
- **학교**: 수업 발표 자료를 정리할 때, 여러 자료를 손으로 찾기보다 인터넷 검색과 문서 편집 프로그램을 활용하면 시간과 노력이 절약된다.

이처럼 '컴퓨터를 활용하면 더 쉽고 빠르게 할 수 있는 것'을 찾아내어 컴퓨터를 활용할 수 있는 것이 컴퓨팅 사고의 기본이다. 컴퓨팅 사고는 결국, '어떻게 하면 더 똑똑하게 일할 수 있을까?'라는 질문으로 이어진다. 컴퓨터를 활용하는 것이 그 질문에 대한 가장 기본적인 답 중 하나다. 인간이 컴퓨터에게 문제 해결의 과정을 지시하지만 결국 처리는 컴퓨터 하는 것이며, 컴퓨터가 어떻게 처리하는가를 인간이 자신의 문제 해결에 적용하여 최고의 문제 해결 답을 찾아가는 것이다.

컴퓨팅 사고는 다양한 교육적 접근 방식을 통해 강화된다.

- **코딩(Coding)**: 코딩은 문제 해결을 위한 구체적인 구현 도구이다. 알고리즘을 작성하고 프로그램을 개발하며, 논리적인 문제 해결 과정을 직접 경험한다.
- **컴퓨터 과학(Computer Science)**: 컴퓨터 과학은 문제 해결을 위한 이론적 토대와 지식을 제공한다. 알고리즘, 데이터 구조, 하드웨어 및 소프트웨어 원리 등 폭넓은 지식을 통해 문제를 깊이 있게 이해하고 해결할 수 있는 역량을 기른다.
- **컴퓨팅 사고(Computational Thinking)**: 컴퓨팅 사고는 문제를 논리적으로 분석하고 해결하는 과정이다. 이는 코딩과 컴퓨터 과학을 아우르는 넓은 개념으로, 프로그래밍을 하지 않아도 다양한 일상 문제에 적용할 수 있다.

컴퓨팅 사고(CT)는 세상을 이해하고 문제 해결을 위한 강력한 도구이자 사고 방식이다. 이는 단순히 컴퓨터를 다루는 기술을 넘어, 복잡한 문제를 체계적으로 분석하고 해결하는 능력을 키우는 과정으로 문제를 바라보는 새로운 관점과 사고의 틀을 의미한다. CT는 모든 분야에서 활용될 수 있으며, 코딩이나 컴퓨터 과학의 지식이 없어도 적용 가능하다. 반복적인 작업을 효율화하고, 데이터 속에서 패턴을 찾고, 논리적으로 사고하는 방식은 누구에게나 필요한 역량이다. 결국, 컴퓨팅 사고는 우리 주변의 문제를 더 나은 방식으로 해결하기 위한 사고의 틀을 제공한다.

이제 우리는 컴퓨터를 더 깊이 이해하고, 이를 통해 문제를 해결하는 방법을 끊임없이 발전시켜 나가야 한다. 이를 위하여 컴퓨팅 사고를 구성하는 7가지 주요 특징을 알아보자. 컴퓨팅 사고의 세계는 복잡하지만, 그만큼 흥미롭고 무한한 가능성을 품고 있다.

3 CT의 7가지 특징

컴퓨팅 사고력(CT)은 단순한 문제 해결 능력이 아니다. 이는 사고 방식의 확장으로, 우리가 세상을 바라보는 관점 자체를 바꾼다. 복잡한 문제를 해결하는 과정에서 CT는 논리적이고 체계적인 접근을 제공하며, 이를 통해 우리는 일상에서부터 전문적인 연구에 이르기까지 더 나은 해답을 찾아가는 길을 발견하게 된다. CT의 가장 큰 강점은 한 분야에 국한되지 않고 다양한 분야에서 활용될 수 있다는 점이다. 의료, 교육, 환경, 경제 등 모든 영역에서 CT는 새로운 시각과 해결책을 제시하는 중요한 도구로 작동한다. 이는 각기 다른 분야의 지식과 기술이 CT라는 큰 틀 안에서 연결되고 융합되어 더 강력한 해결책을 만들어내는 과정과 같다. 이제부터 CT의 7가지 주요 특징을 통해, 컴퓨팅 사고력이 실제로 어떤 방식으로 작동하고 다양한 분야에 적용되는지를 구체적으로 살펴볼 것이다. 각 특징은 CT가 어떤 문제를 해결하는 데 필요한 사고 방식이며, 다양한 예시를 통해 실생활에서의 활용 가능성을 함께 이해하게 될 것이다. 컴퓨팅 사고력의 특징을 하나씩 살펴보며, 세상을 더 넓고 깊게 이해하는 과정을 시작해보자.

범용성(Versatility)   컴퓨팅 사고력의 큰 매력 중 하나는 범용성이다. CT는 특정 분야에 국한되지 않고, 다양한 학문과 일상 속 문제 해결에 폭넓게 적용된다. 이는 단순히 컴퓨터 과학에서만 쓰이는 기술이 아니라, 의료, 환경, 예술, 공학 등 전 분야에서 활용될 수 있는 강력한 사고 방식으로 주요 특징은 다음과 같다.

- **융합적 활용**: CT는 과학, 공학, 예술, 인문학 등 다양한 분야에서 융합적으로 활용된다. 현대 사회는 복잡한 문제들이 얽혀 있어 이를 해결하기 위해서는 여러 분야의 지식과 협력이 필요하다. CT는 서로 다른 학문 간의 장벽을 허물고 새로운 통찰을 얻는 데 기여한다.
- **다학제적 문제 해결**: 특정 학문에 국한되지 않고, 여러 학문이 협력해 문제를 해결하는 다학제적 접근법이 요구되는 시대이다. CT는 다양한 시각에서 문제를 분석하고, 창의적인 해결책을 도출하는 데 필요한 논리적 사고를 강화한다.
- **실생활 문제 해결**: 범용성의 진정한 가치는 실생활에서 드러난다. 학교 과제나 연구뿐 아니라, 일상의 복잡한 문제를 체계적으로 해결하는 데 활용된다. 일정 관리를 자동화하거나, 데이터를 분석해 소비 패턴을 파악하는 등은 모두 CT의 범용성을 보여준다.

범용성 관련 컴퓨팅 사고력의 예시는 다양한 분야에서 찾아볼 수 있다.

- **의료 분야**: 데이터 분석을 통해 질병 예측 및 환자 증상 패턴화로 진단 정확도를 높인다. 의료 데이터에서 유의미한 정보를 추출해 환자 맞춤형 치료법을 개발하는 데 기여한다.
- **환경 분야**: 기후 변화의 흐름을 분석하고 예측 모델을 구축하여, 환경 문제에 선제적으로 대응할 수 있도록 돕는다. CT를 통해 방대한 환경 데이터를 효과적으로 처리하고, 기후 변화 시나리오를 시뮬레이션할 수 있다.
- **교육 분야**: 학생들의 학습 데이터를 분석해 맞춤형 교육 시스템을 설계한다. 학습자의 취약점을 분석하고, 최적화된 학습 경로를 제공함으로써 교육 효과를 높인다.

이처럼 컴퓨팅 사고력은 단순한 기술을 넘어, 우리 사회의 모든 분야에서 문제를 해결하는 도구로 자리잡고 있다. 의료, 환경, 교육 등 여러 분야에서 CT는 혁신을 이끄는 원동력이 되며, 우리가 마주하는 복합적인 문제를 해결하는 데 필수적인 사고 방식으로 자리잡고 있다. 융합적 사고와 다학제적 접근을 통해 복잡한 문제를 해결하는 능력은 미래를 준비하는 중요한 자산이 될 것이다. 앞으로도 CT는 다양한 분야에서 계속 발전하며, 우리의 삶과 사회를 더욱 효율적이고 창의적으로 변화시킬 것이다.

효율성(Efficiency)   컴퓨팅 사고력의 또 다른 핵심적인 특징은 효율성이다. CT는 문제 해결의 시간과 자원을 최적화하는 데 중점을 둔다. 이는 단순히 빠르게 해결하는 것을 넘어, 최소한의 노력과 비용으로 최대한의 결과를 도출하는 것을 목표로 한다. 복잡한 문제를 해결할 때 가장 효과적인 경로를 찾아내고, 불필요한 단계를 제거하는 방식으로 효율성을 높인다. 주요 특징은 다음과 같다.

- **시간 절약**: CT는 반복적이고 비효율적인 과정을 자동화해 시간 낭비를 줄인다. 예를 들어, 수작업으로 이루어지던 데이터 정리나 문서 작성 작업은 자동화 프로그램을 통해 짧은 시간 안에 완료할 수 있다. 이를 통해 인간은 더 창의적인 작업에 집중할 수 있는 환경을 조성한다.
- **리소스 최적화**: 최소한의 자원으로 최대의 결과를 도출하는 것은 효율성의 핵심이다. 컴퓨팅 사고를 통해 문제를 해결하는 과정에서 불필요한 요소를 제거하고, 꼭 필요한

문제 해결의 힘, 컴퓨팅 사고력

자원만을 사용해 해결책을 도출한다. 이러한 접근 방식은 에너지 절감, 비용 절약, 시스템 성능 향상과 직결된다.

- **알고리즘 활용**: 알고리즘은 효율성을 극대화하는 중요한 도구이다. CT에서는 문제를 해결하기 위해 가장 빠르고 정확한 절차를 설계하는 알고리즘을 적극 활용한다. 예를 들어, 최단 경로를 찾는 알고리즘이나 데이터 정렬 알고리즘은 복잡한 문제를 효율적으로 해결하는 데 중요한 역할을 한다.

효율성 관련 컴퓨팅 사고력의 예시는 다양한 분야에서 찾아볼 수 있다.

- **교통 분야**: 실시간 교통 시스템에서는 최적의 경로를 탐색하는 데 CT가 활용된다. 네비게이션 시스템은 방대한 교통 데이터를 분석해 가장 빠르고 효율적인 경로를 사용자에게 안내하며, 이를 통해 교통 체증을 피하고 시간을 절약할 수 있다.
- **자동화 분야**: 기업에서는 반복적인 업무를 로봇 프로세스 자동화(RPA)를 통해 처리한다. 이를 통해 단순 반복 작업을 자동화하고 업무의 정확성과 효율성을 높인다.
- **비즈니스 분야**: 재고 관리와 비용 최적화에 활용된다. 기업은 데이터를 분석해 재고를 최소화하고 비용을 절감하면서도, 수요 예측을 통해 필요한 물품을 적시에 공급할 수 있다.

이처럼 컴퓨팅 사고력은 다양한 분야에서 효율성을 극대화하는 도구로 작용한다. CT는 반복 작업을 줄이고, 자원을 최소화하며, 알고리즘을 통해 최적의 해결책을 설계하는 데 필수적인 사고 방식이다. 효율성은 현대 사회에서 경쟁력을 높이는 중요한 요소이며, CT는 이를 가능하게 하는 핵심 기술로 자리잡고 있다. 앞으로도 컴퓨팅 사고력은 교통, 자동화, 비즈니스 등 다양한 분야에서 효율성을 높이는 데 기여하며, 우리의 삶과 사회를 더욱 스마트하고 효과적으로 변화시킬 것이다.

창의성과 논리성의 조화(Creativity and Logic) 컴퓨팅 사고력의 중요한 특징 중 하나는 창의성과 논리성의 조화이다. CT는 창의적인 아이디어와 체계적인 논리적 접근을 결합하여 문제를 해결하는 방식이다. 단순히 창의적인 발상만으로는 실행 가능성이 부족하고, 논리적 과정만으로는 혁신적인 해결책을 찾기 어렵다. CT는 이 두 가지 요소를 결합하여, 실질적으로 작동하는 창의적 해결책을 도출하는 데 초점을 둔다. 창의성과 논리성의 주요 특징은 다음과 같다.

- **창의적 접근**: 기존의 해결책에서 벗어나 새로운 시각을 도출하는 것은 CT의 중요한 요소이다. 정형화된 방식이 아닌, 문제를 새로운 각도에서 바라보고, 혁신적인 아이디어를 통해 색다른 해결책을 모색하는 과정이 포함된다.
- **논리적 프로세스**: 창의적 발상은 논리적이고 체계적인 프로세스를 통해 검증되고 구체화된다. CT에서는 아이디어가 실현 가능한지 단계적으로 검증하고, 문제 해결을 위한 명확한 절차를 설계하는 방식이 사용된다.
- **실질적 문제 해결**: 단순한 아이디어에 그치지 않고, 실행 가능한 해결책을 도출하는 것도 CT의 중요한 부분이다.

이 과정에서 창의적인 아이디어는 구체적인 형태로 발전하며, 실제 문제 해결에 적용될 수 있다. 창의성과 논리성 관련 컴퓨팅 사고력의 예시는 다양한 분야에서 찾아볼 수 있다.

- **예술 분야**: AI 기술을 활용해 음악을 생성하거나, 그림을 그리는 데 사용된다. 이는 기존의 예술적 감각에 인공지능의 논리적 분석을 결합해 새로운 예술 작품을 창작하는 방식이다.
- **게임 개발 분야**: 게임 개발에서는 사용자 경험(UX)을 극대화하기 위한 알고리즘 설계에 CT가 활용된다. 게임의 난이도 조정, 사용자 맞춤형 콘텐츠 추천 등은 창의성과 논리가 결합된 알고리즘을 통해 구현된다.
- **디자인 분야**: 건축이나 제품 디자인에서 CT는 패턴 인식을 통해 효율적인 설계와 모델링을 가능하게 한다. 복잡한 구조를 단순화하거나, 공간을 효율적으로 활용하는 방식에서 CT의 창의성과 논리적 사고가 동시에 작용한다.

이처럼 컴퓨팅 사고력은 창의성과 논리성의 조화를 통해 실질적인 문제 해결을 이끄는 도구이다. CT는 창의적인 아이디어를 논리적 과정으로 구체화하고, 이를 실제 문제에 적용하여 효과적인 해결책을 도출하는 데 중요한 역할을 한다. 앞으로도 CT는 예술, 게임 개발, 디자인 등 다양한 분야에서 창의적 혁신을 촉진하며, 새로운 가능성을 열어갈 것이다.

문제 해결 중심(Problem-Solving Focused) 컴퓨팅 사고력의 핵심 요소 중 하나는 문제 해결 중심 접근이다. CT는 문제를 분석하고 체계적으로 해결하는 과정을 강조하며, 복잡한 문제를 단계별로 해결해 나가는 방식이다. 이 과정에서 문제를 작게 나누고, 논리적 절차를 설계하며, 반복적인 개선을 통해 최적의 해결책을 도출하는 특징을 가진다. 문제 해결 중심의 주요 특징은 다음과 같다.

- **문제 분해**: 복잡한 문제는 해결하기 어렵기 때문에 작은 단위로 나누어 단계별로 접근하는 방식이 필요하다. 문제를 분해함으로써 각 부분에 집중할 수 있으며, 해결책을 더욱 명확하게 도출할 수 있다.
- **알고리즘 설계**: 문제를 해결하는 과정에서 단계별 절차를 수립하고 이를 따라 해결하는 알고리즘 설계가 필수적이다. 알고리즘은 문제 해결 과정을 체계적으로 구조화하여, 효율적이고 논리적인 접근을 가능하게 한다.
- **해결책 개선**: CT에서는 초기 해결책이 최종 답안이 아닐 수 있음을 인지하고, 이를 반복적으로 개선하는 과정을 거친다. 피드백과 평가를 통해 해결책을 점진적으로 발전시켜 최적의 솔루션을 도출한다.

문제 해결 중심 관련 컴퓨팅 사고력의 예시는 다양한 분야에서 찾아볼 수 있다.

- **소프트웨어 분야**: 소프트웨어 개발에서는 오류 디버깅과 코드 최적화를 통해 프로그램의 성능을 향상시키고, 사용자가 원하는 기능을 구현하기 위해 반복적인 수정과 테스트 과정을 거친다.
- **재난 관리 분야**: 재난 관리에서는 방대한 데이터를 기반으로 재난 발생 가능성을 예측하고, 대피 경로 및 대응 시스템을 설계한다. 이러한 시스템은 CT를 활용해 효율적인 알고리즘을 도입하고, 다양한 시뮬레이션을 통해 개선된다.
- **비즈니스 분야**: 비즈니스에서는 금융 리스크 평가를 통해 효율적인 금융 모델을 설계하고, 시장 분석을 기반으로 최적의 의사 결정을 내리기 위한 데이터 분석 시스템을 구

축한다.

이처럼 컴퓨팅 사고력은 다양한 분야에서 문제를 분석하고 체계적으로 해결하는 데 중요한 역할을 한다. CT는 문제를 작은 단위로 나누고, 알고리즘을 설계하며, 반복적으로 개선해 나가는 방식으로 효율적이고 논리적인 문제 해결을 가능하게 한다. 앞으로도 CT는 소프트웨어, 재난 관리, 비즈니스 등 다양한 분야에서 지속적으로 활용되어, 더 나은 해결책을 찾는 데 기여할 것이다.

데이터 기반 사고(Data-Driven Thinking) 컴퓨팅 사고력의 중요한 특징 중 하나는 데이터 기반 사고이다. 데이터 기반 사고는 수집된 데이터와 사실에 근거하여 결론을 도출하고 문제를 해결하는 방식을 의미한다. 직관이나 경험만으로 의사 결정을 내리는 대신, 구체적인 데이터 분석을 통해 패턴과 관계를 파악하고 이를 기반으로 논리적이고 객관적인 판단을 내리는 과정이 핵심이다. 데이터 기반 사고의 주요 특징은 다음과 같다.

- **패턴과 관계 분석**: 데이터 기반 사고는 수집된 데이터를 분석하여 숨겨진 패턴과 상관관계를 찾아내는 것을 목표로 한다. 이러한 분석은 문제의 근본 원인을 파악하고, 보다 정교한 해결책을 마련하는 데 기여한다.
- **시각화 및 직관적 이해**: 복잡한 데이터는 시각화를 통해 보다 쉽게 이해될 수 있다. 차트, 그래프, 대시보드 등을 활용하여 데이터를 시각적으로 표현함으로써 직관적이고 명확한 통찰을 얻을 수 있다. 이를 통해 데이터의 흐름과 변화를 한눈에 파악하고, 신속하게 의사 결정을 내릴 수 있는 환경을 조성한다.

데이터 기반 사고 관련 예시는 다양한 분야에서 찾아볼 수 있다.

- **환경 분야**: 대기오염 데이터를 분석하여 오염의 원인과 추이를 파악하고, 이를 기반으로 정책을 수립하는 데 CT가 사용된다. 환경 변화에 대한 과학적 데이터 분석은 효과적인 환경 보호 및 지속 가능한 개발을 위한 기반이 된다.
- **헬스케어 분야**: 환자의 의료 데이터는 맞춤형 진단과 치료 계획을 세우는 데 활용된다.

CT는 환자의 건강 데이터를 분석해 질병의 초기 징후를 발견하거나, 개인화된 의료 서비스를 제공하는 데 기여한다.

- **교육 분야**: 학생들의 학습 데이터를 분석해 학습 패턴을 파악하고, 개인별 학습 맞춤형 프로그램을 설계하는 데 사용된다. 이를 통해 학생 개개인의 학습 상태를 파악하고, 개인별로 최적화된 교육 경로를 제공함으로써 학습 효과를 극대화할 수 있다.

이처럼 데이터 기반 사고는 다양한 분야에서 의사 결정을 보다 정확하고 효율적으로 수행하는 데 필수적인 사고 방식이다. CT는 데이터를 통해 얻은 통찰을 바탕으로 문제를 해결하고, 더 나은 결과를 도출하는 데 중요한 역할을 한다. 앞으로도 환경, 헬스케어, 교육 등 다양한 분야에서 데이터 기반 사고는 지속적으로 발전해, 사회 전반에 걸쳐 혁신을 이끌어갈 것이다.

확장성과 반복 가능성(Scalability and Iterability) 컴퓨팅 사고력의 중요한 특징 중 하나는 확장성과 반복 가능성이다. CT는 한 번 해결된 문제의 해결책을 다양한 상황과 문제에 재활용하거나, 이를 기반으로 점진적으로 개선하는 방식을 의미한다. 이러한 접근은 효율성을 극대화하고, 지속적인 성능 향상과 발전을 가능하게 하는 중요한 요소이다. 확장성과 반복 가능성의 주요 특징은 다음과 같다.

- **확장성**: 한 번 설계된 해결책이나 알고리즘은 다양한 문제에 적용될 수 있도록 확장된다. 이를 통해 비슷한 문제에 대한 반복적인 개발 시간을 절약하고, 기존 자원을 재활용하여 생산성을 극대화할 수 있다.
- **반복 가능성**: CT에서는 알고리즘이나 모델을 반복적으로 개선하는 과정이 포함된다. 반복적인 테스트와 피드백을 통해 기존 모델이나 시스템의 성능을 점진적으로 향상시킬 수 있다. 이 과정은 문제 해결의 정밀도를 높이고, 다양한 환경에 적응 가능한 솔루션을 개발하는 데 기여한다.

확장성과 반복 가능성 관련 예시는 다양한 분야에서 찾아볼 수 있다.

- **머신러닝 분야**: 머신러닝 모델은 학습을 반복하여 성능을 지속적으로 개선하고, 새로

운 데이터에 적응할 수 있도록 설계된다. 재학습 과정을 통해 모델이 점점 더 정확해지고, 다양한 문제에 활용 가능해진다.

- **코딩 분야**: 코드의 재사용은 소프트웨어 개발에서 효율성을 극대화하는 중요한 요소이다. 기존에 작성된 모듈이나 함수는 다양한 프로그램에 재사용될 수 있으며, 이를 통해 코딩 시간을 절약하고 개발 비용을 낮출 수 있다.
- **시뮬레이션 분야**: 시뮬레이션 시스템은 다양한 환경에서 반복적으로 테스트되어, 실제 상황에서 발생할 수 있는 문제를 사전에 검증한다. 반복적인 시뮬레이션을 통해 시스템의 신뢰성을 높이고, 최적화된 결과를 도출할 수 있다.

이처럼 확장성과 반복 가능성은 다양한 분야에서 문제를 해결하고 지속적으로 발전시키는 데 중요한 역할을 한다. CT는 해결책을 다양한 문제에 확장하고, 반복적인 피드백을 통해 점진적으로 개선해 나가는 과정에서 높은 효율성과 신뢰성을 보장하는 도구로 자리잡고 있다. 앞으로도 머신러닝, 소프트웨어 개발, 시뮬레이션 등 다양한 분야에서 확장성과 반복 가능성은 더욱 중요한 요소로 작용하며, 기술 발전을 이끄는 원동력이 될 것이다.

미래지향적 기술 융합(Future-Oriented Technology)　컴퓨팅 사고력의 또 다른 중요한 특징은 미래지향적 기술과의 융합이다. CT는 AI, IoT, 클라우드 등 첨단 기술과 결합해 문제를 해결하고, 지속 가능한 혁신적 솔루션을 도출하는 데 기여한다. 새로운 기술의 등장은 문제 해결의 범위를 확장하고, 더 복잡하고 다양한 도전 과제를 해결할 수 있는 기반을 마련한다. 미래지향적 기술 융합의 주요 특징은 다음과 같다.

- **기술 융합**: AI(인공지능), 클라우드 컴퓨팅, IoT(사물인터넷) 등은 각각의 기술로도 강력하지만, 상호 결합될 때 혁신적인 솔루션을 창출한다. 이러한 융합은 단순한 기술적 접근을 넘어, 실질적인 문제 해결력을 강화한다.
- **기술 발전에 따른 문제 해결 확장**: 기술은 지속적으로 발전하며, 기존 문제뿐 아니라 새로운 문제를 해결할 수 있는 기회를 제공한다. CT는 이러한 기술 발전을 적극적으로 수용하고, 문제 해결 과정에서 새로운 도구와 플랫폼을 도입해 확장성을 높인다.

문제 해결의 힘, 컴퓨팅 사고력

미래지향적 기술 융합 관련 예시는 다양한 분야에서 찾아볼 수 있다.

- **스마트 시티**: 스마트 시티는 도시 전체의 데이터 기반 관리 시스템을 통해 효율적으로 자원을 관리하고 시민들의 삶의 질을 향상시키는 프로젝트다. 교통, 에너지, 환경 등의 분야에서 IoT와 AI 기술이 결합되어 실시간 모니터링과 도시 운영이 가능하다.
- **IoT(사물인터넷)**: IoT 기술은 산업, 가정, 공공시설에서 실시간 데이터를 수집하고 이를 모니터링 및 제어하는 데 사용된다. 스마트 팩토리, 스마트 홈 등은 IoT 센서를 통해 데이터를 자동으로 수집하고, 문제 발생 시 즉각적인 대응이 이루어진다.
- **AI 기반 의료 진단**: 의료 분야에서는 AI를 활용해 환자의 의료 데이터를 분석하고, 자동으로 질병을 진단하거나 맞춤형 치료를 제안하는 시스템이 도입되고 있다. 이러한 AI 기반 솔루션은 진단 정확도를 높이고 의료 서비스의 접근성을 강화하는 데 기여한다.

이처럼 미래지향적 기술과 CT의 융합은 새로운 문제 해결의 지평을 열어가는 데 핵심적인 역할을 한다. CT는 AI, IoT, 클라우드 등 최신 기술을 적극적으로 활용하여, 문제 해결의 효율성과 확장성을 높이는 데 필수적인 사고 방식이다. 앞으로도 스마트 시티, IoT, AI 의료 등 다양한 분야에서 미래 기술과 CT의 융합은 사회 전반에 걸쳐 혁신을 가속화하고, 더 나은 삶을 위한 토대를 마련할 것이다.

❹ 컴퓨팅 사고와 리터러시의 융합

컴퓨팅 사고와 리터러시(Literacy)는 현대 사회에서 문제를 해결하고, 정보를 습득하며, 창의적으로 사고하는 데 필수적인 두 가지 핵심 역량이다. 이 두 가지 개념은 독립적으로도 중요하지만, 서로 융합될 때 더 큰 시너지를 발휘하여 학습과 문제 해결 능력을 극대화한다.

`컴퓨팅 사고와 리터러시란?` 컴퓨팅 사고(CT)는 문제를 논리적으로 분석하고 해결하는 과정을 의미한다. 이는 단순히 프로그래밍 기술에 국한되지 않고, 복잡한 문제를 체계적으로 접근하고 해결하는 사고 방식이다. 컴퓨팅 사고는 패턴 인식,

문제 분해, 추상화, 알고리즘 설계 등의 과정을 포함하며, 다양한 분야에서 문제 해결의 중요한 도구로 사용된다. 리터러시(Literacy)는 정보를 습득하고, 이해하며, 표현하는 능력이다. 리터러시는 단순히 읽고 쓰는 것을 넘어, 디지털 시대에서는 데이터 해석, 미디어 활용, 비판적 사고를 포함하는 폭넓은 개념으로 발전하고 있다. 이는 새로운 정보를 탐색하고 이를 자신의 언어로 표현하여 창의적으로 전달하는 역량을 의미한다.

CT와 리터러시의 융합은 왜 중요한가? 컴퓨팅 사고와 리터러시는 상호보완적 관계에 있다. 리터러시가 정보를 이해하고 표현하는 능력이라면, 컴퓨팅 사고는 그 정보를 기반으로 논리적이고 체계적으로 문제를 해결하는 능력을 강화한다. 이 둘이 결합되면, 학생들은 창의적으로 문제를 해결하는 동시에 이를 명확하게 표현하고 전달하는 능력을 갖추게 된다. 이는 현대 사회에서 요구하는 창의적 문제 해결 역량과 커뮤니케이션 능력을 동시에 강화하는 효과를 가져온다.

상호보완적 관계의 예시 컴퓨팅 사고와 리터러시의 결합은 다음과 같은 방식으로 나타난다.

- **창의적 문제 해결 및 표현 능력 강화**: 예를 들어, 학생이 복잡한 수학 문제를 해결할 때 컴퓨팅 사고를 활용해 문제를 단계적으로 분석하고 알고리즘을 설계할 수 있다. 동시에 리터러시 능력을 활용해 해결 과정을 글이나 프레젠테이션으로 정리하고 표현할 수 있다. 이를 통해 단순한 문제 해결을 넘어 타인에게 자신의 사고 과정을 설득력 있게 전달하는 능력이 길러진다.
- **데이터 기반 프로젝트 수행**: 예를 들어, 환경 데이터 분석 프로젝트에서 CT는 방대한 데이터를 분석하고 패턴을 추출하는 데 사용된다. 이후 리터러시를 활용해 분석 결과를 보고서로 작성하거나 시각적으로 표현하여 정보의 가치를 극대화할 수 있다.

교육적 시사점 컴퓨팅 사고와 리터러시의 융합은 교육 분야에서 미래 인재를 양성하는 중요한 전략으로 자리잡고 있다. 이러한 교육 방식은 학생들이 문제를 해결하고, 자신의 생각을 명확하게 표현할 수 있는 역량을 키우는 데 중점을 둔다.

미래 사회에서는 단순한 지식 습득을 넘어, 새로운 문제를 발견하고 창의적으로 해결하며 이를 효과적으로 소통하는 능력이 요구된다. 컴퓨팅 사고 기반 교육은 단순히 기술적 역량을 키우는 것을 넘어, 리터러시를 심화하고 학생들이 다양한 정보와 기술을 활용해 창의적으로 문제를 해결하는 능력을 강화한다. 이는 모든 학문 분야에서 응용될 수 있으며, 미래에 필요한 핵심 역량이 될 것이다.

결론적으로 컴퓨팅 사고와 리터러시의 융합은 현대 사회에서 창의적 문제 해결, 비판적 사고, 명확한 커뮤니케이션 능력을 갖추는 데 중요한 역할을 한다. 이 두 가지 역량이 결합될 때, 학생들은 보다 창의적이고 논리적으로 사고하며, 자신의 생각을 효과적으로 표현하는 미래형 인재로 성장할 수 있다. 결국, 컴퓨팅 사고와 리터러시의 조화는 새로운 시대를 여는 열쇠가 될 것이다.

⑤ CT의 3가지 접근법

컴퓨팅 사고는 현대 사회에서 필수적인 문제 해결 능력으로 자리잡고 있으며, 이를 학습하고 실천하는 데는 다양한 접근 방식이 존재한다. 특히 CT와 리터러시의 결합은 교육, 기술, 창의적 문제 해결 등 여러 영역에서 효과적인 도구로 작용한다.

CT를 효과적으로 내재화하고 발전시키기 위해, 세 가지 주요 접근법이 제시된다. 이 접근법들은 각각 CT를 학습하는 방법, CT 자체를 리터러시로 인식하는 방식, CT를 통해 리터러시 능력을 강화하는 방식을 포함한다.

리터러시를 기반으로 한 컴퓨팅 사고(Computational Thinking through Literacy)

언어와 글쓰기 능력을 통해 CT 개념을 이해하고 실천하는 과정을 중시한다. 이는 문제를 텍스트로 구조화하고, 이를 단계별로 나누어 해결하는 방식으로 표현된다. 텍스트 기반의 문제 해결은 논리적 사고력뿐만 아니라 명확하게 자신의 사고 과정을 표현하는 능력을 함께 강화한다. 예시로는 학생들이 수학 문제를 텍스트로 풀어 설명하거나, 복잡한 문제를 글로 나열하여 분석하는 과정이 이에 해당한다. 또한, 글쓰기 프로젝트에서 문제를 단계적으로 분석하고 논리적으로 구조화하는 활동을 통해 CT를 학습할 수 있다.

CT로 리터러시로 인식하는 방법(Computational Thinking as Literacy)

CT는 더 이상 특정 기술 분야에서만 필요한 능력이 아니라, 모든 현대인에게 필수적인 역량으로 자리잡고 있다. 이는 디지털 도구 사용, 알고리즘적 사고, 데이터 분석 등 정보를 이해하고 처리하는 데 필요한 기술을 포함하는 리터러시의 확장된 개념이다. 예시로는 학생들이 디지털 도구를 사용해 프로젝트를 수행하거나, 데이터를 수집하고 분석하여 결론을 도출하는 과정이 이에 속한다. 또한, 정보를 검색하고 알고리즘을 활용해 논리적으로 분류하고 처리하는 작업은 CT가 현대 리터러시로 작용하는 대표적인 예시이다.

CT를 통한 리터러시 능력을 강화하는 방식(Literacy through Computational Thinking)

CT는 문제 해결 과정에서 데이터 분석, 알고리즘 설계, 패턴 인식 등 다양한 정보 처리 기술을 포함한다. 이를 통해 학생들은 논리적 사고뿐만 아니라 새로운 정보를 습득하고 전달하는 능력을 향상시킬 수 있다. CT를 기반으로 한 학습 과정은 학생들이 정보를 더 효과적으로 표현하고, 복잡한 문제를 명확하게 설명하는 능력을 기르게 한다. 예시로는 학생들이 코딩을 통해 인터랙티브 스토리텔링을 만들거나, 시각화 도구를 활용해 데이터 분석 결과를 그래프와 차트로 표현하는 활동이 이에 해당한다. 이 과정에서 복잡한 내용을 단순화하고, 청중에게 효과적으로 전달하는 능력이 강화된다.

결론적으로 CT의 세 가지 접근법은 각각 컴퓨팅 사고의 학습, 적용, 확장된 리터러시로서의 기능을 강조한다. 이러한 접근법은 학생들이 다양한 관점에서 CT를 습득하고, 이를 통해 비판적 사고, 창의적 문제 해결, 정보 전달 능력을 강화하는 데 기여한다. 결국, CT와 리터러시의 융합은 미래 인재에게 필수적인 복합 역량을 길러주는 중요한 과정이며, 모든 학문 분야에서 활용 가능한 핵심 역량으로 자리잡게 될 것이다.

컴퓨팅 사고(Computational Thinking, CT)는 현대 사회에서 복잡한 문제를 해결하고, 효율적인 솔루션을 설계하는 데 필수적인 사고 방식이다. CT는 단순한 프로그래밍 기술이 아니라, 문제를 정의하고, 분석하며, 패턴을 인식하고, 알고리즘을 설계하는 전반적인 문제 해결 과정을 포함한다. 이러한 사고 과정은 창의력, 논리력, 비판적 사고력을 모두 아우르며, 다양한 분야에서 폭넓게 활용된다. 컴퓨팅 사고는 크게 37가지의 핵심 요소로 나누어지며, 각각은 문제를 분석하고 해결하는 데 필요한 독립적이면서도 상호 연관된 기술과 능력을 의미한다. 이 요소들은 자료 수집과 분석, 패턴 인식, 논리적 사고, 알고리즘 설계, 시뮬레이션, 창의적 사고 등 다양한 영역을 포함하며, CT의 각 구성 요소는 서로 유기적으로 연결되어 보다 심층적인 문제 해결 능력을 강화한다.

CT의 핵심 요소들은 문제의 본질을 파악하고, 해결 방안을 논리적으로 도출하는 과정에서 중요한 역할을 한다. 예를 들어, 자료 수집 및 분석은 문제 해결의 출발점이 되며, 패턴 인식과 병렬 처리 능력은 데이터를 효율적으로 활용하는 데 기여한다. 또한, 논리적 사고력과 알고리즘적 사고력은 문제를 단계별로 풀어가는 데 필수적인 기술이다. 이 외에도 창의적 사고, 비판적 분석 사고, 협력적 사고 등은 다양한 문제를 다각도로 접근하고 해결하는 데 중요한 역량을 제공한다. 이러한 37개의 요소들은 단순히 기술적인 능력을 넘어, 현대 사회가 요구하는 창의적이고 복합적인 문제 해결 능력을 기르는 데 기여한다. 이 요소들은 교육, 과학, 예술, 공학, 비즈니스 등 다양한 분야에서 실질적인 문제를 해결하는 데 활용된다. CT는 학생들이 비판적으로 사고하고, 데이터를 분석하며, 논리적으로 결론을 도출하는 데 도움을 준다. 또한, 미래 사회에서 요구되는 창의적 인재 양성에 있어서도 필수적인 역할을 한다.

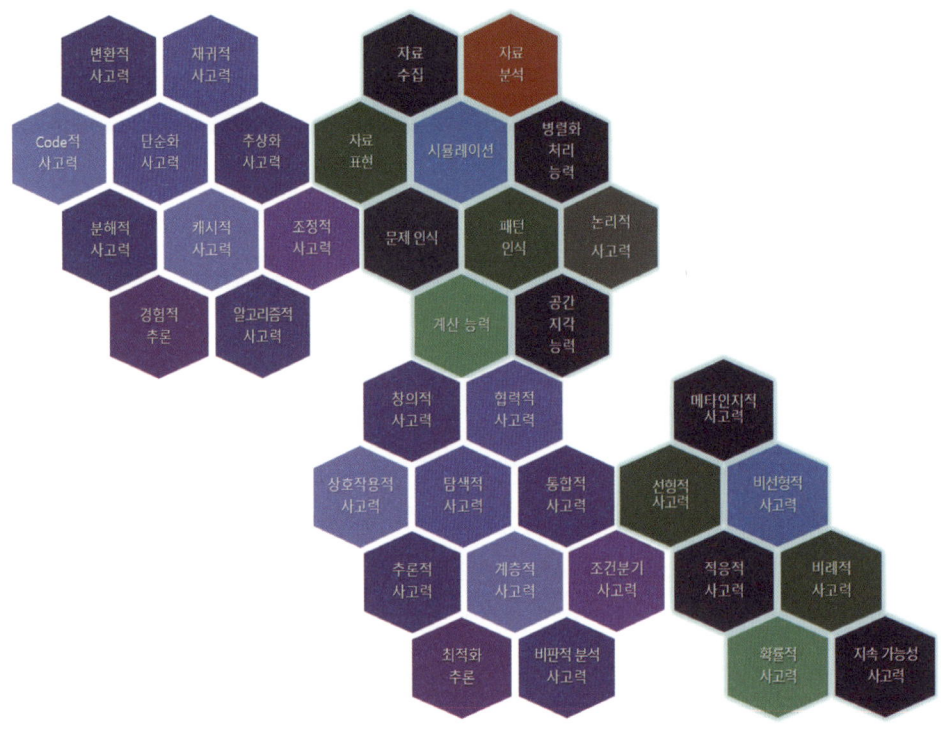

여기에서는 컴퓨팅 사고의 37가지 요소를 정의, 특징, 사례로 구성하여 상세히 설명한다. 각 요소는 구체적인 예시와 함께 현실 세계에서 어떻게 적용될 수 있는지를 보여줌으로써, CT의 개념을 보다 쉽게 이해하고 실생활에 적용할 수 있도록 돕는다. 이 과정에서 CT가 단순히 컴퓨터 과학에만 국한되지 않고, 다양한 영역에서 활용 가능한 보편적 사고 방식임을 강조한다. 이제 각 핵심 요소에 대한 구체적인 설명으로 들어가며, 컴퓨팅 사고의 각 요소가 문제 해결 과정에서 어떤 역할을 하는지를 차례로 살펴보자.

① 변환적 사고력(Transformative Thinking)　　변환적 사고력은 기존의 지식을 활용하여 새로운 문제를 해결하거나, 문제의 형식을 친숙한 방식으로 변환하여 접근하는 능력을 의미한다. 이 사고력은 처음 접하는 복잡하거나 난해한 문제를 보다 이해하기 쉬운 형태로 바꾸는 과정에서 중요한 역할을 한다. 단순한 반복이나 모방이 아닌, 기존의 경험과 지식을 연결하여 문제를 재정의하고 창의적으로 해결하

는 방식이다.

- **정의**: 변환적 사고력은 어려운 문제를 자신이 알고 있거나 경험한 문제의 형태로 전환하여 해결하는 사고 과정을 의미한다. 문제를 단순히 분석하는 것을 넘어, 기존의 지식과 연관하여 새로운 접근 방식을 설계한다. 예를 들어, 기계 조작법을 배운 경험이 다른 기계를 조작하는 데 활용될 수 있다.
- **주요 특징**
  - **문제 변환 및 재정의**: 변환적 사고력은 복잡한 문제를 단순히 분해하는 것이 아니라, 더 친숙한 방식으로 문제를 다시 정의한다. 이를 통해 문제 해결의 진입 장벽을 낮추고, 해결 가능성을 높인다.
  - **기존 경험의 활용**: 새로운 문제를 해결하는 데 있어, 과거의 경험이나 지식을 활용하여 문제를 새로운 시각에서 바라본다. 이러한 접근은 창의성과 논리성을 동시에 요구하며, 문제를 다양한 관점에서 분석할 수 있는 기회를 제공한다.
- **사례**: 작은 차를 운전할 수 있으면, 큰 차도 운전할 수 있다. 작은 승용차를 운전한 경험이 있다면, 트럭이나 대형 차량도 기본적인 조작 원리를 이해하여 운전할 수 있다. 복잡한 문제를 보다 간단한 문제로 변환하여 해결하는 방식이다. 수학에서의 응용으로는 복잡한 방정식을 단순한 덧셈이나 뺄셈의 형태로 변환하여 해결하는 방식이다. 이미 알고 있는 기본 공식을 사용해 어려운 문제를 단계적으로 풀어가는 과정이 이에 해당한다.

결론적으로 변환적 사고력은 새로운 문제를 해결하는 데 있어 필수적인 능력으로, 기존의 지식과 경험을 재해석하고, 이를 통해 창의적이고 효과적인 문제 해결 방법을 도출하는 데 큰 도움이 된다. 이 사고력은 단순한 논리적 접근에서 벗어나, 문제를 다각도로 바라보며 해결책을 모색하는 능력을 길러준다. 따라서 다양한 분야에서 적용 가능하며, 문제 해결 역량을 한 단계 높이는 중요한 사고 방식이라 할 수 있다.

❷ 재귀적 사고력(Recursive Thinking) 재귀적 사고력은 문제를 해결하는 과정에서 동일한 사고 과정을 반복하여 문제를 해결하는 능력을 의미한다. 이는 복잡

한 문제를 더 작은 부분으로 나누고, 동일한 해결 과정을 여러 번 반복하여 전체 문제를 해결하는 방식이다. 재귀적 사고는 컴퓨터 과학에서 알고리즘 설계 및 문제 해결에 중요한 도구로 사용되며, 논리적 사고를 강화하는 데 큰 역할을 한다.

- **정의**: 재귀적 사고력은 문제 해결 과정에서 스스로를 호출하는 방식으로 사고를 전개하는 과정이다. 복잡한 문제를 해결할 때, 문제를 쪼개어 작은 부분으로 나누고 각 부분을 동일한 방식으로 해결하는 방식을 따른다. 이러한 과정은 반복적인 패턴을 활용하여 문제를 효율적으로 해결하는 데 도움이 된다.
- **주요 특징**
  - **자기 호출 과정**: 재귀적 사고는 문제를 해결하는 과정에서 문제의 일부를 해결하기 위해 다시 동일한 문제를 호출하는 방식으로 진행된다. 이는 자신을 호출하는 형태로 문제를 단계별로 해결하는 특징을 가진다.
  - **문제 분해 및 단계적 해결**: 복잡한 문제를 해결하기 위해 문제를 구조적으로 쪼개고, 작은 부분부터 차례로 해결하여 전체 문제를 해결하는 방식이다. 이러한 접근 방식은 단계별로 진행되어 명확하고 논리적인 해결책을 제공한다.
  - **반복적인 패턴 활용**: 재귀적 사고력은 반복적인 패턴과 구조를 활용하여 문제를 효율적으로 해결한다. 이러한 방식은 복잡한 알고리즘 설계 및 데이터 처리에서 자주 활용된다.
- **사례**
  - **러시아 마트료시카 인형**: 큰 인형 안에 더 작은 인형이 반복적으로 포함되어 있는 마트료시카 인형의 구조는 재귀적 사고를 설명하는 대표적인 예시이다. 인형 하나를 열면 그 안에 더 작은 인형이 들어 있으며, 이 과정이 반복된다. 이는 문제의 부분이 전체와 동일한 형태로 구성되는 재귀적 구조를 보여준다.
  - **프로그래밍에서의 재귀 알고리즘**: 재귀적 사고는 알고리즘 설계에서 팩토리얼 계산, 피보나치 수열 생성, 하노이의 탑 문제 등에서 사용된다. 예를 들어, 팩토리얼은 다음과 같은 재귀적 형태로 정의된다.

$$n! = n \times (n-1)!$$

이는 자기 자신을 호출하여 문제를 해결하는 전형적인 재귀 알고리즘의 예시이다.

문제 해결의 힘, 컴퓨팅 사고력

결론적으로 재귀적 사고력은 복잡한 문제를 효율적으로 해결하고, 논리적으로 사고하는 데 중요한 기술이다. 이 사고 방식은 컴퓨터 과학뿐만 아니라 수학, 예술, 심리학 등 다양한 분야에서 활용되며, 반복적인 구조를 이해하고 문제를 단계적으로 해결하는 능력을 강화하는 데 기여한다. 재귀적 사고력은 창의적이고 논리적인 문제 해결 과정을 통해 보다 깊이 있는 사고력을 함양할 수 있도록 돕는다.

❸ Code적 사고력(Data as Code, Code as Data)　　Code적 사고력은 'Data as Code'와 'Code as Data'라는 두 가지 중요한 개념으로 데이터를 코드로 변환하고, 코드를 데이터로 이해하고 표현하는 능력을 의미한다. 이 사고력은 텍스트, 숫자, 기호, 수신호 등 다양한 형태의 데이터를 기호화하고 프로그래밍적으로 활용하는 사고 방식을 포함한다. 현대 사회에서 데이터 처리와 정보의 디지털화가 필수적이기 때문에, Code적 사고력은 다양한 분야에서 점점 더 중요해지고 있다.

- **정의**
  - **Data as Code**: 데이터를 코드로 변환하여 처리하고, 기계가 이해할 수 있는 언어로 구성하는 과정이다. 예를 들어, 텍스트, 숫자, 이미지와 같은 데이터를 알고리즘으로 표현하거나 기호화하여 문제를 해결하는 방식이다. 바코드, QR코드, 데이터 압축 등이 이에 해당한다.
  - **Code as Data**: 반대로, 코드 자체를 데이터처럼 다루어 분석하거나 변환하는 능력을 의미한다. 프로그램이 다른 프로그램을 분석하거나 수정할 수 있도록 코드를 데이터처럼 조작하는 방식이 포함된다. 예를 들어, 컴파일러, 인터프리터, 데이터 직렬화(serialization) 기술이 이에 해당한다.
- **주요 특징**
  - **데이터 변환 능력**: Code적 사고력은 복잡한 문제나 데이터를 코드, 알고리즘을 통해 이진법, 텍스트, 기호 등으로 변환하여 처리하는 데 중점을 둔다.
  - **논리적 사고 과정**: 사고 과정을 논리적으로 정리하여 기계와 소통할 수 있도록 한다. 이를 통해 문제를 명확하게 정의하고, 알고리즘으로 해석해 프로그래밍으로 구현하는 과정이 포함된다.
  - **추상적 개념의 구체화**: Code적 사고력은 추상적인 개념이나 복잡한 데이터를 코드

로 구체화하여 문제를 해결하는 과정에서 드러난다.

- **사례**
  - **바코드 시스템**: 바코드 시스템은 숫자와 기호를 시각적 신호로 변환하여 바코드 리더기로 데이터를 읽고 처리하는 과정이다. 이는 데이터를 기호화하고, 이를 다시 분석하여 원래의 데이터로 복구하는 대표적인 Code적 사고의 예시이다.
  - **데이터 압축**: 데이터 압축 기술은 텍스트나 이미지 데이터를 압축된 코드로 변환하여 효율적으로 저장하는 기술이다. 압축 알고리즘은 데이터의 구조를 분석하고, 이를 최적의 형태로 표현하여 저장 공간을 절약한다.
  - **암호화**: 암호화 기술은 중요한 데이터를 코드화하여 보안성을 강화하는 기술이다. 민감한 정보가 단순 텍스트로 저장되지 않도록 복잡한 알고리즘으로 변환하여 보호하는 방식이다.

결론적으로 Code적 사고력은 데이터를 코드로 표현하고, 이를 통해 문제를 해결하는 데 필수적인 사고 방식이다. 이 사고력은 정보화 시대의 핵심 역량으로, 데이터 처리, 보안, 효율적 저장, 자동화 시스템 등 다양한 분야에서 활용된다. Code적 사고력을 기르는 것은 단순히 프로그래밍을 배우는 것을 넘어, 데이터를 다루고 기술적으로 문제를 해결하는 능력을 키우는 과정이다. 따라서 Code적 사고력은 미래 사회에서 요구되는 중요한 역량 중 하나로 자리잡고 있다.

❹ 단순화 사고력(Simplicity Thinking)　　단순화 사고력은 복잡한 문제를 핵심 요소로 단순화하여 이해하고 설계하는 능력을 의미한다. 이 사고력은 불필요한 세부 사항을 제거하고 본질적인 정보에 집중하여, 명확하고 직관적인 해결책을 도출하는 데 사용된다. 복잡한 데이터나 시스템을 간결하게 표현함으로써 효율적인 의사 결정과 문제 해결이 가능해진다.

- **정의**: 단순화 사고력은 복잡한 문제에서 핵심 요소만을 추출하여 문제를 직관적으로 이해하고 해결하는 방식이다. 핵심 정보에 집중하고 불필요한 부분을 제거하여 명확한 해결책을 도출하는 것을 목표로 한다. 텍스트, 이미지, 도식 등 다양한 형태의 데이터와 개념을 시각적으로 단순화하여 표현하는 과정이 포함된다.

- **주요 특징**
  - **명료성과 직관성**: 문제를 직관적이고 명료하게 정의하여 해결책을 도출하는 데 중점을 둔다. 복잡한 내용을 간단하게 표현하여 이해하기 쉽게 만든다.
  - **핵심 정보 추출**: 불필요한 정보는 제거하고 본질적인 부분만을 추출하여 효율적인 의사 결정을 가능하게 한다.
  - **시각적 표현**: 데이터와 개념을 단순화된 그래프, 도표, 선 그림 등으로 시각적으로 표현하여 직관적으로 전달한다.
- **사례**
  - **이미지 단순화**: 복잡한 물고기의 이미지를 단순한 선 그림으로 변환하여 표현한다. 이는 복잡한 개체를 핵심 요소만 추려 시각적으로 표현하는 예시이다.
  - **도로 지도 설계**: 도로 네트워크에서 불필요한 경로는 제거하고, 주요 경로만 표시한 간략한 지도를 설계한다. 이는 길 찾기나 도시 계획에서 효율성을 극대화하는 방법이다.
  - **기업 데이터 시각화**: 기업의 매출 데이터를 핵심 지표로 요약하여 그래프나 차트로 제공한다. 이를 통해 경영진이 복잡한 데이터를 쉽게 파악하고, 전략적 의사 결정을 내릴 수 있도록 돕는다.

결론적으로 단순화 사고력은 복잡한 문제를 명료하게 정리하고, 핵심 요소를 추출하여 직관적으로 전달하는 데 필수적인 사고 방식이다. 이 사고력은 정보를 효율적으로 처리하고 시각화하여, 문제를 명확하게 이해하고 해결하는 과정에서 중요한 역할을 한다. 단순화 사고력은 디자인, 공학, 비즈니스, 데이터 분석 등 다양한 분야에서 활용되며, 복잡한 문제를 간단하게 표현하고 효과적으로 전달하는 데 기여한다.

❺ 추상화 사고력(Abstraction Thinking) 추상화 사고력은 복잡한 현상에서 본질적인 요소만을 추출하고, 이를 공통된 이론적 개념으로 일반화하는 능력을 의미한다. 이 사고 방식은 불필요한 세부 사항을 제거하고, 핵심 정보에 집중하여 문제를 단순화하고 해결하는 데 도움을 준다. 컴퓨팅 분야에서는 복잡한 시스템을 구조화하고, 데이터와 프로세스를 간소화하여 효율적으로 처리하는 데 사용된다.

- **정의**: 추상화 사고력은 복잡한 문제나 현상을 분석하고, 그 중 핵심 요소만을 선별하여 단순화하는 과정이다. 다양한 현상을 공통된 이론이나 패턴으로 표현하고 일반화하여, 보다 간단하게 문제를 이해하고 해결하는 것을 목표로 한다. 모델링, 데이터 구조 설계, 알고리즘 개발 등 여러 분야에서 효율성과 명확성을 높이는 데 필수적인 사고 방식이다.
- **주요 특징**
  - **핵심 정보에 집중**: 불필요한 세부 사항은 제거하고, 문제 해결에 꼭 필요한 본질적인 정보만을 추출하여 해결책을 도출한다. 이를 통해 보다 명확하고 직관적인 방식으로 문제를 이해하고 설계할 수 있다.
  - **복잡한 문제의 단순화**: 복잡하고 난해한 문제를 단계별로 나누어 단순하게 재구성함으로써, 이해와 해결을 용이하게 한다. 추상화를 통해 다양한 문제를 구조화하고, 이를 패턴화하여 해결책을 제시한다.
  - **패턴 발견 및 일반화**: 다양한 현상을 공통된 패턴으로 구조화하여 이를 일반화하는 과정을 거친다. 이를 통해 한 가지 해결책이 여러 문제에 적용될 수 있도록 유연성을 확보한다.
- **사례**
  - **여행 계획**: 비행기 예약, 숙소 선택, 일정 조정 등 복잡한 여행 준비 과정을 주요 단계로 나누어 핵심화한다. 이러한 추상화 과정은 전체 계획을 효율적으로 정리하고 실행할 수 있게 한다.
  - **컴퓨터 프로그래밍**: 다양한 입력 데이터를 공통 데이터 구조로 추상화하여 프로그램 설계에 활용한다. 예를 들어, 배열, 리스트, 트리 등의 데이터 구조는 현실의 복잡한 문제를 단순화하여 다룰 수 있도록 돕는다.
  - **지도 설계**: 실제 도로를 간소화하여 주요 경로와 지점을 강조한 지도를 설계한다. 세부적인 거리와 건물 정보를 생략하고, 길 찾기에 필요한 핵심 정보만을 남겨 사용자 경험을 향상시킨다.

결론적으로 추상화 사고력은 복잡한 문제를 단순화하고, 핵심 정보에 집중하여 효율적으로 문제를 해결하는 데 중요한 기술이다. 이 사고 방식은 데이터 분석, 프로그래밍, 엔지니어링, 디자인 등 다양한 분야에서 활용되며, 문제를 체계적으로 이해하고 해결책을 설계하는 데 필수적인 사고력으로 자리잡고 있다. 따라서 추상화 사고력을 기르는 것은 복합적인 문제를 쉽게 풀고, 다양한 상황에 적응하는 능력을 강화하는 데 큰 도움이 된다.

⑥ 분해적 사고력(Decomposition Thinking)　　분해적 사고력은 복잡한 문제를 작은 구성 요소로 나누어 단계적으로 해결하는 능력을 의미한다. 이는 문제를 쪼개어 각각의 부분을 독립적으로 분석하고 해결책을 설계하는 과정으로, 전체적인 해결 방안을 보다 체계적이고 효율적으로 구현하는 데 도움이 된다.

- **정의**: 복잡한 문제를 해결 가능한 작은 부분으로 나누어 분석하고, 이를 하나씩 해결하는 방식이다. 전체 시스템을 독립적으로 처리 가능한 하위 시스템으로 분해하여, 각 부분을 개별적으로 이해하고 설계한다. 소프트웨어 개발, 프로젝트 관리, 엔지니어링 등 다양한 분야에서 문제를 해결하는 필수적인 사고 과정이다.
- **주요 특징**
  - **단순화 및 이해 용이**: 복잡한 문제를 단순화하고, 이해하기 쉬운 형태로 분할하여 해결할 수 있다. 이를 통해 작은 단위의 문제 해결을 반복적으로 수행할 수 있다.
  - **독립적 분석 및 해결**: 문제를 독립적인 구성 요소로 나누어, 각 부분을 개별적으로 분석하고 해결한다. 이러한 방식은 문제의 가시성을 높이고, 해결 과정을 명확하게 한다.
  - **체계적 설계 가능**: 문제를 분해함으로써 전체 해결 방안을 체계적이고 효율적으로 설계할 수 있다. 이 과정은 대규모 프로젝트나 시스템을 구축할 때 유용하다.
- **사례**
  - **피자 조각 비유**: 큰 피자를 나누어 조각씩 먹는 과정처럼, 복잡한 문제를 부분으로 나누어 해결한다. 각 조각은 독립적으로 해결 가능한 작은 문제를 상징한다.
  - **프로젝트 관리**: 대규모 프로젝트를 여러 작은 작업(Task)으로 나누어 진행하는 방식이다. 각 작업은 독립적으로 수행되고, 전체 프로젝트의 일부로 통합된다.
  - **소프트웨어 개발**: 대규모 소프트웨어 코드를 모듈과 함수 단위로 나누어 개발한다. 이를 통해 코드의 재사용성과 유지보수성을 높이고, 개발 과정을 효율화한다.

결론적으로 분해적 사고력은 복잡한 문제를 작은 단위로 나누어 이해하고, 독립적으로 해결하는 데 중요한 사고 방식이다. 이러한 접근법은 시스템 설계, 프로젝트 관리, 소프트웨어 개발 등 다양한 분야에서 필수적인 역량으로 자리잡고 있다. 분해적 사고력은 문제 해결의 명확성을 높이고, 전체 과정의 효율성을 극대화하는 데 기여하며, 효율적이고 체계적인 문제 해결을 통해 최적의 결과를 도출할 수 있도록 돕는다.

❼ 캐시적 사고력(Caching Thinking) 캐시적 사고력은 필요한 정보나 도구를 사전에 준비하여 문제를 더 효과적으로 해결하는 사고 능력을 의미한다. 이 사고 방식은 자주 사용되는 정보나 자원을 효율적으로 배치하고 관리하여 문제 해결의 속도와 효율성을 극대화한다. 캐시적 사고력은 정보를 예측하고 미리 저장해두는 전략적 사고 과정으로, 컴퓨팅 시스템뿐만 아니라 일상생활에서도 광범위하게 적용된다.

- **정의**: 필요한 자원이나 정보를 미리 준비하여, 미래의 요구를 보다 신속하고 효율적으로 해결하는 방식이다. 이 사고력은 반복적으로 사용되는 데이터나 도구를 캐시에 저장하고, 필요할 때 즉시 사용할 수 있도록 준비하는 능력을 포함한다. 컴퓨터 시스템에서의 메모리 캐시, 웹 브라우저의 캐시, 일상생활에서의 물건 준비 등 다양한 사례로 존재한다.
- **주요 특징**
  - **미리 준비된 정보로 시간과 자원 절약**: 미래에 필요할 요소를 미리 예측하고 준비하여, 문제 해결 과정에서의 시간과 자원을 절감할 수 있다. 이를 통해 반복 작업이나 요청 속도가 빨라지고, 생산성이 향상된다.
  - **효율적 정보 배치 및 관리**: 자주 사용되는 데이터는 메모리나 저장소에 배치하여 필요할 때 바로 사용할 수 있도록 한다. 컴퓨터 메모리 캐시나 데이터베이스 인덱싱 기법이 대표적인 예이다.
  - **미래 예측 및 대비**: 과거의 데이터와 패턴을 분석하여, 미래 요구 사항을 예측하고 준비하는 과정이 포함된다. 이는 컴퓨팅뿐만 아니라 일상에서도 위험을 예방하고 대비하는 방식으로 활용된다.
- **사례**
  - **우산 준비**: 비가 올 것을 예상하고 미리 우산을 챙기는 행동은 캐시적 사고력의 좋은 예시다. 예상치 못한 비에 대비하여 우산을 준비해 두면 시간과 에너지를 절약할

수 있다.

— **브라우저 캐시**: 웹 브라우저는 자주 방문하는 웹사이트의 데이터를 미리 저장하여, 이후 빠르게 접근할 수 있도록 한다. 이를 통해 웹 페이지 로딩 시간이 단축되고, 인터넷 사용이 효율화된다.

결론적으로 캐시적 사고력은 자원을 미리 준비하여 효율성을 높이는 사고 방식으로, 컴퓨팅 시스템에서부터 일상생활에 이르기까지 다양하게 적용된다. 이 사고력은 시간을 절약하고 생산성을 높이며, 예상치 못한 상황에서도 신속하게 대응할 수 있도록 돕는다. 따라서 문제 해결의 속도와 효율성을 극대화하는 데 중요한 사고 과정으로 간주된다.

❽ 조정적 사고력(Regulative Thinking: Resource Sharing) 조정적 사고력은 자원의 충돌이나 경쟁 상황을 해결하고 공정하게 분배하는 사고 능력을 의미한다. 이는 여러 사용자가 동일한 자원을 요구할 때, Deadlock(교착 상태)와 같은 문제를 방지하거나 해결하기 위한 전략적 사고 방식이다. 조정적 사고력은 자원을 효율적으로 배치하고, 경쟁을 조정하여 최적의 결과를 도출하는 데 중요한 역할을 한다.

- **정의**: 자원이 한정된 상황에서 효율적인 자원 배분과 사용을 조정하는 사고 과정이다. 경쟁이나 충돌이 발생하는 상황에서 공정성과 효율성을 유지하며 자원을 조정하는 능력이다. 컴퓨팅 시스템에서는 CPU 스케줄링, 네트워크 트래픽 관리 등으로, 일상생활에서는 교통 체증 완화, 대기열 관리 등의 형태로 적용된다.
- **주요 특징**
  — **자원 관리**: 제한된 자원을 효율적으로 배치하고, 여러 사용자가 공정하게 사용할 수 있도록 조정하는 능력이다. 예를 들어, 운영체제에서 CPU 시간 분배, 메모리 관리, 네트워크 트래픽 조정 등이 이에 해당한다.
  — **Deadlock 해결**: 교착 상태(Deadlock)가 발생하지 않도록 예방하고, 발생했을 경우 해결하는 방법을 설계하는 능력이다. 이는 시스템이 멈추는 것을 방지하고, 자원이 원활하게 흐르도록 유지하는 데 필수적이다.
  — **최적 경로 찾기**: 복잡한 상황에서 가장 효율적인 경로와 자원 분배 방안을 도출하

여, 전체 시스템의 효율을 높이고 자원 낭비를 방지한다.

- **사례**
  - **꼬리 물기 방지**: 도로에서의 교통 체증을 완화하기 위해, 운전자들이 차례로 진행하고 꼬리 물기를 방지하는 것은 조정적 사고력의 예시이다. 이는 공유 자원인 도로를 공정하게 사용하고, 교통 흐름을 원활하게 조정하는 전략적 사고이다.
  - **공유 네트워크 관리**: 동일한 네트워크를 사용하는 여러 사용자가 공평하게 네트워크 자원을 분배하여 사용하는 것도 조정적 사고력의 적용 사례이다. 이는 대역폭을 효율적으로 관리하고, 특정 사용자가 과도하게 자원을 점유하는 것을 방지하는 데 도움을 준다.

결론적으로 조정적 사고력은 자원의 효율적이고 공정한 배분을 통해 시스템과 일상의 흐름을 최적화하는 사고 방식이다. 경쟁과 충돌을 해결하고, 교착 상태를 예방하여 자원이 지속적으로 활용될 수 있도록 돕는 역할을 한다. 이 사고력은 소프트웨어, 교통, 네트워크 등 다양한 분야에서 필수적인 사고 과정이며, 자원 관리와 공정한 시스템 운영을 위한 중요한 역량으로 자리잡고 있다.

❾ 경험적 추론(Heuristic Reasoning)　　경험적 추론은 주어진 문제를 해결하기 위해 기존 경험과 일부 정보를 기반으로 추론하고 판단하는 사고 능력이다. 이는 완벽한 데이터 없이 불완전한 정보를 활용해 빠르고 유연하게 문제를 해결하는 방식이다. 실생활에서 자주 사용되는 방식으로, 문제 해결 속도를 높이고 직관을 활용하여 최적의 결과에 도달하도록 돕는다.

- **정의**: 과거의 경험과 직관을 활용해 복잡한 문제를 간단하게 해결하는 사고 과정이다. 완전한 정보를 기다리지 않고, 제한된 정보와 경험을 바탕으로 빠르게 해결책을 도출하는 방법이다. 귀납법적 접근 방식으로 경험에서 얻은 교훈을 기반으로 새로운 문제를 해결하는 데 활용된다.
- **주요 특징**
  - **경험 기반**: 과거의 경험에서 얻은 지식을 새로운 문제 해결에 적극 활용한다. 이는 문제에 대한 이해도를 높이고, 보다 직관적으로 해결 방안을 찾는 데 기여한다.

— **빠른 의사 결정**: 완전한 정보를 기다리지 않고, 현재 상황에서 사용 가능한 정보로 신속하게 결정을 내림으로써 문제 해결 속도를 향상시킨다.

— **유연성**: 다양한 문제에 대해 상황에 맞게 유연하게 해결책을 조정하고 적용하는 능력을 의미한다.

— **비완벽한 정보 활용**: 불완전하거나 제한된 정보 속에서도 최적의 해결 방안을 도출하는 사고 과정이다. 이는 자원이 부족하거나 시간 제약이 있는 상황에서 효과적으로 작동한다.

• **사례**

— **블록 기반 프로그래밍**: 이전에 코딩한 경험을 바탕으로 새로운 주제를 쉽게 구현하는 방식이다. 예를 들어, 학생들이 블록형 프로그래밍 언어(예: 스크래치)를 사용하여 이전에 만든 프로그램을 응용해 새로운 프로젝트를 설계하는 과정이 이에 해당한다.

— **게임 전략**: 이전에 플레이한 경험을 통해 새로운 레벨이나 상대와의 대결에서 적절한 전략을 설계하는 경우이다. 이는 과거 경험을 활용해 새로운 상황에 맞는 해결책을 찾는 전형적인 예시이다.

결론적으로 경험적 추론은 복잡한 문제를 간단하게 해결하고, 불완전한 정보 속에서도 빠르게 판단하는 사고 방식이다. 이는 프로그램 개발, 게임 전략, 비즈니스 의사 결정 등 다양한 분야에서 중요한 역할을 하며, 정확성보다는 속도와 유연성을 우선하는 문제 해결 과정에서 유용하게 활용된다. 따라서 경험적 추론은 실생활에서 빈번하게 사용되는 사고력의 핵심 요소로 자리잡고 있다.

⑩ 알고리즘적 사고력(Algorithmic Thinking) 알고리즘적 사고력은 문제를 해결하기 위해 단계별 절차를 구성하고 체계적으로 접근하는 사고 방식이다. 이는 복잡한 문제를 논리적으로 쪼개어 해결하는 과정을 포함하며, 각 단계가 명확하게 정의되어 재사용성과 효율성이 높아지는 것이 특징이다.

• **정의**: 단계별 절차를 통해 문제를 체계적으로 해결하는 능력이다. 복잡한 문제를 해결하기 위해 논리적인 순서를 구성하고 이를 반복적으로 적용하여 최적의 해법을 찾는다. 알고리즘은 순차적이며 예측 가능하여, 다양한 분야에서 효율적이고 정확한 문제

해결 도구로 사용된다.

- **주요 특징**
  - **구조화된 사고**: 문제를 작은 단위로 나누어 해결하는 방법론이다. 이는 문제의 복잡성을 줄이고, 단계별로 쉽게 접근할 수 있도록 돕는 구조적 방식이다.
  - **재사용 가능성**: 한 번 개발된 알고리즘은 유사한 문제에도 재활용 가능하다. 따라서 시간과 자원을 절약하고, 문제 해결 속도를 높이는 데 기여한다.
  - **효율성 강조**: 알고리즘적 사고는 문제를 해결하는 과정에서 최소한의 시간과 자원을 사용하여 최적의 결과를 도출하는 것을 목표로 한다. 이는 효율성과 정확성을 극대화하는 데 필수적이다.
  - **순차적 접근**: 문제를 해결할 때 단계적으로 접근하여, 각 단계가 논리적으로 연결되는 방식이다. 이를 통해 복잡한 문제도 순차적으로 해결 가능하다.
- **사례**
  - **초상화 그리기**: 초상화를 완성하는 과정은 알고리즘적 사고의 대표적 예시이다. 각 단계는 명확하게 정의되어 있으며, 순차적으로 진행된다.
  - **아이디어 구상**: 초상화의 스타일과 특징을 설정하는 단계이다.
  - **밑그림 그리기**: 초상화의 전체 틀을 잡아가는 과정이다.
  - **색칠하기**: 세부 색상과 그림자를 추가해 입체감을 더한다.
  - **마무리 칠하기**: 디테일을 더하고, 전체 그림을 완성하는 단계이다.

결론적으로 알고리즘적 사고력은 문제를 단계적으로 나누고, 체계적으로 접근하여 해결하는 중요한 사고력이다. 이 사고 방식은 프로그래밍, 공학, 디자인 등 다양한 분야에서 널리 활용되며, 효율적이고 정확한 문제 해결을 가능하게 한다. 알고리즘적 사고는 단순한 프로그래밍 기술을 넘어, 현실 세계에서 마주하는 다양한 문제를 해결하는 데 필요한 핵심 역량으로 자리잡고 있다.

⓫ 자료 수집(Data Collection) 자료 수집은 문제 해결의 출발점으로, 필요한 정보를 체계적으로 탐색하고 모으는 과정이다. 이 과정은 데이터 기반의 분석과 결정을 내리기 위한 핵심 단계로, 문제의 본질을 이해하고 적절한 해법을 마련하는 데 중요한 역할을 한다. 자료 수집은 다양한 출처에서 이루어지며, 데이터의 품질과

신뢰성 확보가 필수적이다.

- **정의**: 필요한 정보를 체계적으로 탐색하고 수집하는 능력을 의미한다. 문제 해결 과정에서 데이터를 기반으로 분석 및 결정을 내리기 위한 첫 단계이다. 신뢰할 수 있는 출처에서 목표에 맞는 정보를 수집하고, 체계적으로 정리하는 과정이 포함된다.
- **주요 특징**
  - **다양한 출처 탐색**: 온라인 데이터베이스, 설문조사, 실험 결과 등 여러 경로에서 정보를 수집한다. 데이터는 정확성과 신뢰성이 중요한 요소이며, 출처의 검증이 필요하다.
  - **목표 지향적 접근**: 문제 해결에 필요한 데이터만을 식별하고 집중적으로 수집한다. 방대한 정보 중 핵심 데이터만 선별하여 효율적인 분석을 가능하게 한다.
  - **정확성과 신뢰성**: 수집한 데이터의 출처와 품질을 확인하여 신뢰할 수 있는 정보만을 활용한다. 정보의 정확성은 분석 결과의 신뢰도를 높이는 필수 조건이다.
  - **구조화된 저장**: 데이터를 체계적으로 분류하고 저장하여 이후 분석 과정에서 용이하게 사용한다. 분류와 정리는 필요할 때 빠르게 접근하고 활용할 수 있도록 돕는다.
- **사례**
  - **학생 프로젝트**: 특정 주제에 대해 논문, 통계 자료, 뉴스 기사를 모아 분석하는 과정은 자료 수집의 대표적인 사례이다. 예를 들어, 환경 문제를 다루는 프로젝트에서 다양한 기관의 연구 보고서와 설문조사를 바탕으로 신뢰할 수 있는 데이터를 확보하는 것이 해당된다.
  - **시장 조사**: 소비자 피드백과 설문조사 결과를 수집하여 제품 개선 및 새로운 서비스 개발에 활용한다.
  - **교통 시스템 데이터 수집**: 교통 흐름을 감지하는 센서 및 카메라를 통해 실시간 데이터를 수집하고, 이를 바탕으로 교통 체증 문제를 분석하고 해결한다.

결론적으로 자료 수집은 문제 해결의 기초를 마련하는 중요한 단계이다. 정확하고 신뢰할 수 있는 데이터를 수집하는 것은 이후 분석 과정의 성공 여부를 결정 짓는 핵심 요소이다. 따라서 다양한 출처에서 정보를 탐색하고, 체계적으로 분류 및 저장하는 능력은 현대 사회에서 필수적인 데이터 리터러시(data literacy) 역량으로 자리잡고 있다.

⑫ 자료 분석(Data Analysis)   자료 분석은 수집된 데이터를 체계적으로 분석하여 의미를 도출하는 과정이다. 이 과정은 데이터 속에 숨겨진 패턴과 인사이트를 발견하여, 현상을 이해하고 문제 해결 방향성을 제시하는 핵심 단계로 작용한다. 자료 분석은 다양한 분야에서 활용되며, 합리적인 의사 결정을 돕는 필수 역량이다.

- **정의**: 수집한 데이터를 체계적으로 분석하여 의미를 도출하는 능력을 의미한다. 데이터 분석을 통해 현상을 이해하고 문제 해결을 위한 방향성을 제시한다. 이를 통해 패턴을 발견하고, 새로운 전략을 수립하거나 개선점을 도출하는 것이 목적이다.
- **주요 특징**
  - **목적 중심 분석**: 데이터를 활용하여 목표에 맞는 정보만을 선별하여 추출한다. 분석의 목적에 따라 필요한 데이터와 접근 방식이 달라진다.
  - **패턴 발견**: 데이터 간의 관계와 경향을 분석하여 유의미한 패턴을 도출한다. 이를 통해 현재 상태를 파악하고 미래를 예측하는 데 활용할 수 있다.
  - **결과 해석**: 데이터에서 수치와 그래프를 이해하고, 이를 실제 문제에 적용한다. 시각적 자료와 함께 결과를 명확하게 표현하여 의사소통을 원활하게 한다.
  - **결정 지원**: 분석된 데이터를 바탕으로 합리적인 의사 결정을 내리는 데 도움을 준다. 데이터 기반의 증거를 토대로 논리적인 판단을 가능하게 한다.
- **사례**
  - **소비자 분석**: 구매 데이터를 분석하여 고객의 선호도와 구매 패턴을 파악하고, 이를 기반으로 마케팅 전략을 수립하거나 제품 개선 방향을 결정하는 데 활용된다.
  - **의료 데이터 활용**: 환자의 건강 데이터를 분석하여 질병을 예측하고 맞춤형 치료 계획을 수립하는 과정이다. 빅데이터 분석을 통해 질병 발생률을 예측하거나, 진단의 정확도를 높이는 데 기여한다.

결론적으로 자료 분석은 수집된 데이터를 기반으로 인사이트를 도출하고 의사 결정을 지원하는 중요한 과정이다. 이 과정은 다양한 분야에서 활용되며, 비즈니스, 의료, 교육 등 데이터 기반의 의사 결정이 필요한 모든 분야에서 핵심적인 역할을 한다. 정확하고 체계적인 분석 능력은 문제 해결의 실마리를 찾고 새로운 기회를 포착하는 데 필수적이다.

⑬ 자료 표현(Data Representation)　　자료 표현은 분석된 데이터를 효과적으로 표현하고 시각화하여 이해를 돕는 능력이다. 데이터의 구조와 패턴을 명확하게 전달하기 위해 그래프, 차트, 도표 등 다양한 방식으로 시각화된다. 이 과정은 데이터의 의미를 보다 직관적으로 파악할 수 있도록 돕는다.

- **정의**: 복잡한 데이터를 도표, 차트, 그래프 등의 형태로 표현하여 직관적으로 이해하도록 한다. 핵심 정보를 강조하고, 데이터가 담고 있는 패턴과 추세를 시각적으로 전달하는 역할을 한다.
- **주요 특징**
  - **효율적 전달**: 데이터를 도표, 차트, 그래프 등으로 시각화하여 핵심 정보를 쉽게 전달할 수 있다.
  - **패턴 강조**: 데이터 간의 관계와 추세를 명확하게 보여주는 역할을 한다.
  - **의사소통 강화**: 데이터 분석 결과를 비전문가도 쉽게 이해할 수 있도록 설계하여 정보 격차를 줄인다.
  - **데이터 스토리텔링**: 데이터를 단순히 나열하는 것에서 벗어나, 전달하고자 하는 메시지를 구조화하여 더 깊이 있는 이해를 유도한다.
- **사례**
  - **막대 그래프**: 학생별 시험 점수를 시각화하여 성취도를 비교하고, 학업 성과를 한눈에 파악한다.
  - **파이 차트**: 기업의 예산 분배를 항목별로 나누어 파이 차트로 시각화하여 비율과 우선순위를 명확하게 표현한다.
  - **트렌드 분석**: 시간에 따른 매출 변화나 사용자 수 변동을 라인 차트로 시각화하여 시장 흐름을 분석한다.

　　결론적으로 자료 표현은 데이터의 의미를 명확하고 직관적으로 전달하는 핵심 과정으로, 데이터 기반 의사 결정을 돕는 중요한 도구이다. 효과적인 자료 표현은 복잡한 정보를 쉽게 이해시키고, 명확한 인사이트를 제공하는 데 기여한다.

⑭ 시뮬레이션(Simulation)　　시뮬레이션은 실제 상황을 가상으로 모의하여 결과

를 예측하고 분석하는 능력이다. 실제 환경에서 실험하기 어려운 경우, 유사한 환경을 만들어 복잡한 문제를 해결하거나 새로운 해결책을 탐구하는 과정을 포함한다.

- **정의**: 실제 상황을 가상 환경에서 재현하고, 결과를 분석하여 문제 해결에 적용한다. 위험하거나 복잡한 상황을 안전하게 실험하고, 비용과 시간을 절약할 수 있다.
- **주요 특징**
  - **현실 대체**: 실제 환경에서 실험하기 어려운 상황을 가상으로 모의 재현하여 분석한다.
  - **위험 감소**: 잠재적인 위험 요소가 포함된 상황을 안전한 환경에서 테스트한다.
  - **반복 가능성**: 동일한 상황을 여러 번 재현하여 최적의 해결책을 탐구할 수 있다.
  - **효율성**: 시간과 비용을 절약하며, 다양한 시나리오를 실험하여 가장 효과적인 방법을 도출한다.
- **사례**
  - **교통 시뮬레이션**: 도로 설계 변경이 교통 흐름에 미치는 영향을 분석하고, 효율적인 교통 체계를 설계한다.
  - **항공기 조종 시뮬레이터**: 조종사가 실제 비행 환경을 익히고, 비상 상황에 대비한 연습을 진행한다.
  - **의료 시뮬레이션**: 수술 연습 및 응급 상황 대응 능력을 강화하여 의료 서비스의 질을 향상시킨다.
  - **재난 관리 시뮬레이션**: 자연재해나 위기 상황을 가상으로 재현하여, 대비 및 대응 계획을 검토하고 개선한다.

결론적으로 시뮬레이션은 실제 환경에서 직접 경험하기 어려운 복잡한 문제를 해결하는 데 유용하다. 다양한 분야에서 위험을 최소화하고, 효율적인 의사 결정을 지원하는 중요한 도구로 활용된다

⑮ 병렬화 처리 능력(Parallel Processing) 병렬화 처리 능력은 동시에 여러 작업을 수행하여 문제를 효율적으로 해결하고, 자원을 극대화하는 사고 방식이다. 오늘날의 복잡한 문제는 단순한 직렬 처리 방식으로는 한계에 부딪히기 쉽다. 이에 따라 병렬화는 작업을 여러 개의 작은 부분으로 나누어 동시에 수행함으로써 문

제 해결의 속도와 품질을 향상시킨다. 이 능력은 컴퓨터 프로세서의 멀티코어 처리, 팀 프로젝트 관리, 그리고 일상생활의 여러 작업을 동시에 수행하는 방식에서 쉽게 찾아볼 수 있다.

- **정의**: 여러 작업을 동시에 수행하는 능력을 통해 시간과 자원을 효율적으로 활용하고 생산성을 극대화한다. 복잡하고 방대한 문제를 여러 개의 하위 문제로 나누어 동시에 해결하는 방식으로, 작업 처리 시간을 단축할 수 있다. 컴퓨터 분야에서는 멀티코어 기술을 활용하여 여러 프로그램이 동시에 실행되며, 인간의 일상에서는 다중 작업 (multitasking)을 통해 여러 업무를 동시에 수행하는 사례가 병렬화의 대표적 예시다.

- **주요 특징**
  - **다중 작업 처리**: 여러 개의 작업을 동시에 진행하여 작업 효율을 높이고, 처리 시간을 절감한다. 예를 들어, 컴퓨터의 멀티코어 프로세서는 여러 개의 코어가 각기 다른 작업을 처리하여 전체 속도를 향상시킨다.
  - **효율성 증대**: 자원을 분산하고 작업 부하를 나누어 각각 독립적으로 수행함으로써 성과를 극대화한다. 병렬화는 복잡한 프로젝트에서 특히 강력한 도구로 사용되며, 병렬 처리가 가능한 경우에는 시간 절약이 극대화된다.
  - **조정 능력 요구**: 병렬 작업을 효과적으로 관리하고 조율하는 능력이 필요하다. 각 작업이 서로 다른 목표를 향해 독립적으로 진행되지만, 최종적으로는 하나의 통합된 결과를 도출해야 한다.
  - **리소스 최적화**: 병렬화는 자원의 활용도를 높이고 잠재적인 대기 시간을 줄여 성과를 끌어올린다. 자원과 시간을 최대한 활용하여 전체 시스템의 처리 속도를 증가시킨다.

- **사례**
  - **컴퓨터 처리**: 멀티코어 프로세서는 여러 개의 코어를 사용하여 프로그램을 동시에 실행한다. 예를 들어, 영상 편집 프로그램에서 한 코어는 영상 렌더링을, 다른 코어는 효과를 처리하는 식으로 작업이 병렬로 진행된다.
  - **프로젝트 관리**: 한 프로젝트를 여러 개의 팀으로 나누어 병렬로 진행한다. 디자인 팀은 시각 자료를 제작하고, 개발 팀은 코딩 작업을 동시에 수행하는 방식으로 완성 시간을 단축할 수 있다.
  - **일상생활**: 요리하면서 설거지를 하고, 세탁기를 돌리는 것이 병렬화의 일상적 예시

다. 여러 작업을 동시에 수행함으로써 시간을 절약하고 효율을 높인다.

— **가정 내 관리**: 자녀 돌보기, 청소, 요리 등을 동시에 수행하여 가정 내 작업을 효율적으로 진행한다.

— **항공 교통 관제 시스템**: 여러 항공기의 비행 경로를 동시에 모니터링하고, 각 항공기와의 통신 및 조정 작업을 병렬로 진행한다. 이를 통해 항공기 간의 충돌을 방지하고, 비행 스케줄을 원활하게 조율할 수 있다.

— **AI 데이터 처리**: 인공지능(AI)은 대량의 데이터를 병렬로 처리하여 더 빠르게 학습하고 예측을 수행한다. AI 모델은 여러 GPU를 활용하여 복잡한 신경망 학습을 병렬로 수행함으로써 처리 속도를 극대화한다.

결론적으로 병렬화 처리 능력은 산업, 교육, 일상 생활 등 다양한 분야에서 필수적인 사고 능력이다. 특히 디지털 환경에서 데이터의 양이 기하급수적으로 증가함에 따라, 병렬화 능력은 더 큰 가치를 지니게 된다. 동시 작업 처리는 생산성을 높이고, 작업 시간과 비용을 절감하는 데 중요한 역할을 한다. 이 능력을 통해 우리는 복잡한 문제를 효과적으로 해결하고, 더 나은 결과를 얻을 수 있다.

⓰ 문제 인식(Problem Cognition)   문제 인식은 문제가 발생하는 원인을 명확하게 파악하고 이를 이해하는 능력이다. 문제를 정확하게 인식하는 것은 효과적인 문제 해결의 첫 걸음이며, 표면적인 문제뿐만 아니라 문제의 근본적인 원인을 분석하여 근본적 해결책을 모색하는 데 필수적이다. 특히, 복합적인 문제 상황에서는 명확하게 문제를 정의하고 구조화하여 문제 해결 과정에서 혼란을 최소화하는 것이 중요하다.

- **정의**: 문제가 발생한 원인을 분석하고 명확하게 인식하는 능력이다. 표면적 문제뿐만 아니라 본질적, 근본적인 원인을 파악하여 문제를 다각도로 분석하는 과정을 포함한다. 복잡한 상황에서 문제의 핵심 요소를 도출하고, 이를 구체적으로 표현하여 문제 해결의 초석을 마련한다. 문제를 정의하는 것은 다양한 관점에서 문제를 바라보고, 해결 방안을 탐색하는 첫 번째 단계로 작용한다.
- **주요 특징**
  — **원인 분석**: 표면적인 문제뿐만 아니라, 그 뒤에 숨겨진 근본적인 원인까지 파악한

다. 문제를 겉으로 드러난 현상만으로 판단하지 않고 근본적인 요소를 추적해 나가는 과정이다.

— **명확한 정의**: 문제를 명확하게 정의하여, 구체적이고 이해하기 쉬운 형태로 표현한다. 추상적이고 모호한 문제를 구체적으로 명시화하여 문제 해결 과정이 더 수월해진다.

— **상황 평가**: 문제 발생의 맥락과 환경을 분석하고, 문제가 발생한 시점, 장소, 조건 등을 종합적으로 고려하여 문제의 범위를 설정한다. 상황을 정확하게 평가함으로써 문제 해결을 위한 적절한 대책을 수립할 수 있다.

● **사례**

— **가정**: 자녀가 학교에 가기 싫다고 할 때, 단순히 아프다고 하는 것인지, 학교에서의 스트레스나 문제로 인한 것인지 명확하게 구별하고 판단하는 과정이 필요하다. 이를 통해 근본적인 원인(왕따, 학습 부담 등)을 파악하고 적절한 대처가 가능해진다.

— **학교**: 학업 부진 학생의 원인을 분석하는 과정에서, 단순히 성적 문제로 치부하지 않고 학생의 가정 환경, 학습 습관, 동기 부족 등의 요인을 종합적으로 파악하여 맞춤형 교육과 지원 프로그램을 제공한다.

— **비즈니스**: 매출 감소의 원인을 분석할 때, 단순히 시장 상황의 변화 때문인지, 마케팅 전략의 실패, 고객 서비스 문제, 신제품의 품질 문제 등 다양한 요소를 고려하여 매출 부진의 근본 원인을 파악한다.

— **의료 분야**: 환자의 증상만을 보고 판단하지 않고, 생활 습관, 유전 요인, 스트레스 상태 등 다양한 요소를 고려하여 질병의 근본 원인을 분석한다. 이를 통해 보다 정확한 진단과 개인 맞춤형 치료 계획을 세울 수 있다.

— **IT 및 기술 분야**: 서버 장애가 발생했을 때, 단순히 네트워크 문제인지, 소프트웨어 버그인지, 하드웨어 고장인지를 명확하게 구별하는 과정이다. 문제를 단계별로 분석하고, 각 단계에서 원인을 추적하여 최적의 해결책을 도출한다.

— **사회 문제**: 도시 교통 체증 문제를 분석할 때, 도로의 물리적 한계뿐만 아니라 대중교통 시스템의 부족, 교통 정책의 미비, 시민의 차량 의존도 등 다양한 요인을 고려하여 근본적 해결책을 찾는다.

결론적으로 문제 인식 능력은 단순히 문제를 발견하는 것에 그치지 않고, 문제의 본질을 파악하고 이를 통해 구체적이고 실질적인 해결책을 도출하는 데 중요한 역할을 한다. 이 능력은 개인의 삶은 물론, 비즈니스, 의료, 공학, 사회 문제 해결 등 다양한 분야에서 필수적인 역량이다. 문제를 정확히 인식하고 정의하는 과정이 없으면, 비효율적인 해결책에 의존하거나 문제 해결의 방향을 잃을 가능성이 높아진다. 따라서, 문제 인식 능력은 창의적인 문제 해결을 위한 핵심 요소로 자리잡고 있다.

⑰ 패턴 인식(Pattern Recognition) 패턴 인식은 문제의 공통 요소와 규칙을 발견하여 문제 해결에 활용하는 능력이다. 복잡해 보이는 문제 속에서도 반복적으로 나타나는 특성이나 규칙성을 파악하고, 이를 체계화하여 효율적인 해결책을 도출하는 과정이다. 이는 문제 해결뿐만 아니라 새로운 상황에 빠르게 적응하고, 과거의 경험을 활용하여 미래의 문제를 예측하는 데에도 중요한 역할을 한다. 패턴 인식은 데이터 분석, 소프트웨어 개발, 교육 등 다양한 분야에서 활용되며, 효율성과 정확성을 높이는 핵심 기술 중 하나로 자리잡고 있다.

- **정의**: 문제의 공통 요소와 반복적인 규칙을 찾아내어, 이를 기반으로 문제 해결 전략을 수립하는 사고 능력이다. 데이터나 현상에서 나타나는 패턴을 식별하고 이를 통해 새로운 문제에 대한 해결책을 도출하는 과정에 해당한다. 복잡한 문제를 반복되는 특징과 규칙성을 분석하여 단순화하고, 효율적인 접근 방식을 설계하는 것이 목표이다. 과거의 경험을 기반으로 미래를 예측하거나, 유사한 상황에서의 문제 해결에 재활용할 수 있다.
- **주요 특징**
  - **규칙 발견**: 데이터에서 반복적으로 나타나는 패턴이나 규칙을 찾아내어, 이를 통해 문제를 해결하거나 새로운 방안을 도출하는 과정이다. 패턴을 찾음으로써 복잡한 데이터를 단순화하고 문제의 본질을 파악하는 데 도움을 준다.
  - **유형화**: 복잡한 문제를 유사한 특징에 따라 분류하고, 이를 간단한 패턴으로 정리하여 해결책을 구조화한다. 패턴을 기반으로 문제를 분류하고, 비슷한 문제를 해결하는데 동일한 접근 방식을 적용한다.
  - **문제 간 연결성 이해**: 여러 문제들 사이에서 유사성을 분석하여, 서로 다른 문제라도 공통된 해결책을 도출하는 데 활용한다. 이는 기존에 해결한 문제의 패턴을 활용

해 새로운 문제에 적용하는 것을 의미한다.

- **사례**
  - **교육**: 학생들의 시험 결과에서 반복적으로 낮은 점수를 기록하는 학습 취약 영역을 분석하여, 해당 부분을 강화하는 맞춤형 학습 계획을 수립한다. 예를 들어, 수학 시험에서 반복적으로 실수하는 유형을 찾아 해당 영역을 집중 학습하도록 유도한다.
  - **기술 개발**: 소프트웨어 개발에서 코드 내에서 반복적으로 발생하는 버그 패턴을 분석하고, 이를 자동으로 수정하는 시스템을 개발하여 효율성을 극대화한다. 예를 들어, 특정 코드 패턴에서 발생하는 오류를 자동으로 감지하고 수정하는 프로그램을 설계하여 개발 속도를 향상시킨다.
  - **비즈니스**: 고객의 구매 데이터를 분석해 반복적으로 나타나는 소비 패턴을 파악하고, 이를 바탕으로 고객 맞춤형 마케팅 전략을 수립하거나, 재고 관리를 최적화하는 데 활용한다.
  - **의료**: 환자의 병력 데이터에서 반복적으로 나타나는 증상 패턴을 분석하여, 특정 질환을 조기에 발견하고 예방한다. 예를 들어, 고혈압 환자의 생활 습관 데이터에서 공통된 패턴을 찾아 조기 치료를 유도한다.
  - **교통**: 교통 체증 데이터에서 반복적으로 문제가 되는 구간을 분석하고, 해당 구간의 신호 체계 조정 및 우회 도로를 설계한다.
  - **자연재해 예측**: 과거 기상 데이터에서 반복되는 패턴을 분석하여, 특정 지역에서 발생할 가능성이 높은 자연재해를 예측하고 대비한다.
  - **스포츠 분석**: 스포츠 경기에서 상대 팀의 반복적인 전략 패턴을 분석하고, 이를 기반으로 대응 전략을 수립한다.
  - **음악 및 예술**: 음악에서 반복적으로 나타나는 리듬이나 멜로디 패턴을 분석하여, 새로운 곡을 작곡하거나 기존 곡을 변형하는 데 활용한다.

결론적으로 패턴 인식 능력은 복잡한 문제 속에서 반복적으로 나타나는 규칙을 찾아내어 이를 문제 해결에 활용하는 중요한 사고 방식이다. 이는 단순한 문제 해결을 넘어서, 새로운 문제에 빠르게 적용하고 창의적인 해결책을 모색하는 데에도 중요한 역할을 한다. 패턴을 인식하고 활용하는 능력은 미래 예측, 시스템 자동화, 효율성 극대화 등 다양한 분야에서 필수적인 역량이며, 이를 통해 문제를 보다 구조적으로 해결하고 지속 가능한 발전을 도모할 수 있다.

⑱ 논리적 사고력(Logical Thinking)   논리적 사고력은 문제를 해결하고 의사 결정을 내릴 때 감정에 의존하지 않고, 이성적이고 체계적으로 접근하는 능력을 의미한다. 이는 사실과 데이터를 기반으로 문제를 분석하고, 원인과 결과의 인과 관계를 명확하게 파악하여 합리적인 결론을 도출하는 과정이다. 논리적 사고력은 일상적인 문제 해결뿐만 아니라 학문, 비즈니스, 과학 기술 분야에서도 필수적인 사고 방식으로, 복잡한 문제를 단계별로 분석하고 구조화하여 보다 효율적이고 신뢰할 수 있는 해결책을 찾는 데 도움이 된다.

- **정의**: 문제를 해결하기 위해 감정적 요소를 배제하고, 사실과 논리에 기반하여 사고하는 능력이다. 주어진 정보를 분석하고, 원인과 결과의 인과 관계를 명확하게 규명하여 합리적이고 타당한 결론을 도출하는 과정이다. 논리적 사고는 불확실한 상황에서도 데이터와 증거를 통해 객관적인 결론을 내리는 데 집중한다. 다양한 가능성을 고려하고, 각 상황에서 발생할 수 있는 결과를 비교 분석하여 최적의 해결책을 찾는 과정이 포함된다.
- **주요 특징**
  - **사실 기반 분석**: 감정이나 주관적인 편견을 배제하고 객관적 사실과 데이터를 기반으로 문제를 분석하고 평가한다. 의사 결정에서 증거와 논리적 근거가 핵심이 되며, 결론이 명확하고 일관성 있는 방식으로 도출된다.
  - **체계적인 사고**: 복잡한 문제를 단계별로 나누어 접근하고, 각 단계에서 논리적으로 생각하여 문제를 해결한다. 문제를 구조화하고, 분석한 정보를 바탕으로 점진적으로 결론에 도달하는 방식이다.
  - **결론 도출 능력**: 모든 가능한 상황을 고려하고, 각 상황에서 발생할 수 있는 결과를 비교 분석하여 최적의 결론을 도출한다. 논리적 사고는 결론에 도달하는 과정에서 비효율적인 방법을 배제하고, 가장 합리적인 방법을 선택하는 데 도움을 준다.
- **사례**
  - **솔로몬의 지혜**: 고대 이스라엘의 왕 솔로몬이 진짜 어머니를 판별하기 위해 두 여인의 반응을 분석한 사건이 대표적이다. 솔로몬은 아이를 절반으로 나누자는 극단적

인 방법을 제시하여, 진짜 어머니의 반응에서 논리적으로 결론을 도출했다.

— **코딩 문제 해결**: 프로그래밍에서 코드 오류(버그)를 수정하는 과정에서 논리적으로 원인을 찾아 디버깅한다. 코드 실행 결과를 분석하고, 어떤 부분에서 문제가 발생했는지 논리적으로 추적하여 오류를 해결한다.

— **비즈니스 의사 결정**: 새로운 프로젝트를 진행할 때, 시장 데이터와 고객 피드백을 분석하여 논리적으로 의사 결정을 내림으로써 성공 가능성을 높인다.

— **과학 실험**: 과학 실험에서 결과를 분석하고 가설을 검증하는 과정에서 논리적 사고를 적용하여 원인을 규명하고 결론을 도출한다.

— **법률 및 재판**: 재판에서 증거와 증언을 논리적으로 분석하고, 사건의 인과 관계를 파악하여 판결을 내리는 과정에서 논리적 사고가 필수적이다.

— **토론 및 논쟁**: 토론에서 상대방의 주장을 논리적으로 분석하고, 반박할 수 있는 근거를 마련하여 설득력 있는 주장을 펼친다.

— **교육**: 학생들이 문제를 단계별로 해결할 수 있도록 유도하는 수학 문제 풀이 및 논술 교육에서 논리적 사고력을 강화한다.

— **프로젝트 관리**: 프로젝트 진행 시 리스크를 분석하고, 논리적으로 프로젝트 계획을 수립하여 효율적으로 진행한다.

— **의료 진단**: 의사가 환자의 증상과 검사 결과를 논리적으로 분석하여 진단을 내리고, 치료 방안을 설계한다.

— **게임 전략 수립**: 체스와 같은 전략 게임에서 상대방의 움직임을 분석하고, 다음 수를 예측하는 과정에서 논리적 사고가 중요하다.

결론적으로 논리적 사고력은 문제를 분석하고 해결하는 과정에서 필수적인 사고 방식으로, 이를 통해 객관적이고 체계적으로 문제를 해결하고, 보다 신뢰할 수 있는 결론에 도달할 수 있다. 비즈니스, 과학, 교육 등 다양한 분야에서 효율적이고 합리적인 의사 결정을 내리는 데 중요한 역할을 하며, 복잡한 문제를 해결하고 새로운 기회를 창출하는 데 있어 필수적인 역량으로 평가된다.

⑲ 계산 능력(Calculation Ability) 계산 능력은 문제를 해결하기 위해 수식을 세우고 이를 통해 정확한 결과를 도출하는 사고 방식이다. 현대 사회에서는 방대한

데이터와 복잡한 문제를 수치적으로 분석하고 처리하는 능력이 필수적이다. 계산 능력은 단순한 덧셈과 뺄셈에서부터 고급 수학, 통계, 알고리즘 설계에 이르기까지 다양한 분야에서 활용된다. 이 능력은 경제, 과학, 기술 등 모든 영역에서 문제 해결의 기본이 되며, 정확하고 효율적인 의사 결정을 가능하게 한다.

- **정의**: 계산 능력은 문제를 수학적 방식으로 접근하여 논리적인 결과를 얻는 능력이다. 이를 통해 복잡한 문제를 해결하고 데이터 기반의 의사 결정을 내릴 수 있다. 계산은 단순한 숫자 연산을 넘어, 알고리즘을 설계하고, 모델을 개발하며, 다양한 수치적 분석을 수행하는 데 중요한 역할을 한다.
- **주요 특징**
  - **수리적 사고**: 논리적이고 체계적인 방법으로 문제를 분석하고 해결하는 과정이다. 수식을 활용하여 문제를 해결하는 방식이 포함된다.
  - **정확한 결과 도출**: 정확성은 계산 능력의 핵심 요소이다. 수학적 접근을 통해 오류 없는 해법을 도출하고, 복잡한 문제에서도 명확하고 신뢰할 수 있는 결과를 제공한다.
  - **수식 활용 능력**: 문제를 수식으로 표현하고 이를 분석하여 해결책을 찾는다. 다양한 데이터를 수식으로 모델링하여 패턴을 도출하거나 미래를 예측하는 데 사용된다.
  - **논리적 단계 설정**: 문제를 단계별로 나누고 각 단계에서 필요한 계산을 수행하여 최종 결론에 도달한다. 이를 통해 복잡한 문제를 보다 체계적으로 접근할 수 있다.
- **사례**
  - **비즈니스 예산 관리**: 기업은 월별 지출과 수익을 계산하여 재정 상태를 분석하고, 이를 기반으로 최적의 예산 계획을 수립한다. 이를 통해 재무 상황을 예측하고 필요 자원을 효율적으로 분배한다.
  - **학교 수업**: 학생의 수와 교실 좌석 배치를 계산하여 효율적인 공간 활용을 계획한다. 예를 들어, 학급별 학생 수를 고려해 필요한 교실 수를 산출하고, 시험 점수 데이터를 분석해 성적 분포를 계산한다.
  - **과학 연구**: 물리, 화학 등 과학 분야에서는 다양한 실험 데이터를 수치적으로 분석하고, 이를 통해 연구 결과를 도출한다. 실험의 정확성을 높이고, 데이터 분석을 통해 새로운 발견을 가능하게 한다.
  - **공학 설계**: 건축 설계에서 구조물의 하중을 계산하거나, 기계 설계에서 부품의 크기

와 무게를 수학적으로 분석한다. 이를 통해 안전하고 효율적인 설계가 이루어진다.

— **AI 및 데이터 분석**: 인공지능 모델은 수치 데이터를 기반으로 학습하고, 예측 모델을 구축하는 데 계산 능력이 필수적이다. 데이터 분석가는 방대한 데이터를 처리하고, 통계적 방법을 활용하여 의미 있는 결과를 도출한다.

결론적으로 계산 능력은 현대 사회에서 필수적인 사고 능력으로, 다양한 분야에서 문제 해결과 의사 결정을 지원한다. 특히 데이터 중심의 사회에서는 수치 데이터를 정확하게 분석하고, 이를 기반으로 논리적인 결론을 도출하는 능력이 요구된다. 계산 능력을 통해 복잡한 문제를 해결하고, 효율적이고 신뢰할 수 있는 결과를 얻을 수 있다.

㉔ 공간지각 능력(Space Perception Ability) 공간지각 능력은 3차원의 공간을 이해하고 인지하는 능력으로, 물체와 환경의 관계를 시각적으로 파악하는 데 중요한 역할을 한다. 이 능력은 설계, 건축, 예술, 그리고 일상적인 활동에서 필수적이다. 사람은 공간지각을 통해 사물의 위치와 관계를 파악하고, 효율적인 공간 활용과 문제 해결을 가능하게 한다.

- **정의**: 공간지각 능력은 입체적이고 복잡한 공간의 구조를 인식하고 이를 논리적으로 이해하는 능력이다. 물체의 크기, 거리, 위치 관계를 정확하게 판단하여 문제를 해결하는 데 활용된다. 이는 단순한 2차원의 이미지나 도형을 넘어서, 현실 세계의 입체적인 배치와 배열을 상상하고 구상하는 데 사용된다.
- **주요 특징**
  - **3D 사고**: 2차원의 이미지를 바탕으로 3차원의 구조를 상상하고 구체화할 수 있다. 예를 들어, 건축 설계에서 도면을 보고 완성된 건축물을 머릿속에 그릴 수 있는 능력이 이에 해당한다.
  - **관계 인식**: 사물 간의 거리와 위치, 방향 등을 정확하게 파악하여 주변 환경을 입체적으로 이해한다. 이는 퍼즐을 맞추거나 지도를 읽는 데 중요한 역할을 한다.
  - **공간 최적화**: 주어진 공간을 가장 효율적으로 배치하고 활용하는 능력이다. 공간을 나누거나 물체를 배열하는 과정에서 최대한의 효율성을 끌어내기 위한 사고 방식이다.

- **사례**
  - **건축 설계**: 건축 도면을 보고 3차원의 완성된 건축물을 상상하고 설계하는 능력. 예를 들어, 건축가는 공간을 효율적으로 활용하기 위해 구조물의 위치를 정하고, 공간의 활용도를 극대화한다.
  - **포장 기술**: 제품이나 물건을 상자에 최대한 효율적으로 배치하는 기술. 이는 물류 및 배송 과정에서 공간 절약과 비용 절감을 위해 필수적이다.
  - **퍼즐 조립**: 복잡한 퍼즐을 조립하는 과정에서 조각의 형태와 맞물리는 방식을 빠르게 이해하고 완성하는 능력이다.
  - **인테리어 디자인**: 실내 공간의 가구 및 소품 배치를 계획하고, 공간을 효율적으로 사용하는 방식을 설계하는 활동이다.
  - **로봇 경로 설계**: 로봇이 장애물을 피해 효율적으로 이동할 수 있도록 경로를 설계하는 작업으로, 공간지각 능력이 필수적이다.

결론적으로 공간지각 능력은 일상생활부터 전문적인 분야까지 다양한 영역에서 중요한 역할을 한다. 이를 통해 우리는 복잡한 문제를 해결하고, 효율적인 공간 활용을 통해 삶의 질을 향상시킬 수 있다. 특히 건축, 디자인, 공학 등에서 공간지각 능력은 창의성과 문제 해결 능력을 극대화하는 중요한 요소로 작용한다.

㉑ 창의적 사고력(Creative Thinking) 창의적 사고력은 기존의 틀을 벗어나 새로운 시각에서 문제를 바라보고 해결책을 도출하는 능력이다. 이 능력은 혁신과 발전의 핵심 동력으로 작용하며, 문제 해결에 있어 유연성과 독창성을 요구한다. 창의적 사고를 통해 다양한 가능성을 탐구하고, 실패를 두려워하지 않으며, 기존 아이디어를 융합해 새로운 결과물을 만들어낸다.

- **정의**: 창의적 사고력은 문제를 해결하거나 새로운 가치를 창출하기 위해 기존의 방법과는 다른 독창적인 아이디어를 제시하는 능력이다. 혁신적인 관점에서 문제를 분석하고, 다양한 해결책을 탐구하며, 기존의 방식에서 벗어난 새로운 방식으로 접근하는 사고 방식이다.
- **주요 특징**

- **유연한 사고**: 문제를 여러 각도에서 바라보며 다양한 해결책을 모색한다. 특정한 틀에 얽매이지 않고 자유롭게 사고하여 창의적인 아이디어를 발굴한다.
- **혁신적 발상**: 기존의 문제 해결 방식에서 벗어나 독창적이고 새로운 방법을 찾아낸다. 이를 통해 기술, 제품, 시스템 등에 혁신을 일으킨다.
- **실험과 탐구**: 다양한 가능성을 탐구하고, 시행착오를 거쳐 새로운 해결책을 발견한다. 실패를 두려워하지 않고 지속적인 도전을 통해 발전한다.
- **비판적 결합**: 서로 다른 아이디어와 기존의 개념을 융합하여 새로운 해결책이나 제품을 만들어낸다. 기존 지식을 활용하면서도 새로운 방식으로 결합하는 과정에서 창의성이 발휘된다.

- **사례**
  - **디자인 싱킹**: 사용자의 필요를 기반으로 창의적인 해결책을 설계하는 과정. 예를 들어, 고객의 피드백을 반영하여 제품을 개선하거나 새로운 서비스 디자인을 구상하는 방식이다.
  - **예술과 기술 융합**: 인공지능(AI)을 이용해 독창적인 예술 작품을 창작하거나, 새로운 형태의 시각 및 청각 예술을 구현하는 사례이다.
  - **제품 개발**: 기존 제품을 개선하거나 전혀 새로운 제품을 출시하는 경우. 예를 들어, 스마트폰의 터치 기술, 음성 인식 기술 등은 창의적 사고의 결과물이다.
  - **과학적 발명**: 기존의 기술을 개선하거나 새로운 기술을 발명하여 환경 문제를 해결하거나 생활을 편리하게 만든다. 예를 들어, 태양광 패널의 디자인 개선, 신소재 개발 등이 있다.

결론적으로 창의적 사고력은 개인의 삶은 물론 기업과 사회 전반의 발전에 필수적인 요소다. 이를 통해 우리는 새로운 문제를 해결하고, 기존의 한계를 뛰어넘는 혁신을 이룰 수 있다. 창의적 사고는 미래 사회에서 더욱 중요하게 평가되며, 지속 가능한 발전과 경쟁력 강화를 위한 핵심 역량으로 자리잡는다.

22 협력적 사고력(Collaborative Thinking) 협력적 사고력은 다양한 사람들과 협력하여 문제를 해결하고 목표를 달성하는 능력이다. 현대 사회에서는 복잡한 문제를 해결하기 위해 여러 분야의 전문가들이 협력하는 경우가 많다. 각자의 지식과 기

술을 결합하여 새로운 해결책을 도출하고, 이를 통해 더 나은 결과를 만들어낸다. 협력적 사고력은 팀워크와 의사소통을 기반으로 하며, 개개인의 역량을 최대한 발휘할 수 있는 환경을 조성한다.

- **정의**: 협력적 사고력은 개인이 아닌 여러 사람이 협력하여 문제를 해결하는 과정에서 발휘되는 능력이다. 서로 다른 관점과 기술을 융합하여 보다 창의적이고 효과적인 해결책을 도출한다. 각자의 역할을 명확히 하고, 팀워크를 통해 효율적으로 문제를 해결하는 방식이다.
- **주요 특징**
  - **다양한 관점 수용**: 팀원들의 다양한 의견과 관점을 경청하고 결합하여 문제를 다각도로 분석한다. 이를 통해 혼자서는 발견하지 못한 해결책을 찾을 수 있다.
  - **역할 분담과 협업**: 개인의 강점을 활용하여 팀 내에서 각자의 역할을 나누고, 효율적으로 협력하여 목표를 달성한다.
  - **소통 중심 해결**: 효율적인 의사소통을 통해 문제를 명확히 정의하고, 신속하게 해결책을 모색한다. 명확한 소통은 팀워크의 핵심 요소다.
  - **팀 시너지 효과**: 개인이 해결하기 어려운 문제도 협력을 통해 해결 가능하다. 각자의 지식과 기술이 결합되어 더 나은 결과를 만들어낸다.
- **사례**
  - **소프트웨어 개발**: 애자일 방법론을 기반으로 한 팀 프로젝트에서 개발자들이 협력하여 소프트웨어를 개발하는 과정과 같은 예가 해당한다.
  - **디자인 싱킹 워크숍**: 다양한 분야의 전문가들이 모여 특정 문제를 해결하기 위한 창의적 아이디어를 도출하는 활동이 포함된다.
  - **과학 연구 협력**: 신약 개발이나 환경 문제 해결을 위해 여러 전문가들이 협력하여 연구를 수행하는 사례에 해당한다.
  - **학교 프로젝트**: 학생들이 팀을 이루어 각자의 역할을 맡아 프로젝트를 진행하고 공동의 과제를 완성하는 경우이다.

결론적으로 협력적 사고력은 개인의 역량을 넘어서 집단의 지혜를 활용하는 강력한 도구다. 이를 통해 우리는 복잡한 문제를 보다 효율적으로 해결할 수 있으며, 협업을 통해 더 나은 결과를 만들어낼 수 있다. 협력적 사고력은 기업, 학교, 연구 등 다양한 분야에서 핵심 역량으로 요구되며, 미래 사회에서 더욱 중요하게 여겨질 것이다.

㉓ 상호작용적 사고력(Interactive Thinking) 상호작용적 사고력은 인간과 시스템, 또는 사용자와 기술 간의 상호작용을 통해 문제를 해결하고, 지속적으로 개선하는 능력이다. 현대 사회에서는 기술의 발전으로 인간과 컴퓨터 간의 상호작용이 더욱 중요해졌으며, 효율적인 인터페이스 설계와 피드백 시스템이 필수 요소로 자리잡고 있다. 상호작용적 사고력은 시스템이 사용자의 요구를 실시간으로 반영하고, 이를 통해 사용자 경험을 향상시키는 데 중점을 둔다.

- **정의**: 상호작용적 사고력은 인간과 시스템 간의 상호작용을 강화하고, 지속적인 피드백을 통해 시스템을 개선하는 사고 과정이다. 사용자의 행동에 즉각적으로 반응하고, 이를 바탕으로 시스템이 진화하는 방식으로 문제를 해결한다.
- **주요 특징**
  - **실시간 피드백**: 사용자의 입력에 즉시 반응하여 시스템이 결과를 제공하고, 끊임없이 상호작용을 반복한다.
  - **사용자 중심 설계**: 사용자의 요구와 편의성을 최우선으로 고려하여 시스템이 설계되고 발전한다.
  - **지속적 학습과 개선**: 시스템이 반복적인 상호작용을 통해 데이터와 패턴을 학습하여 더 나은 결과를 도출한다.
  - **적응형 인터페이스**: 상황에 따라 인터페이스가 변화하고, 사용자 환경에 맞춰 최적화된다.
- **사례**
  - **음성 인식 시스템**: 사용자의 음성 명령을 학습하고, 명령 수행 정확도가 시간이 지남에 따라 향상된다.(예: Siri, Google Assistant)
  - **스마트폰 터치스크린 UI**: 사용자가 터치하는 위치와 패턴에 따라 시스템이 즉시 반응하고, 인터페이스가 사용자 편의에 맞게 조정된다
  - **스마트홈 시스템**: 사용자가 명령을 내리면 조명, 난방, 가전제품 등이 실시간으로

반응하고, 사용자의 생활 패턴에 맞춰 자동으로 조절된다.

— **온라인 교육 플랫폼**: 학생의 학습 진행 상황에 따라 맞춤형 콘텐츠를 제공하고, 상호작용을 통해 학습 효과를 극대화하는 방식이다.

결론적으로 상호작용적 사고력은 사용자와 시스템 간의 긴밀한 협력과 피드백을 통해 문제를 해결하고, 사용자 경험을 극대화하는 데 중요한 역할을 한다. 다양한 산업 분야에서 상호작용적 사고력을 활용해 사용자와 기술이 조화롭게 발전하고 있으며, 미래에는 더욱 진화된 형태로 인간의 삶을 편리하게 할 것이다.

㉔ 탐색적 사고력(Exploratory Thinking) 탐색적 사고력은 다양한 접근 방식을 시도하고 실험하며 최적의 해결책을 찾아내는 능력이다. 복잡하고 예측하기 어려운 문제 상황에서 탐색은 새로운 아이디어와 가능성을 열어주는 중요한 역할을 한다. 이는 시행착오와 반복적인 학습을 통해 점진적으로 문제를 해결해 나가는 과정이다. 결과를 정확하게 예측할 수 없을 때 탐색적 사고는 문제의 범위를 확장하고, 새로운 시각으로 문제를 바라볼 수 있게 한다.

- **정의**: 탐색적 사고력은 다양한 해결 방식을 실험하고 분석하여 최적의 해결책을 찾아가는 사고 과정이다. 단순히 기존의 방식에 의존하지 않고, 창의적으로 새로운 접근법을 모색하며 문제 해결 능력을 향상시킨다. 예상치 못한 결과를 받아들이고 이를 발전의 기회로 삼는 것이 탐색적 사고의 핵심이다.
- **주요 특징**
  - **창의적 시도와 실패의 학습**: 여러 가지 방법을 시도하고 그 과정에서 발생하는 실패를 분석하여 학습한다. 실패는 새로운 통찰을 제공하며, 이를 통해 점진적인 발전이 이루어진다.
  - **최적해 탐색**: 알고리즘을 통해 다양한 경로를 탐색하거나, 여러 가지 방법을 실험하며 최적의 해결 방안을 찾는다. 데이터 분석, 프로그래밍, 문제 해결 등 다양한 분야에서 사용된다.
  - **문제 범위 확장**: 초기에는 문제의 범위가 제한적이지만, 탐색적 사고를 통해 점진적으로 조건을 확장하여 더 넓은 범위에서 문제를 해결할 수 있는 방법을 찾는다.

- **사례**
  - **AI 탐색 알고리즘**: 인공지능이 미로에서 출구를 찾거나 경로 탐색 문제를 해결하는 방식이 대표적인 사례다. AI는 다양한 경로를 시도하며 최단 거리를 찾아낸다.
  - **게임 디자인**: 게임 개발자는 여러 스토리 라인을 설계하고 사용자 테스트를 통해 어떤 방식이 가장 흥미롭고 효율적인지 탐색한다. 이를 통해 최적의 스토리와 게임 구조가 완성된다.
  - **과학 연구**: 새로운 물질이나 기술을 탐색하는 과정에서 다양한 실험을 진행하며, 최적의 결과를 찾기 위해 여러 번의 시행착오를 거친다.
  - **비즈니스 전략 수립**: 새로운 시장 진입이나 제품 개발에서 다양한 전략을 실험하며 시장의 반응을 탐색하고 분석해 최적의 전략을 수립한다.

결론적으로 탐색적 사고력은 단순히 정해진 방법을 따르는 것에서 벗어나, 문제를 다각도로 분석하고 새로운 방법을 시도하는 과정에서 진가를 발휘한다. 이는 특히 빠르게 변화하는 현대 사회에서 필수적인 능력으로, 개인과 조직이 성장하고 발전하는 데 중요한 역할을 한다.

㉕ 통합적 사고력(Integrated Thinking)　　통합적 사고력은 다양한 분야의 지식과 경험을 결합하여 문제를 종합적으로 해결하는 사고 능력이다. 현대 사회에서는 복합적이고 다차원적인 문제가 빈번하게 발생한다. 이를 해결하기 위해서는 특정 분야에 국한되지 않고 다양한 영역의 지식과 아이디어를 융합하는 것이 필수적이다. 통합적 사고력은 다학제적 접근을 통해 문제를 시스템적으로 이해하고 창의적인 해결책을 도출하는 데 중요한 역할을 한다.

- **정의**: 통합적 사고력은 여러 학문 분야와 기술을 결합하여 복잡한 문제를 해결하는 능력이다. 서로 다른 관점과 아이디어를 조합함으로써 새로운 가치를 창출하고, 다양한 방식으로 문제를 바라보며 창의적인 해법을 찾아낸다.
- **주요 특징**
  - **다학제적 접근**: 다양한 학문과 분야의 지식을 결합하여 문제에 접근한다. 이를 통해 각 분야의 장점을 최대한 활용할 수 있다.

— **전체적 시각**: 문제를 전체 시스템 관점에서 분석하고, 세부적인 요소뿐만 아니라 문제의 맥락과 구조를 함께 고려한다.

— **창의적 결합**: 이질적인 요소를 조합하여 새로운 가치를 창출한다. 기술과 예술, 과학과 인문학 등 서로 다른 영역의 융합을 통해 독창적인 결과를 도출한다.

— **유연성**: 다양한 분야의 지식을 활용하여 여러 방식으로 문제를 해결한다. 기존의 틀을 넘어 새로운 해결책을 모색하고 실현한다.

• **사례**

— **스마트 농업**: IT 기술, 센서 데이터, 환경 과학을 융합하여 농업 생산성과 효율성을 향상시키는 시스템을 개발한다.

— **스마트 시티**: 도시계획, 환경 기술, IoT(사물인터넷)를 결합해 효율적이고 지속 가능한 도시 관리 시스템을 설계한다.

— **의료 AI 시스템**: 의료 지식과 인공지능 기술을 융합해 질병 진단의 정확도를 향상시키는 의료 AI를 개발한다.

— **융합 교육**: 과학과 예술을 결합하여 학생들이 창의적인 사고를 바탕으로 학습할 수 있는 프로그램 설계한다. 예를 들어, 과학적 원리를 예술적 스토리텔링 방식으로 설명하는 학습 프로그램 등을 설계한다.

결론적으로 통합적 사고력은 학문, 기술, 예술 등 다양한 영역을 아우르며 현대 사회에서 필수적인 역량으로 자리잡고 있다. 복합적인 문제를 효과적으로 해결하고, 혁신을 이끌어내는 데 중요한 역할을 한다.

㉖ 추론적 사고력(Inferential Thinking) 추론적 사고력은 기존의 정보와 패턴을 분석하여 새로운 결론을 도출하는 사고 방식이다. 문제를 해결하거나 미래를 예측하는 데 있어 과거의 데이터를 기반으로 논리적인 판단을 내리는 데 필수적인 능력이다. 추론적 사고력은 불확실한 상황에서도 근거와 경험을 바탕으로 정확한 결정을 내릴 수 있도록 돕는다. 이 능력은 데이터 분석, 기계 학습, 비즈니스 의사 결정 등 다양한 분야에서 중요한 역할을 한다.

• **정의**: 추론적 사고력은 관찰된 정보와 패턴을 분석하여 보이지 않는 인과관계를 밝혀

내고 새로운 결론을 도출하는 능력이다. 기존의 지식을 활용하여 논리적으로 문제를 해결하고, 원인과 결과의 관계를 분석하여 상황에 맞게 적용하는 데 사용된다.

- 주요 특징
  - 데이터 기반의 논리적 결론 도출: 수집된 데이터를 분석하고 패턴을 찾아 논리적으로 결론을 내린다. 이를 통해 객관적이고 신뢰할 수 있는 해결책을 마련한다.
  - 패턴과 경험을 활용한 예측: 과거의 경험과 패턴을 통해 미래의 상황을 예측하고 준비하는 데 활용한다. 예측 모델은 비즈니스와 과학 분야에서 특히 중요한 역할을 한다.
  - 비판적 분석과 근거 중심의 의사 결정: 감정이나 직관이 아닌 명확한 근거와 데이터를 바탕으로 비판적으로 문제를 분석하고 합리적인 결정을 내린다.
- 사례
  - 데이터 분석: 과거 판매 데이터를 분석해 향후 시장 수요를 예측하고, 이를 바탕으로 재고를 관리하거나 마케팅 전략을 수립한다.
  - 기계 학습: 학습된 데이터로 새로운 문제를 해결하는 데 사용된다. 예를 들어, AI 모델이 과거 고객의 행동 데이터를 바탕으로 추천 시스템을 개선한다.
  - 의료 진단 시스템: 환자의 의료 기록과 증상 데이터를 분석하여 질병을 조기 진단하고 치료 방안을 제시한다.
  - 비즈니스 의사 결정: 다양한 시장 데이터를 분석해 새로운 시장 진출 전략을 세우거나 기존 사업의 방향성을 조정한다.

결론적으로 추론적 사고력은 단순히 정보를 나열하는 것을 넘어, 데이터를 통해 숨겨진 의미를 발견하고 이를 통해 새로운 가치를 창출하는 능력이다. 현대 사회에서 데이터의 중요성이 커짐에 따라 추론적 사고력은 모든 분야에서 핵심 역량으로 자리잡고 있다. 비즈니스, 과학, 교육, 의료 등 다양한 영역에서 논리적이고 체계적인 의사 결정을 내리는 데 중요한 역할을 하며, 복잡한 문제를 해결하는 데 있어 필수적인 사고 능력으로 평가된다.

㉗ 계층적 사고력(Hierarchical Thinking) 계층적 사고력은 문제를 단계적으로 나누고 구조화하여 해결하는 능력이다. 복잡한 문제를 상위에서 하위로 나누어 각각의 부분을 분석하고, 이를 통해 전체적인 해결책을 도출한다. 계층적 사고는 큰 시

스템을 여러 부분으로 쪼개어 효율적으로 관리하고, 각 단계별로 최적의 방법을 찾아가는 방식으로 진행된다.

- **정의**: 계층적 사고력은 문제나 시스템을 단계적으로 분석하고, 각 부분을 체계적으로 나누어 해결하는 사고 과정이다. 복잡한 문제를 상위 개념과 하위 요소로 구분하여 논리적으로 접근하고, 이를 통해 체계적인 해결책을 설계하는 데 사용된다.
- **주요 특징**
  - **문제의 구조화**: 문제를 상위 목표와 하위 단계로 나누어 체계적으로 구분하고 분석한다. 이를 통해 문제의 전체적인 흐름을 파악하고 해결의 방향을 명확하게 한다.
  - **우선순위 설정**: 각 요소의 중요도와 긴급성에 따라 우선순위를 결정하고, 중요한 부분부터 해결해 나간다.
  - **논리적 흐름**: 문제를 단계별로 해결하는 방안을 설계하여 일관된 논리적 흐름을 유지한다. 각 단계에서의 해결책이 다음 단계로 이어질 수 있도록 구성한다.
  - **모듈화 접근**: 복잡한 시스템이나 문제를 여러 개의 모듈로 나누어 각각 독립적으로 해결하고, 이를 조합하여 전체적인 해결책을 도출한다.
- **사례**
  - **소프트웨어 개발**: 프로그램을 기능별로 나누어 설계하고, 상위 클래스와 하위 모듈을 계층적으로 구성하여 개발한다.
  - **문서 작성**: 글을 주제, 항목, 소제목 등으로 나누어 구조화된 방식으로 문서를 작성한다.
  - **프로젝트 관리**: 큰 프로젝트를 여러 단계로 나누어 상위 목표와 하위 작업으로 구분하여 실행한다. 이를 통해 효율적으로 프로젝트를 진행하고 관리할 수 있다.
  - **의사 결정 트리**: 선택지를 계층적으로 나누어 단계별로 최적의 결정을 도출한다.
  - **건축 설계**: 건축 설계에서 전체 구조를 먼저 설계하고, 각 층과 세부 공간을 단계별로 구체화하여 완성해 나간다.

결론적으로 계층적 사고력은 복잡한 문제를 구조적으로 파악하고 단계적으로 해결해 나가는 데 중요한 역할을 한다. 이 능력은 소프트웨어 개발, 프로젝트 관리, 문서 작성, 건축 설계 등 다양한 분야에서 활용되며, 체계적이고 논리적인 문제 해결을 가능하게 한다. 계층적 사고를 통해 우리는 복잡한 문제를 단순화하고, 각 단계별로 해결책을 마련함으로써 효율적이고 명확한 결과를 도출할 수 있다.

28 조건 분기 사고력(Conditional Thinking) 조건 분기 사고력은 주어진 조건에 따라 상황을 분류하고, 각 조건에 맞는 해결책이나 결과를 도출하는 사고 방식이다. "만약~이라면"과 같은 조건 논리를 활용하여 문제를 단계적으로 해결한다. 이는 복잡한 상황에서 다양한 가능성을 예측하고, 최적의 결정을 내리는 데 중요한 역할을 한다.

- **정의**: 조건 분기 사고력은 다양한 상황에서 발생할 수 있는 경우를 예측하고, 각 조건에 따라 논리적으로 다른 결정을 내리는 능력이다. 주어진 조건에 따라 실행 경로가 달라지는 프로세스를 설계하고, 상황에 따라 유연하게 대응하는 방식으로 문제를 해결한다.
- **주요 특징**
  - **조건 기반 의사 결정**: 상황별로 다른 조건을 설정하고, 해당 조건에 따라 논리적인 결정을 내린다. 이를 통해 복잡한 문제를 단계적으로 분석하고 해결한다.
  - **다중 경로 설계**: 다양한 조건을 고려하여 여러 개의 해결책이나 실행 경로를 마련한다. 문제의 흐름이 상황에 따라 변할 수 있도록 설계하여, 조건 변화에 따라 적절하게 대응할 수 있다.
  - **효율적 판단**: 복잡한 문제를 여러 조건으로 나누어 분석하고, 각 조건에 맞는 해결책을 독립적으로 도출한다. 이를 통해 시간과 자원을 효율적으로 활용할 수 있다.
  - **유연한 대응**: 변화하는 조건이나 환경에 맞춰 결과를 조정하고, 상황에 따라 다른 결론에 도달하도록 설계한다. 이러한 접근 방식은 문제 해결에서 예측 불가능한 요소에 효과적으로 대응할 수 있게 한다.
- **사례**
  - **프로그래밍의 if-else 문**: 프로그램에서 주어진 조건에 따라 서로 다른 명령을 실행한다. 예를 들어, 성적이 90점 이상이면 A, 80~89점이면 B를 부여하는 식으로 조건에 따라 결과가 달라진다.
  - **의료 진단 프로세스**: 특정 증상이 나타나면 해당 조건에 따라 진단 및 치료 경로를 다르게 설정한다. 예를 들어, 감기 증상이 나타나면 일반 진료, 고열과 기침이 동반

되면 정밀 검사를 진행하는 방식이다.

— **로봇 제어 시스템**: 로봇이 센서 값을 통해 특정 임계값을 초과하거나 미만일 때 다른 동작을 수행한다. 장애물이 감지되면 멈추거나 우회하고, 감지되지 않으면 계속 진행하는 방식이다.

— **비즈니스 의사 결정**: 판매량이 목표에 도달하면 보너스를 지급하고, 목표에 미달하면 재고 조정이나 마케팅 전략을 수정하는 등 상황에 따라 다른 의사 결정을 내린다.

— **교통 신호 시스템**: 교차로에서 차량의 수에 따라 신호등의 대기 시간을 조정하는 시스템으로, 차량이 많으면 신호 시간을 늘리고, 차량이 적으면 빨리 전환하여 교통 흐름을 원활하게 한다.

결론적으로 조건 분기 사고력은 다양한 상황에서 발생할 수 있는 가능성을 예측하고, 논리적으로 다른 경로를 설계하는 데 중요한 역할을 한다. 이 사고력은 프로그래밍, 의료, 비즈니스, 교통 등 다양한 분야에서 활용되며, 복잡하고 빠르게 변화하는 환경에서도 효율적으로 대응할 수 있도록 돕는다. 조건 분기 사고력을 통해 문제 해결의 유연성과 논리성이 극대화되며, 이를 통해 보다 정교하고 체계적인 결과를 도출할 수 있다.

㉙ 최적화 사고력(Optimization Thinking)   최적화 사고력은 주어진 자원, 시간, 조건 내에서 최상의 결과를 도출하는 사고 방식이다. 문제를 해결하는 과정에서 비효율적인 요소를 제거하고, 가능한 한 최대의 효율성을 추구하여 목표를 달성하는 방법을 설계한다. 이는 다양한 분야에서 성과를 극대화하거나 비용을 최소화하는 데 필수적인 사고 방식이다.

• **정의**: 최적화 사고력은 제한된 자원과 시간 안에서 가장 효율적인 해결책을 찾아내는 능력이다. 목표를 명확히 설정하고, 그 목표를 최대한 적은 비용과 노력으로 달성하는 데 초점을 맞춘다. 이를 통해 문제 해결 과정에서 낭비를 줄이고, 주어진 조건에서 최상의 결과를 이끌어낸다.

• **주요 특징**

문제 해결의 힘, 컴퓨팅 사고력

— **자원 효율화**: 시간, 비용, 에너지 등 다양한 자원을 절약하면서도 목표를 달성하는 방법을 찾는다. 이를 통해 생산성과 효율을 동시에 높인다.

— **목표 기반 접근**: 명확한 목표를 설정하고, 이를 최대화하거나 최소화하는 방향으로 문제를 해결한다.

— **반복적 개선**: 해결책을 반복적으로 평가하고 수정하여 더 나은 방안을 도출하는 과정을 거친다. 이를 통해 지속적으로 최적화된 결과를 얻는다.

— **다변수 고려**: 여러 조건과 제약을 동시에 분석하여, 다양한 변수들을 종합적으로 검토해 최적의 해결책을 찾는다.

• **사례**

— **경로 최적화**: 물류 및 택배 회사에서 배송 시간을 최소화하고 비용을 절감하기 위해 최단 경로를 찾는 알고리즘을 활용한다. 예를 들어, 택배 회사가 Dijkstra 알고리즘을 사용해 최적의 배송 경로를 설계하는 방식이 해당한다.

— **자원 관리**: 생산 공정에서 불필요한 낭비를 줄이고 효율을 극대화하는 시스템을 구축한다. 예를 들어, 공장에서 에너지 소비를 최소화하는 작업 흐름을 설계하는 경우가 이에 해당한다.

— **데이터 압축**: 대용량 데이터를 손실 없이 압축해 저장 공간을 절약하고 데이터 전송 속도를 향상시킨다.

— **AI 모델 학습**: 머신러닝에서 손실 함수를 최소화하여 가장 정확한 예측 모델을 만드는 과정을 포함한다.

— **스케줄링**: 주어진 시간 내에서 작업의 우선순위를 조정해 생산성과 효율을 극대화한다. 프로젝트 관리나 생산 공정에서 흔히 사용된다.

결론적으로, 최적화 사고력은 복잡한 문제를 단순화하고, 최소한의 자원으로 최대의 결과를 도출하는 데 필수적인 능력이다. 이는 비즈니스, 공학, 데이터 과학 등 다양한 분야에서 활용되며, 지속적인 성과 향상과 경쟁력 확보에 크게 기여한다. 최적화 사고력을 통해 우리는 더욱 효율적이고 생산적인 방식으로 문제를 해결하고, 보다 나은 결과를 얻을 수 있다.

㉚ 비판적 분석 사고력(Critical Analysis Thinking)   비판적 분석 사고력은 문제를

다각도로 분석하고 평가하여 가장 효과적인 해결책을 찾는 사고 방식이다. 이는 단순히 문제를 해결하는 데 그치지 않고, 문제의 본질을 파악하고 다양한 관점에서 검토하여 타당성과 효율성을 높이는 데 중점을 둔다. 이러한 사고력은 복잡한 문제를 체계적으로 접근하고 개선하는 데 필수적이다.

- **정의**: 비판적 분석 사고력은 문제를 다양한 시각에서 분석하고 평가하는 능력이다. 이를 통해 해결책의 타당성과 효율성을 검토하고, 최선의 방안을 찾는다. 문제를 해결하기 위해서는 단순한 분석을 넘어 가설을 세우고 검증하는 과정이 요구된다.
- **주요 특징**
  - **핵심 원인 분석**: 문제의 근본 원인을 찾아내어 표면적인 문제가 아닌 본질적인 문제를 해결한다. 이를 통해 장기적으로 효과적인 해결책을 마련할 수 있다.
  - **비효율 제거 및 최적화**: 문제 해결 과정에서 불필요하거나 비효율적인 요소를 식별하고 제거함으로써 최적의 결과를 도출한다.
  - **가설 설정 및 검증**: 문제를 해결하는 과정에서 가설을 세우고, 이를 지속적으로 검증하여 오류를 수정하고 개선한다.
- **사례**
  - **데이터 문제 진단**: 데이터 분석 과정에서 오류 데이터를 식별하고 수정하여 결과의 정확성을 높인다. 예를 들어, 데이터 중복이나 누락된 값을 찾아 정제하는 과정이 이에 해당한다.
  - **비즈니스 전략 평가**: 기업의 성과와 시장 환경을 분석하여 현재 전략의 문제점을 도출하고, 이를 바탕으로 새로운 개선안을 제시한다.
  - **의료 진단 및 치료 계획**: 환자의 증상과 진료 기록을 분석하여 정확한 진단을 내리고, 가장 적합한 치료 방안을 설계하는 과정이 비판적 분석 사고력의 예시이다.
  - **소프트웨어 디버깅**: 프로그램 오류를 분석하고 논리적 문제를 찾아 수정하여 시스템의 안정성을 높이는 작업을 포함한다.

결론적으로, 비판적 분석 사고력은 문제의 본질을 파악하고 효과적인 해결책을 찾는 데 중요한 역할을 한다. 이 사고력은 단순한 문제 해결을 넘어, 지속적인 개선과 발전을 가능하게 하며, 다양한 분야에서 성과를 극대화하는 데 기여한다.

문제 해결의 힘, 컴퓨팅 사고력

비판적 분석 사고력을 통해 우리는 더욱 논리적이고 체계적인 방식으로 문제를 해결하고, 미래에 발생할 문제를 예방할 수 있다.

㉛ 메타인지적 사고력(Metacognitive Thinking) 메타인지적 사고력은 자신의 사고 과정과 학습 방법을 인식하고 조정하여 보다 효과적인 문제 해결을 도모하는 사고 방식이다. 문제 해결의 과정에서 자신의 실수나 비효율적인 부분을 찾아내고, 이를 개선하는 능력은 지속적인 발전을 가능하게 한다. 이 사고력은 학습이나 업무 수행에서 실패를 피하기보다는, 실패를 학습의 기회로 삼아 더 나은 결과를 창출하는 데 중점을 둔다.

- **정의**: 메타인지적 사고력은 자신의 학습 과정과 문제 해결 방식을 스스로 분석하고, 개선하기 위해 지속적으로 피드백을 적용하는 능력이다. 학습과 수행 과정에서 효과적인 전략을 찾아내고, 비효율적인 부분을 수정하며, 궁극적으로 자기 주도적인 발전을 이루는 것을 목표로 한다.
- **주요 특징**
  - **자기 주도적 학습과 성찰**: 학습이나 문제 해결 과정에서 자신의 사고를 되돌아보고, 개선점을 찾아 스스로 학습을 조정한다.
  - **문제 해결 전략의 점검과 수정**: 문제 해결 과정에서 사용한 방법을 검토하고, 더 효과적인 방안을 도출하기 위해 지속적으로 수정하고 보완한다.
  - **과정 중심의 피드백 적용**: 결과뿐만 아니라 과정 전반에 피드백을 적용하여 학습 효과를 극대화하고, 문제 해결 능력을 높인다.
- **사례**
  - **프로젝트 회고**: 프로젝트 완료 후 팀원들이 모여 작업 과정을 분석하고, 잘된 점과 문제점을 찾아 다음 프로젝트에 반영한다.
  - **학습 다이어리**: 학습 과정에서 어려웠던 부분과 성공적인 부분을 기록하고, 이를 통해 학습 전략을 개선한다.
  - **소프트웨어 디버깅**: 프로그램 개발 과정에서 발생한 오류를 분석하고 수정하며, 논리적 흐름을 개선해 프로그램의 안정성을 높인다.
  - **시험 결과 분석**: 시험 결과를 분석하고 오답 노트를 작성해 부족한 부분을 보완하

며, 이후 학습 방향을 수정하는 활동이 이에 해당한다.

결론적으로, 메타인지적 사고력은 학습 과정의 질을 높이고, 문제 해결 능력을 지속적으로 강화하는 데 중요한 역할을 한다. 이를 통해 개인은 스스로 학습을 조율하고 발전하며, 다양한 상황에서 더욱 유연하게 문제를 해결할 수 있는 역량을 기르게 된다.

㉜ 선형적 사고력(Linear Thinking) 선형적 사고력은 문제를 단계적으로 접근하여 순차적으로 해결해 나가는 사고 방식이다. 절차와 규칙을 기반으로 문제를 분석하고, 단계별로 계획을 수립하여 목표를 달성하는 과정에서 발휘된다. 이는 복잡한 문제를 단순화하고, 하나씩 해결해 나가는 데 효과적이다.

- **정의**: 문제를 단계별로 논리적 순서에 따라 해결하는 사고력이다. 절차적 프로세스를 기반으로 문제에 접근하는 방식이다.
- **주요 특징**
— **순차적 접근 방식**: 문제를 처음부터 끝까지 논리적인 흐름에 따라 해결한다.
— **단계별 목표 설정**: 각 단계별로 명확한 목표를 설정하고 점진적으로 해결해 나간다.
— **논리적 흐름**: 절차와 논리를 중시하며, 각 단계는 이전 단계의 결과를 바탕으로 다음 단계로 이어진다.
- **사례**
— **알고리즘 설계**: 문제를 단계별로 나누고, 각 단계에서 필요한 연산을 수행하여 최종 해결에 이른다.
— **조리법**: 요리를 완성하기 위해 재료 준비, 조리, 플레이팅과 같은 과정을 순차적으로 수행한다.
— **프로젝트 계획**: 대규모 프로젝트를 작은 단위로 나누고, 순차적으로 각 단계를 완료해 나가는 방식이다.
— **소프트웨어 개발**: 요구 사항 분석, 설계, 구현, 테스트 등 단계별 프로세스를 따라 소프트웨어를 개발한다.

문제 해결의 힘, 컴퓨팅 사고력

결론적으로 선형적 사고력은 체계적이고 논리적인 문제 해결을 가능하게 한다. 복잡한 문제를 작은 단계로 나누어 처리함으로써 오류를 줄이고, 효율적으로 목표를 달성할 수 있다. 이 사고력은 일상생활부터 전문 분야에 이르기까지 광범위하게 활용되며, 계획적이고 논리적인 접근이 필요한 모든 영역에서 필수적인 능력이다.

㉝ 비선형적 사고력(Non-Linear Thinking) 비선형적 사고력은 복잡하고 예측 불가능한 문제를 다양한 경로와 관점에서 접근하여 해결하는 사고 방식이다. 이는 단순히 A에서 B로 직선적으로 해결하는 방식이 아니라, 여러 갈래의 경로를 동시에 고려하고, 문제의 상호 연관성과 시스템적인 요소를 분석하여 해결책을 도출하는 것을 의미한다. 비선형적 사고는 창의성과 유연성을 요구하며, 특히 빠르게 변화하는 현대 사회에서는 필수적인 역량으로 자리잡고 있다. 우리가 일상에서 직면하는 많은 문제는 단순하지 않다. 비즈니스, 기술, 교육, 의료 등 다양한 분야에서 복합적인 문제는 비선형적 사고를 통해 더욱 효과적으로 해결될 수 있다. 여러 가지 요인을 고려해 병렬로 분석하고, 새로운 관계를 발견하는 과정에서 혁신적인 해결책이 도출된다.

- **정의**: 문제를 다양한 경로와 관계에서 분석하고 해결하는 사고력이다. 병렬적이고 비연속적인 사고 방식을 통해 다각도로 접근해 최적의 해결책을 도출한다. 복잡한 문제에 대해 창의적이고 시스템적으로 사고하여 전체적인 맥락을 고려하는 능력이다.
- **주요 특징**
  - **다중 경로 접근**: 문제를 해결할 때 하나의 정답이나 경로에 의존하지 않고, 여러 가지 가능성과 경로를 동시에 탐색한다. 이를 통해 복잡한 문제를 보다 빠르고 효율적으로 해결할 수 있다. 예를 들어, 제품 개발 과정에서 다양한 고객 요구 사항을 동시에 반영하여 다각도로 개선 방안을 마련하는 방식이 해당한다.
  - **창의적 문제 해결**: 비선형적 사고는 틀에 박힌 방식이 아닌, 기존에 없던 새로운 접근법을 도입하여 문제를 해결한다. 고정된 패턴에서 벗어나기 때문에 창의적이고 혁신적인 아이디어가 자주 등장한다. 이는 예술, 디자인, R&D(연구개발) 등에서 자주 활용되는 방식이다.

— **시스템적 관점**: 문제를 개별적으로 보기보다, 전체 시스템 안에서 각 요소들이 서로 어떤 영향을 미치는지 분석하는 방식이다. 시스템적 관점은 복잡한 프로젝트나 조직 운영에서 효과적이다. 예를 들어, 기업의 매출 하락을 단순히 영업 문제로 보지 않고, 마케팅, 생산, 고객 서비스 등 다양한 부서 간의 연관성을 분석하여 근본적인 원인을 찾아 해결하는 방식이다.

• **사례**

— **네트워크 분석**: 기업의 공급망, 소셜 미디어 상의 관계망, 정보 전달 시스템 등 복잡한 네트워크 구조에서 최적의 경로나 효율적인 데이터 흐름을 분석하고 최적화하는 방식이 비선형적 사고의 대표적인 사례이다. 이를 통해 문제의 본질을 파악하고, 숨겨진 문제를 발견하여 해결할 수 있다.

— **시스템 설계**: 새로운 시스템을 설계할 때, 각 부분이 독립적으로 작동하는 것이 아니라 전체 시스템 안에서 상호작용하는 방식을 고려해야 한다. IT 시스템 구축이나 스마트 시티 설계, IoT(사물인터넷) 시스템 설계 등에서 비선형적 사고는 필수적이다.

— **비즈니스 전략 수립**: 변화하는 시장 환경에 맞춰 기업은 다양한 전략을 동시에 구상하고 실행해야 한다. 예를 들어, 하나의 제품이 시장에서 성공하지 못할 경우를 대비해 다른 시장에서 새로운 기회를 모색하거나, 여러 가지 마케팅 전략을 병행하는 방식이 비선형적 사고의 예시이다.

— **의료 진단 및 치료**: 환자의 다양한 증상과 검사 결과를 바탕으로 여러 진단 경로를 분석하고, 동시에 다양한 치료 방법을 고려해 최적의 치료 계획을 설계하는 과정이 비선형적 사고의 좋은 예시다. 의료 현장에서 환자의 상태는 단순하지 않으며, 여러 요인을 종합적으로 분석하는 것이 필요하다.

결론적으로 비선형적 사고력은 복합적이고 다층적인 문제를 해결하는 데 있어 필수적인 능력이다. 다양한 가능성과 경로를 열어 두고 문제를 분석하는 이 방식은 현대 사회에서 점점 더 중요한 역할을 하고 있다. 특히, 예측이 어렵고 변화가 빠른 상황에서 비선형적 사고는 조직과 개인 모두에게 새로운 기회를 제공하며, 문제를 창의적이고 유연하게 해결할 수 있는 역량을 길러준다.

34 적응적 사고력(Adaptive Thinking) 적응적 사고력은 변화하는 환경과 상황에

유연하게 반응하며 문제를 해결하고 지속적으로 개선해 나가는 능력이다. 이는 빠르게 변화하는 기술, 시장, 또는 사회적 흐름에 발맞춰 새로운 방식으로 사고하고 행동하는 데 필수적이다. 예측할 수 없는 상황에서도 민첩하게 대응하고, 기존의 방식을 고수하기보다는 변화에 맞춰 새로운 해결책을 도출하는 것이 핵심이다. 현대 사회에서는 기술의 발전 속도가 빠르고, 상황이 끊임없이 변화하므로 적응적 사고력은 개인과 조직 모두에게 중요한 역량으로 자리잡고 있다.

- **정의**: 적응적 사고력은 변화하는 상황에 맞춰 사고방식과 행동을 유연하게 조정하고, 문제를 해결하는 과정에서 지속적으로 해결책을 발전시키는 능력이다. 이를 통해 예상치 못한 문제를 해결하고, 불확실한 환경에서도 최적의 결과를 도출할 수 있다.
- **주요 특징**
  - **실시간 변화 대응**: 상황이 변화할 때 즉각적으로 반응하고, 문제를 신속하게 해결한다. 이는 예측 불가능한 상황에서도 침착하게 대처하는 능력을 포함한다.
  - **새로운 도구와 기술에 빠르게 적응**: 새로운 기술, 도구, 또는 아이디어를 빠르게 습득하고 적용하여 변화하는 환경에 적합한 해결책을 도출한다.
  - **불확실한 상황에서 최적화된 해결책 도출**: 확실한 정답이 없는 경우에도 다양한 가능성을 고려해 유연하게 해결책을 설계하고 실행한다.
- **사례**
  - **네트워크 관리**: 네트워크 트래픽이 급증하거나 예기치 않은 장애가 발생했을 때, 시스템은 이를 실시간으로 감지하고 우회 경로나 새로운 자원을 할당해 문제를 해결한다.
  - **소프트웨어 업데이트**: 사용자 피드백을 바탕으로 프로그램을 주기적으로 업데이트하고, 변화하는 사용자 요구에 맞춰 기능을 지속적으로 개선한다.
  - **교육 시스템**: 학습자의 수준이나 환경 변화에 따라 교육 방식과 커리큘럼을 조정하여 학습 효과를 극대화한다. 예를 들어, 비대면 학습 도구를 도입하거나, 학생의 진도에 맞춘 개별 학습 계획을 설계하는 방식이다.
  - **의료 진단 시스템**: 환자의 상태 변화에 따라 실시간으로 진단과 치료 계획을 조정하고, 최신 의료 기술을 적용하여 최적의 치료를 제공한다.

결론적으로 적응적 사고력은 변화와 불확실성이 지배하는 현대 사회에서 필수적인 역량이다. 이를 통해 우리는 새로운 도전에 유연하게 대처하고, 끊임없이 진화하는 환경에서 지속 가능한 성장을 이룰 수 있다. 적응적 사고력은 조직의 성공을 이끄는 원동력이 되며, 개인이 미래의 변화를 주도적으로 이끌어 나가는 데 중요한 역할을 한다.

㉟ 비례적 사고력(Proportional Thinking) 비례적 사고력은 부분과 전체의 관계를 분석하고 조율하여 균형 잡힌 해결책을 도출하는 능력이다. 이는 각 요소가 전체 시스템에 어떤 영향을 미치는지 이해하고, 자원의 배분이나 요소 간 비율을 최적화하는 데 중점을 둔다. 비례적 사고는 효율적인 리소스 관리와 문제 해결을 위해 필수적이며, 시스템 설계, 경제, 프로젝트 관리 등 다양한 분야에서 활용된다. 이 사고력은 전체적인 관점을 유지하면서도 세부 요소를 놓치지 않고 분석하여 최적의 결과를 도출하는 데 기여한다.

- **정의**: 비례적 사고력은 부분과 전체의 관계를 고려하여 조화를 이루고, 각 요소가 전체에서 차지하는 비율을 분석해 최적의 상태를 유지하는 사고 방식이다. 복잡한 문제에서 자원을 효율적으로 배분하고, 시스템의 균형을 맞추어 문제를 해결하는 데 집중한다.
- **주요 특징**
  - **부분과 전체의 상호 관계 분석**: 각 요소가 전체에 미치는 영향을 분석하고, 부분과 전체의 조화를 고려해 문제를 해결한다. 시스템 전반에서 균형 잡힌 결과를 추구한다.
  - **균형 잡힌 해결책 도출**: 자원이나 요소의 비율을 조정해 최적의 상태를 유지하고, 문제의 본질을 정확히 파악하여 효과적으로 해결한다.
  - **자원 할당의 최적화**: 제한된 자원을 적절하게 배분하여 각 부분이 효율적으로 기능하도록 하며, 과부족을 방지해 전체 효율성을 높인다.
- **사례**
  - **리소스 관리**: 프로젝트에 필요한 예산을 각 부분에 비례적으로 나누어 배분한다. 예를 들어, 대규모 IT 프로젝트에서는 개발, 마케팅, 유지 보수에 적절한 비율로 예산을 분배하여 프로젝트가 원활하게 진행되도록 한다.
  - **시스템 최적화**: 하드웨어와 소프트웨어 간의 균형을 유지하여 시스템 성능을 극대

화한다. 예를 들어, 서버의 처리 능력과 소프트웨어의 효율성을 비례적으로 맞춰 시스템의 안정성과 속도를 개선한다.

— **공급망 관리**: 생산, 물류, 재고 등 각 단계에 필요한 자원을 비례적으로 분배해 효율적인 공급망을 구축한다.

— **교육 자원 배분**: 학생 수에 따라 교사, 교재, 학습 도구를 적절히 배분해 학습 효과를 극대화한다. 학교의 규모와 학생 수를 고려해 필요한 자원을 효율적으로 할당하는 방식이다.

결론적으로 비례적 사고력은 모든 요소를 균형 있게 유지하면서 전체적인 성과를 극대화하는 데 중요한 역할을 한다. 이를 통해 조직은 자원을 낭비하지 않고, 필요한 곳에 적절하게 배분해 목표를 효과적으로 달성할 수 있다.

36 확률적 사고력(Probabilistic Thinking)　확률적 사고력은 불확실한 상황에서 다양한 결과의 발생 가능성을 분석하고 예측하는 사고 방식이다. 이는 모든 상황이 확실하지 않다는 것을 전제로 하고, 데이터와 통계 분석을 통해 각 결과의 확률을 추정하여 최적의 의사 결정을 내리는 데 활용된다. 확률적 사고는 경제, 의료, 기상, AI 등 다양한 분야에서 필수적이며, 특히 미래를 예측하거나 리스크를 평가하는 데 중요한 역할을 한다. 데이터 기반의 사고는 복합적 문제에 대한 통찰을 제공하며, 불확실성 속에서도 보다 합리적이고 근거 있는 결정을 가능하게 한다.

• **정의**: 확률적 사고력은 불확실한 상황에서 데이터와 통계를 기반으로 가능한 결과의 확률을 분석하고 예측하여 최적의 의사 결정을 도출하는 능력이다. 모든 결과가 명확하지 않은 환경에서, 다양한 시나리오를 고려해 발생 가능성을 평가하고 미래를 대비하는 사고 방식이다.

• **주요 특징**

— **불확실성 인식**: 모든 상황이 확정적이지 않다는 것을 인식하고, 여러 가능성을 열어두는 사고 방식이다. 이를 통해 다양한 결과에 대비할 수 있는 유연성을 갖춘다.

— **확률 기반 의사 결정**: 데이터와 통계를 분석하여 결과를 예측하고, 각각의 시나리오에 대한 확률을 기반으로 최적의 결정을 내린다.

─ **리스크 평가 및 관리**: 다양한 시나리오의 발생 가능성을 분석하고, 잠재적 위험을 사전에 평가하여 대비책을 마련한다. 이를 통해 리스크를 최소화하고 안정성을 높인다.

─ **경험적 학습 및 개선**: 과거의 데이터를 반복적으로 분석하여 확률 모델을 개선하고, 미래 예측의 정확성을 높이는 방식이다.

- **사례**
  ─ **기상 예측**: 기상 데이터와 과거의 날씨 패턴을 분석하여 비가 올 확률을 예측하고, 기상 변화에 대비하는 방안을 마련한다.

  ─ **금융 리스크 관리**: 주식 시장의 변동성을 분석해 투자 리스크를 평가하고, 각 투자에 따른 위험도를 확률적으로 산출한다.

  ─ **의료 진단 및 치료 예측**: 환자의 데이터와 과거 진료 기록을 바탕으로 질병 발생 가능성을 분석하고, 가장 적합한 치료 방안을 설계한다.

  ─ **AI 머신러닝**: AI 모델이 대규모 데이터를 학습하여 새로운 데이터에 대한 예측을 수행하고, 가장 가능성 높은 결과를 도출한다.

결론적으로 확률적 사고력은 복합적이고 불확실한 환경에서 효과적으로 문제를 해결하는 데 중요한 역할을 한다. 다양한 시나리오를 고려하고, 발생 가능성을 미리 예측함으로써 리스크를 최소화하고 더 나은 결과를 얻을 수 있다. 이는 데이터 기반 시대에서 필수적으로 요구되는 사고 방식이며, 점차 더 많은 분야에서 활용되고 있다.

37 지속 가능성 사고력(Sustainability Thinking) 지속 가능성 사고력은 문제 해결 과정에서 환경, 사회, 그리고 경제적 영향을 동시에 고려하여 지속 가능한 결과를 추구하는 사고 방식이다. 이는 현재의 필요를 충족시키는 동시에 미래 세대의 자원과 환경을 보호하려는 접근 방법을 의미한다. 기술 발전과 경제 성장의 추구가 자연 환경과 사회적 책임을 저해하지 않도록 균형을 유지하는 것이 핵심이다. 지속 가능성 사고는 기후 변화 대응, 에너지 효율 향상, 사회적 책임 경영 등 다양한 분야에서 중요한 역할을 하며, 장기적 관점에서 인류와 지구의 번영을 목표로 한다.

- **정의**: 지속 가능성 사고력은 문제를 해결하는 과정에서 환경, 사회, 그리고 경제적 지

속 가능성을 고려하여 미래 세대에게 부정적인 영향을 최소화하는 사고 방식이다. 현재의 요구를 충족하면서도 미래를 보호하고, 자원을 효율적으로 사용해 장기적이고 균형 잡힌 해결책을 도출하는 능력이다.

- **주요 특징**
  - **장기적 관점**: 단기적인 성과에 집중하는 것이 아니라, 미래까지 고려해 지속 가능한 해결책을 마련한다. 이는 현재 문제를 해결하는 동시에 미래에 발생할 수 있는 도전 과제를 예측하고 대비하는 방식이다.
  - **환경과 기술의 균형**: 기술 발전과 환경 보존이 상호 공존할 수 있도록 하는 것이 목표다. 자연을 보호하면서 기술이 지속적으로 발전할 수 있는 방향을 모색한다.
  - **자원 효율화**: 최소한의 자원으로 최대의 효율을 창출하며, 낭비를 줄이고 재사용 및 재활용 가능한 시스템을 설계한다.
  - **사회적 책임**: 해결책 설계 과정에서 공동체의 가치와 책임을 반영하여, 모든 이해관계자가 혜택을 받을 수 있도록 한다. 기업의 경영 방침, 정부 정책 등에서도 사회적 책임이 중시된다.
- **사례**
  - **친환경 에너지 시스템**: 태양광, 풍력, 수력 등 재생 가능한 에너지를 활용해 지속 가능한 에너지 시스템을 구축한다.
  - **스마트 농업 기술**: 물과 에너지 사용을 최소화하면서 농업 생산성을 높이는 기술을 도입해, 지속 가능한 농업을 실현한다.
  - **지속 가능한 건축**: 에너지 절약형 건축물을 설계하고, 재활용 가능한 자재를 사용하여 건설 과정에서 환경 영향을 최소화한다.
  - **기업의 ESG 경영**: 기업은 환경(Environment), 사회(Social), 지배구조(Governance)를 고려한 경영 방침을 수립해 장기적으로 지속 가능한 발전을 추구한다.

결론적으로 지속 가능성 사고력은 현대 사회에서 점점 더 중요한 가치를 지닌다. 기후 변화, 자원 고갈, 사회적 불평등 등의 문제는 지속 가능성을 염두에 둔 사고를 통해 해결할 수 있다. 이를 통해 인류는 더 나은 미래를 만들 수 있으며, 지속 가능한 발전이 가능해진다.

　　　컴퓨팅 사고력의 37가지 핵심 요소는 단순히 기술적인 문제 해결에 국한되지 않는다. 이는 우리가 살아가는 모든 영역에서 창의적이고 논리적으로 사고하며, 복잡한 문제를 분석하고 효과적으로 해결하는 데 필요한 기반을 마련한다. 각 요소는 독립적으로 중요한 가치를 지니지만, 상호 연결되고 융합될 때 더욱 강력한 힘을 발휘한다. 예를 들어, 선형적 사고력과 비선형적 사고력은 상반된 방식으로 문제에 접근하지만, 두 가지 사고 방식이 적절히 조화를 이룰 때 최적의 결과를 도출할 수 있다. 창의적 사고력과 비판적 분석 사고력은 혁신적인 아이디어를 발전시키는 동시에, 이를 다각도로 검토하고 구체화하는 과정을 가능하게 한다. 컴퓨팅 사고력의 핵심 요소들은 빠르게 변화하는 현대 사회에서 요구되는 필수 역량이다. 기술이 발전하고 데이터가 넘쳐나는 시대에, 우리는 추론적 사고력으로 패턴을 읽어 내고 확률적 사고력으로 불확실성을 예측하며, 지속 가능성 사고력을 통해 미래 세대를 위한 책임 있는 해결책을 모색해야 한다. 궁극적으로, CT의 각 요소는 문제를 다양한 각도에서 바라보게 하고, 해결 방안을 지속적으로 개선하며, 새로운 도전에 유연하게 대응하는 능력을 길러준다. 이는 개인의 성장뿐만 아니라 사회 전체의 혁신을 이끄는 동력이 된다.

　　컴퓨팅 사고력은 우리가 현재 직면하고 있는 문제를 해결하는 데 그치지 않는다. 미래를 준비하고, 보다 나은 세상을 만들기 위한 중요한 열쇠이다. CT의 37가지 요소는 그 여정에서 우리를 안내하는 나침반과 같은 역할을 할 것이다.

세상은 빠르게 변화하고, 우리가 직면하는 문제는 점점 더 복잡해지고 있다. 이러한 시대에 살아남고, 더 나아가 두각을 나타내기 위해 필요한 것은 단순한 지식이 아니다. '어떻게 사고하는가?'라는 질문에 대한 답이 더욱 중요하다. 사고력은 단순히 문제를 푸는 기술이 아니라, 새로운 가능성을 발견하고, 기존의 틀을 깨며, 복잡한 상황에서 올바른 결정을 내리는 데 핵심적인 역할을 한다.

사고력은 타고난 재능이 아니라, 훈련과 연습을 통해 강화할 수 있는 능력이다. 마치 근육을 단련하듯, 다양한 전략과 도구를 사용해 꾸준히 연습하면 사고의 폭이 넓어지고, 깊이가 더해진다. 이러한 사고력 강화는 개인의 성장뿐만 아니라, 팀과 조직의 발전에도 기여한다. 혁신적이고 창의적인 사고를 통해 문제를 해결하고, 새로운 기회를 포착하며, 사회와 조직을 이끄는 리더로 성장할 수 있다. 이 섹션에서는 사고력을 강화하는 다양한 전략을 다룬다. 질문하기, 문제 해결 연습, 창의적 사고 기법 등 실질적인 도구와 방법을 통해 사고의 한계를 확장하는 방법을 탐구할 것이다. 이를 통해 독자들이 일상과 업무에서 스스로 사고력을 점검하고 발전시킬 수 있도록 돕는 것이 이 섹션의 목표다. 결국, 사고력 강화는 개인의 삶에 있어 큰 전환점이 될 수 있다. 더 나은 문제 해결자가 되는 길, 그 첫걸음을 지금부터 함께 내딛어 보자.

① 전략의 필요성

사고력 강화의 필요성: 미래를 여는 열쇠 현대 사회는 복잡하고 빠르게 변화하고 있다. 기술의 발전과 사회적 변화는 우리에게 끊임없이 새로운 문제와 도전을 던진다. 이러한 시대에 요구되는 것은 단순한 지식이 아니라, 문제를 해결하고 새로운 가치를 창출하는 사고력이다. 사고력은 단순히 논리적으로 생각하는 것에 그치지 않고, 다양한 관점에서 문제를 바라보며 창의적으로 접근하는 능력을 포함한다. 복잡한 문제를 해결하는 힘은 개인과 조직의 성장뿐만 아니라, 사회의 발전에도 필수적이다. AI와 자동화 기술이 급격히 발전하는 시대에서 인간이 가진 창의적·논리적 사고력은 기계가 쉽게 대체할 수 없는 영역이다. AI 시대의 핵심 경쟁력은 창의적이고 논리적인 사고력에서 비롯된다. 기술이 발전할수록, 우리는 더 높은 수준의 사고력으로 새로운 문제를 해결하고, 혁신적인 아이디어를 창출해야 한다.

사고력 개발의 이점 사고력을 개발하는 것은 단순히 문제 해결 능력을 향상시키는 것을 넘어, 삶의 전반에서 긍정적인 변화를 가져온다.

- **의사 결정의 속도와 정확성 향상**: 복잡한 상황에서도 빠르고 정확하게 결정을 내릴 수 있다. 다양한 정보를 분석하고, 그 속에서 핵심을 추출하여 올바른 방향으로 나아가는 힘이 길러진다.
- **유연성과 적응력 강화**: 현대 사회는 예측할 수 없는 상황이 연속된다. 사고력이 뛰어난 사람은 변화에 빠르게 적응하고, 다양한 상황에서도 흔들리지 않고 문제를 해결하는 능력을 갖추게 된다.

사고력 강화의 목표 사고력 강화는 단순한 기술 습득이 아니라, 끊임없이 사고의 깊이를 더하고 확장하는 과정이다. 이를 통해 우리는 문제를 다각도로 분석하고 해결하는 능력을 체계적으로 개발할 수 있다. 이 과정에서 우리는 단순한 문제 해결자가 아니라, 미래를 이끌어갈 창의적 리더로 성장하게 된다. 사고력 강화는 개인의 성장뿐 아니라, 우리가 속한 조직과 사회의 발전에도 기여하는 중요한 요소다. 함께 사고력을 강화하는 여정을 시작해 보자. 그 첫걸음이 미래를 바꾸는 큰 변화로 이어질 것이다.

문제 해결의 힘, 컴퓨팅 사고력

② **깊이 있는 사고를 여는 질문의 힘**

질문하기는 사고력의 문을 여는 열쇠에 해당하며, 사고력의 시작이자 발전의 원동력이다. 단순히 주어진 정보를 수용하는 것에서 그치지 않고, '왜?'와 '어떻게?'라는 질문을 통해 문제의 본질을 파악하고 깊이 있는 사고를 유도하는 과정이다. 질문은 새로운 시각을 열어주고, 기존의 틀을 벗어난 혁신적인 해결책을 찾게 하는 중요한 도구다.

전략 질문하기는 상황을 분석하고, 정보의 의미를 파악하며 문제를 해결하는 데 필요한 사고 방식이다. 이를 통해 표면적인 이해에서 벗어나 문제의 근본을 들여다보게 되며, 복잡한 문제에서도 본질에 가까운 해답을 찾을 수 있다. '왜 이러한 일이 발생했는가?', '어떻게 하면 더 나은 결과를 얻을 수 있을까?'와 같은 질문은 사고의 깊이를 더하고 논리적인 사고력을 키운다.

강화 방법

- **호기심 증진**: 일상에서 접하는 모든 것에 대해 의문을 가지고 질문하는 자세를 유지하는 것이 중요하다. 끊임없이 탐구하고 호기심을 키우는 과정에서 사고력은 자연스럽게 확장된다.
- **비판적 사고 촉진**: 주어진 정보에 대해 맹목적으로 믿기보다, 그것의 진위와 타당성을 의심하고 평가하는 능력을 강화해야 한다. 다양한 관점에서 사안을 바라보며, 편향되지 않은 사고를 할 수 있도록 돕는다.
- **문제 해결력 강화**: 문제를 해결할 때, 표면적인 현상만을 분석하는 것이 아니라 그 근본 원인에 대해 지속적으로 질문하는 습관을 들인다. 이는 보다 효과적인 해결책을 도출하는 데 도움이 된다.

실생활 적용 사례

- **학습 과정에서**: 새로운 개념을 배울 때, 스스로 질문을 던지며 이해의 폭을 넓힌다. 이는 단순 암기에서 벗어나 개념을 체화하는 데 중요한 역할을 한다.
- **회의나 토론 시**: 상대방의 주장에 대해 질문을 던져 논의를 심화하고, 다양한 관점을

통해 더 나은 결론에 도달할 수 있다.
- **자기 반성 시간에**: 자신의 행동이나 결정에 대해 '왜 그렇게 했는가?'라는 질문을 던지며 스스로를 돌아보고 이해하는 기회를 만든다. 이를 통해 자기 성찰을 강화하고, 더 나은 선택을 하는 데 도움이 된다.

질문하기는 단순한 의문을 넘어서 깊이 있는 사고를 이끌어내는 열쇠이며, 새로운 가능성을 여는 출발점이다. 날카로운 질문은 사고의 폭을 넓히고 문제를 다양한 각도에서 바라보게 하며, 이를 통해 창의적이고 논리적인 해결책을 찾아내는 데 중요한 역할을 한다. 끊임없는 질문은 우리의 사고를 멈추지 않게 하고, 변화하는 세상에서 지속적으로 성장할 수 있는 기반이 된다. 사고력은 결국, 질문하는 습관에서부터 시작된다.

③ 문제 해결력 강화 훈련

문제 해결은 단순한 기술이 아니라, 지속적으로 연습하고 강화해야 하는 중요한 사고력이다. 복잡하고 예측 불가능한 문제에 직면하는 현대 사회에서는 문제를 정확히 분석하고, 다양한 관점에서 접근하여 최적의 해결책을 도출하는 능력이 필수적이다. 문제 해결 연습은 이러한 역량을 길러주는 실전 훈련으로, 창의적 사고와 논리적 사고를 동시에 발전시킨다.

이 과정에서 문제를 세부적으로 분해하고, 다양한 방식으로 접근하는 습관을 기르는 것이 중요하다. 또한, 실패 사례에서 교훈을 얻고 이를 바탕으로 미래의 문제 해결 능력을 강화하는 것 역시 핵심적인 부분이다. 이러한 연습을 통해 문제 해결 능력은 더욱 탄탄해지며, 새로운 아이디어와 혁신적인 사고가 촉진된다.

이번 섹션에서는 문제 해결을 효과적으로 연습하고 강화하는 14가지 구체적인 방법을 살펴본다. 이 과정은 실생활에서의 적용뿐 아니라, 학습과 업무 환경에서도 중요한 역할을 하며, 누구나 쉽게 따라 할 수 있는 실용적인 접근법을 제시한다.

방법 1. 문제 분해: 복잡함을 단순하게 만드는 힘　　문제가 복잡해 보일 때, 가장 효과적인 접근 방식 중 하나는 문제를 작은 단위로 나누어 해결하는 것이다. 이러한 방식은 '문제 분해'라고 불리며, 복잡한 문제를 해결하기 위한 핵심 전략이다. 우리가 거대한 퍼즐을 맞출 때도 한 번에 모든 조각을 맞추려 하지 않는다. 퍼즐 조각 하나하나를 맞춰 나가는 것처럼, 문제도 작게 나누어 접근하면 더 쉽게 해결책을 찾을 수 있다.

- **전략**: 문제 분해는 복잡한 상황을 체계적으로 분석하고 해결 가능한 작은 단위로 나누어 접근하는 방식이다. 전체 문제를 바라보는 것이 벅찰 때, 각 부분을 나누어 하나씩 해결해 나가는 과정은 보다 명확하고 논리적인 사고를 돕는다. 이는 복잡한 시스템을 분석하거나, 장기 프로젝트를 관리할 때도 유용하게 사용된다.
- **강화 방법**
  - **단계별 분석**: 일상에서 부딪히는 문제를 단계별로 분석하고, 작은 문제로 쪼개어 해결해 나가는 습관을 기른다. 예를 들어, 큰 발표 과제가 있을 때 전체 과정을 기획, 자료 조사, 슬라이드 제작, 발표 연습 등으로 나누어 각 단계별로 수행한다.
  - **역할 분담**: 팀 프로젝트에서 모든 사람이 같은 일을 하기보다는, 프로젝트를 작은 부분으로 나누고 각자의 역할을 분담한다. 예를 들어, 웹사이트 제작 프로젝트에서 한 사람은 디자인, 다른 사람은 코딩, 또 다른 사람은 콘텐츠 작성을 담당하도록 한다.
- **실생활 적용 사례**
  - **일상 생활**: 인터넷이 느릴 때, 단순히 '인터넷이 왜 느릴까?'라고 고민하기보다는 '라우터 상태 확인', '장치 재부팅', '인터넷 서비스 제공 업체에 문의' 등으로 문제를 나누어 해결책을 찾아본다.
  - **업무 환경**: 프로젝트 진행 중 예상치 못한 문제가 발생할 경우, 전체 문제를 분석하고 단계별로 구분해 접근한다. 예를 들어, '프로젝트 일정 지연'이라는 문제는 '자원 부족', '과도한 업무량', '협업 부족' 등으로 나누어 각 부분을 해결함으로써 전체 일정 문제를 완화할 수 있다.
  - **학습 과정**: 새로운 개념을 배울 때, 처음부터 전체 내용을 완벽하게 이해하려는 부담을 가지기보다 개념을 세부적으로 나누어 학습한다. 수학 문제를 푸는 과정에서도 문제를 단계별로 나누어 하나씩 접근하는 방식이 효과적이다.

문제 분해는 복잡함 속에서 질서를 찾는 도구이며, 어려운 상황을 단순하게 만들어 문제를 해결하는 강력한 무기가 된다. 이를 통해 우리는 더 창의적이고 효율적으로 문제를 해결하는 능력을 기를 수 있다.

방법 2. 다양한 접근법 시도: 문제 해결의 유연성과 창의성 하나의 문제를 해결하는 데 있어서 단 하나의 정답만 존재하는 경우는 드물다. 다양한 접근법을 시도하는 것은 고정된 사고에서 벗어나 문제를 보다 창의적이고 효율적으로 해결하는 데 중요한 역할을 한다. 이 과정은 기존의 방법에만 의존하지 않고, 다양한 관점에서 문제를 바라보는 기회를 제공하며, 최적의 해결책을 모색하게 한다.

- **전략**: 문제 해결이나 목표 달성 시 여러 가지 방법과 관점을 탐색하고 실험하는 방식이다. 특정 방식에 집착하지 않고 다양한 아이디어를 시도함으로써 더 나은 결과를 얻을 가능성이 커진다. 이를 통해 문제 해결 과정이 보다 융통성 있고 창의적으로 전개된다.
- **강화 방법**
  - **창의적 사고 촉진**: 기존의 고정된 사고 방식에서 벗어나 새로운 아이디어를 적극적으로 모색한다. 창의적인 해결책은 종종 예상치 못한 접근법에서 나온다. 브레인스토밍이나 마인드맵을 활용하여 다양한 아이디어를 자유롭게 도출한다.
  - **다양한 관점 수용**: 다른 사람의 의견과 관점을 적극적으로 수용하고 이를 통해 문제를 다각도로 분석한다. 다양한 시각에서 문제를 바라보면, 놓치기 쉬운 부분을 발견하거나 새로운 해결책을 찾을 수 있다.
  - **실험과 학습**: 여러 가지 방법을 시도하고 그 결과를 분석하는 과정을 반복한다. 실패하더라도 이를 통해 교훈을 얻고 다음 단계로 나아가는 것이 중요하다. 다양한 방법을 실험하는 과정은 새로운 학습의 기회가 된다.
- **실생활 적용 사례**
  - **학습 방법 개선**: 학습 효율을 높이기 위해 여러 가지 학습 기법을 시도하고 자신에게 가장 적합한 방식을 찾는다. 예를 들어, 필기, 그림으로 표현하기, 동영상 강의 시청 등 다양한 방법을 시도한 후 가장 효과적인 방법을 선택해 학습한다.
  - **업무 방식 최적화**: 프로젝트를 진행할 때 여러 가지 방법을 시도해보고, 가장 효율적인 접근법을 선택한다. 예를 들어, 팀 회의를 다양한 형식으로 진행해본 후, 가장

문제 해결의 힘, 컴퓨팅 사고력

생산성이 높은 방식을 지속적으로 적용하는 것이다.

— **문제 해결**: 일상에서 발생하는 문제를 해결할 때 다양한 해결 방안을 모색한다. 예를 들어, 인터넷 연결 문제가 발생했을 때 라우터 재부팅, 인터넷 서비스 제공 업체 연락, 장치 교체 등 여러 가지 방법을 시도하고 최적의 해결책을 찾는다.

다양한 접근법을 시도하는 것은 문제 해결 능력을 확장시키고, 실패를 두려워하지 않는 자세를 길러준다. 이를 통해 더 나은 결과를 얻을 수 있으며, 새로운 가능성을 발견하는 과정은 개인의 사고력과 창의성을 더욱 강화시킨다.

방법 3. 실패 사례 분석: 성장의 디딤돌   실패는 결코 끝이 아니다. 오히려 실패는 중요한 학습 기회로 작용하며, 미래의 성공을 이끄는 발판이 된다. 실패 사례를 분석하는 것은 단순히 실수를 반복하지 않기 위함만이 아니라, 문제의 근본적인 원인을 파악하고 이를 통해 더욱 견고한 해결책을 마련하기 위한 과정이다. 이는 개인의 성장을 촉진하며, 조직에서는 지속적인 발전과 혁신을 가능하게 한다.

- **전략**: 과거의 실패 경험을 체계적으로 분석하여 원인을 명확히 하고, 이를 바탕으로 향후 유사한 상황에서의 실수를 방지하며 개선점을 도출하는 접근 방식이다. 실패를 회피하는 것이 아니라 적극적으로 분석하고, 그 과정에서 새로운 전략을 수립하여 재도전하는 것을 목표로 한다.
- **강화 방법**
  - **원인 분석**: 실패의 근본 원인을 식별하기 위해 '5 Whys' 기법이나 피시본 다이어그램(어골도)과 같은 도구를 활용한다. 문제의 표면적인 원인에 머무르지 않고, 반복적으로 '왜?'라는 질문을 던짐으로써 보다 근본적인 원인을 찾아낸다.
  - **객관적 평가**: 감정적인 반응을 배제하고, 데이터와 사실에 기반해 실패 요인을 평가한다. 이를 통해 정확하고 합리적인 판단을 도출하고, 비슷한 상황에서 보다 효과적인 의사 결정을 내릴 수 있다.
  - **지식 공유**: 개인이나 팀의 실패 사례를 팀원들과 공유하여 조직 전체의 학습 기회로 삼는다. 이를 통해 동일한 실수를 반복하지 않도록 조직 문화에 반영하며, 협업과 지식을 강화한다.

— **개선 계획 수립**: 실패 분석 결과를 바탕으로 구체적인 개선 방안을 마련하고, 이를 실제 실행 계획에 반영한다. 실행 후에도 피드백을 지속적으로 받아 반복 학습의 구조를 만든다.

- **실생활 적용 사례**
  — **개인 학습에서**: 시험에서 기대 이하의 성적을 받았을 때, 학습 방법이나 시간 관리에 문제가 있었는지 분석하고 향후 학습 전략을 조정한다. 예를 들어, 특정 과목에서 낮은 점수를 받았다면, 문제 풀이 방식이나 이해도가 부족했던 부분을 집중적으로 복습하고 새로운 학습법을 적용한다.
  — **프로젝트 진행 시**: 프로젝트 진행 중 발생한 문제를 되짚어보고, 일정 지연이나 자원 관리 실패의 원인을 분석해 다음 프로젝트에서 동일한 문제가 발생하지 않도록 계획을 세운다.
  — **일상 생활**: 가전제품 사용 중 실수를 범했거나 기기 작동이 원활하지 않을 경우, 설명서를 다시 검토하고 실수의 원인을 찾아 수정하는 방식으로 문제를 해결한다.

실패 사례를 분석하는 과정은 단순한 실수 수정 이상의 의미를 지닌다. 이는 자기 성장과 조직 발전을 촉진하며, 미래의 성공을 위해 끊임없이 발전해 나가는 자세를 형성한다. 실패를 두려워하지 않고, 이를 통해 배우고 변화하는 태도가 결국 개인과 조직 모두에게 중요한 자산이 된다.

방법 4. 논리적 사고 훈련: 명확한 근거로 문제 해결하기 논리적 사고는 복잡한 문제를 체계적으로 분석하고, 명확한 근거를 바탕으로 결론을 도출하는 데 필수적인 능력이다. 이는 일상생활에서의 의사 결정뿐만 아니라 학업, 직장 등 다양한 영역에서 중요한 역할을 한다. 논리적 사고 훈련은 사고의 명확성을 높이고, 비판적 관점을 강화하여 보다 설득력 있는 주장을 펼칠 수 있도록 돕는다.

- **전략**: 정보를 체계적으로 분석하고 명확한 근거에 기반한 논리적 결론을 도출하는 능력을 강화한다. 복잡한 문제를 단계적으로 해결하는 논리적 흐름을 훈련하는 데 중점을 둔다.
- **강화 방법**

- **단계적 문제 해결 연습**: 복잡한 문제를 작게 나누어 각 단계별로 해결책을 논리적으로 연결한다. 이를 통해 문제를 보다 쉽게 분석하고 체계적으로 접근할 수 있는 능력을 기른다.
- **논리 퍼즐 및 게임 활용**: 스도쿠, 체스, 논리 퍼즐과 같은 게임을 통해 논리적 사고력을 자연스럽게 강화한다. 게임을 통해 즐겁게 논리적 사고를 훈련할 수 있다.
- **원인-결과 분석**: 사건이나 문제의 원인과 결과를 연결하여 인과관계를 명확히 파악한다. 이를 통해 추론 능력과 문제 해결 능력을 향상시킨다.
- **토론 및 논증 연습**: 주어진 주제에 대해 명확한 근거와 논리적 흐름을 바탕으로 주장을 제시하는 연습을 한다. 논리적 근거를 마련하고, 이를 통해 상대방을 설득하는 능력을 키운다.
- **실생활 적용 사례**
  - **일상생활**: 주어진 예산으로 한 달 생활비 계획을 논리적으로 설계한다. 수입과 지출 항목을 나누고, 필수 지출과 선택 지출을 구분하여 계획을 세운다. 이를 통해 효율적인 자금 관리 능력을 기를 수 있다.
  - **학업에서**: 논술이나 발표 과제에서 논리적 근거를 명확히 제시하고, 주장을 체계적으로 구성하는 연습을 한다.
  - **프로젝트 진행 시**: 프로젝트 진행 과정에서 발생하는 문제를 단계별로 분석하고, 각 단계의 결과를 바탕으로 구체적인 해결책을 마련한다.

논리적 사고 훈련은 단순히 문제를 푸는 기술이 아니라, 삶의 다양한 영역에서 비판적이고 체계적인 사고를 가능하게 한다. 이러한 훈련을 통해 개인의 문제 해결 능력은 물론, 설득력과 분석력도 함께 성장하게 된다.

방법 5. 창의적 사고 촉진: 틀을 깨고 새로운 해결책을 찾는 힘 창의적 사고는 문제를 새로운 시각에서 바라보고 혁신적인 해결책을 찾는 데 핵심적인 역할을 한다. 고정관념이나 기존의 사고방식에서 벗어나 다양한 관점과 접근 방식을 활용하는 것은 복잡한 문제 해결에서 중요한 전략이다. 이를 통해 전혀 새로운 아이디어와 창의적인 결과물이 탄생하며, 개인과 조직의 경쟁력 향상에 크게 기여한다.

- **전략**: 기존의 틀을 벗어나 새로운 시각으로 문제를 바라보고 해결책을 도출하는 능력을 개발한다. 다양한 접근과 아이디어를 활용하여 혁신적 해결책을 창출하는 데 중점을 둔다.
- **강화 방법**
  - **브레인스토밍 활용**: 제한 없이 자유롭게 아이디어를 내어 창의적 가능성을 확장한다. 모든 아이디어를 존중하며, 양질의 아이디어는 다수의 아이디어에서 비롯된다는 점을 강조한다.
  - **마인드맵 그리기**: 생각을 시각화하여 다양한 아이디어를 연결하고 확장하는 도구로 사용한다. 이를 통해 연관성을 발견하고, 새로운 접근 방식을 도출한다.
  - **시뮬레이션 및 게임 활용**: 현실과 유사한 환경에서 문제를 창의적으로 해결하는 연습을 진행한다. 실제로 부딪혀 볼 수 없는 문제를 가상으로 재현해 다양한 해결 방안을 실험한다.
  - **역발상 훈련**: 반대의 시각에서 문제를 바라보고, 기존의 해결책과는 전혀 다른 새로운 접근법을 찾는다. 기존의 사고 패턴에서 벗어나 신선한 관점을 얻는 데 효과적이다.
  - **창의적 도구 활용**: 스토리보드, 디자인 씽킹, 시뮬레이션 등의 도구를 사용해 창의적 결과를 도출한다. 특히 다양한 도구를 활용해 아이디어를 구체화하고, 실현 가능한 형태로 발전시킨다.
- **실생활 적용 사례**
  - **가정에서**: "집안 재배치를 창의적으로 계획해 공간 활용을 극대화한다." 가구 배치, 수납 방식 등을 새롭게 구성해 효율성과 미적 요소를 동시에 고려한다.
  - **학업에서**: 프로젝트 과제에서 새로운 시각으로 문제를 바라보고, 기존의 해결 방식이 아닌 창의적인 방법을 제시해 차별화된 결과물을 만들어낸다.
  - **직장에서**: 팀 회의에서 창의적 아이디어를 유도하는 브레인스토밍 세션을 진행하고, 이를 통해 새로운 비즈니스 전략을 구상한다.

창의적 사고는 정형화된 사고에서 벗어나 사고의 지평을 넓히고, 혁신적인 결과를 도출하는 데 필수적인 역량이다. 이러한 훈련을 통해 문제 해결 능력뿐만 아니라 새로운 아이디어를 창출하는 과정에서 즐거움과 성취감을 경험할 수 있다.

방법 6. 패턴 인식 기술 향상: 반복 속에서 새로운 가능성 찾기 패턴 인식은 문제 해결의 중요한 기술로, 반복적인 현상이나 데이터에서 의미 있는 규칙을 발견하는 능력을 말한다. 복잡한 문제 속에서도 패턴을 찾아내면 보다 빠르고 효율적으로 해결책을 도출할 수 있다. 이는 데이터 분석, 기술 개발, 일상생활에서 모두 유용하게 활용된다. 패턴을 인식하는 능력은 문제의 근본 원인을 파악하고 유사한 상황에서 재빠르게 대응하는 데 핵심적인 역할을 한다.

- **전략**: 반복적 패턴을 발견하고 문제 간 유사점을 연결한다. 다양한 문제 상황에서 숨겨진 규칙을 찾아내어 해결책을 도출하는 방식이다. 이를 통해 새로운 문제 상황에서도 빠르게 유사한 사례를 적용하고, 문제 해결의 속도와 정확성을 높인다.
- **강화 방법**
  - **데이터 분석 및 시각화를 통한 패턴 탐색**: 데이터를 분석하고 그래프나 표로 시각화하여 숨겨진 패턴을 찾아낸다. 이를 통해 복잡한 데이터에서 의미 있는 정보와 규칙을 추출한다.
  - **사례 중심 학습 활용**: 과거 유사한 문제 사례를 분석하고, 현재 문제에 적용 가능한 패턴을 찾아낸다. 반복되는 실수나 성공 사례를 학습하여 새로운 문제 해결에 응용한다. 예를 들어, 특정 상황에서 반복적으로 발생하는 오류를 분석하고 그 원인을 찾아 방지하는 데 활용한다.
- **실생활 적용 사례**
  - **교통 데이터 분석**: "교통 데이터에서 혼잡 시간대 패턴 분석." 교통량이 많아지는 특정 시간대의 데이터를 분석해 출퇴근 시간대의 혼잡을 줄이기 위한 해결책을 마련한다.
  - **소비 패턴 분석**: 개인 소비 데이터를 분석해 월별 또는 계절별로 소비 패턴을 파악하고, 불필요한 지출을 줄이는 데 활용한다.
  - **비즈니스 사례**: 고객 구매 데이터에서 반복적으로 나타나는 패턴을 분석해 마케팅 전략을 개선하고, 인기 있는 제품이나 서비스에 집중한다.

패턴 인식은 작은 반복 속에서도 큰 가능성을 발견하는 기술이다. 이 능력을 강화함으로써 복잡한 문제를 보다 효율적으로 해결하고, 다양한 분야에서 새로운 기회를 창출할 수 있다.

방법 7. 추상화 Practice: 본질을 꿰뚫는 사고의 힘 추상화는 복잡한 문제나 시스템에서 핵심 정보를 추출하고 불필요한 요소를 제거하여 본질에 집중하는 사고 방식이다. 이 과정은 단순화를 넘어 중요한 부분만 남겨두는 기술로, 문제 해결의 속도와 정확성을 향상시킨다. 복잡한 시스템을 이해하고 설명하는 데 필수적인 역량으로, 다양한 분야에서 효과적으로 활용된다.

- **전략**: 문제의 핵심 정보를 파악하고, 불필요한 요소를 제거하여 본질에 집중하는 방식을 사용한다. 복잡한 상황 속에서 중요한 것과 그렇지 않은 것을 구분하고, 이를 바탕으로 명확하고 간결한 해결책을 도출한다.
- **강화 방법**
  - **본질을 이해하는 질문 던지기**: "핵심은 무엇인가?"라는 질문을 반복해 던지며 문제의 본질을 파악하는 훈련을 한다. 이를 통해 복잡한 문제를 단순화하고 핵심 요소만 남기는 연습을 지속한다.
  - **복잡한 시스템 간단히 설명하기**: 어려운 개념이나 시스템을 간단하게 설명하는 연습을 통해 핵심 내용을 파악하고 전달하는 능력을 기른다. 예를 들어, 기술적인 내용을 기술을 모르는 사람에게 설명하는 식으로 연습한다.
- **실생활 적용 사례**
  - **SNS 앱 기능 간단히 설명하기**: "SNS 앱의 주요 기능을 간단히 설명하기." SNS 앱의 여러 기능 중에서 가장 핵심적인 부분을 찾아내어 쉽게 설명하는 연습을 통해 추상화 능력을 강화한다.
  - **프로젝트 발표**: 팀 프로젝트에서 전체 내용을 간략하게 요약하여 발표하는 과정을 통해 추상화 능력을 기른다. 복잡한 프로젝트를 한두 문장으로 요약하는 훈련을 한다.
  - **문서 작성**: 긴 보고서나 글을 작성할 때, 핵심 메시지를 먼저 파악하고 이를 중심으로 내용을 구성하는 방식으로 추상화 능력을 실생활에 적용한다.

추상화 능력은 정보 과잉의 시대에 더욱 중요한 역량이다. 핵심에 집중하고 불필요한 것을 제거하는 연습을 통해, 우리는 복잡한 문제를 간단하고 명확하게 해결할 수 있다.

방법 8. 알고리즘 설계 능력 개발: 문제 해결의 구조화 알고리즘 설계는 문제를 논리적으로 분석하고, 해결 과정을 단계별로 구체화하여 체계적으로 문제를 해결하는 능력을 개발하는 과정이다. 이는 복잡한 문제를 작은 단위로 나누어 각각의 해결 절차를 설계하고, 최적의 경로를 찾아가는 데 필수적인 사고력이다. 알고리즘적 사고는 다양한 분야에서 문제 해결 능력을 높이며, 특히 프로그래밍, 논리 게임, 실생활에서 효율성을 극대화하는 데 기여한다.

- **전략**: 문제 해결을 위한 절차를 체계적으로 설계하는 것을 목표로 한다. 복잡한 문제를 단순한 절차로 나누어 순차적으로 해결해 나가는 방식이 핵심이다.
- **강화 방법**
  - **논리적 순서에 따른 해결 방안 설계**: 문제를 해결하기 위해 필요한 절차를 논리적으로 구성하고, 각 단계에서 해야 할 일을 명확하게 구분하는 연습을 진행한다.
  - **알고리즘 문제 풀기**: 경로 탐색, 정렬 문제 등 다양한 알고리즘 관련 문제를 풀어보며 절차를 설계하는 능력을 강화한다. 논리적 사고를 바탕으로 다양한 접근법을 시도해본다.
- **실생활 적용 사례**
  - **가정에서 쓰레기 분리 배출 절차 설계**: "가정에서 쓰레기 분리배출 절차 설계"라는 예시처럼, 일상에서 발생하는 문제를 단계별로 나누어 해결 절차를 설계해본다. 쓰레기 배출을 유리, 플라스틱, 종이 등으로 구분하고, 이를 지정된 날짜와 장소에 맞게 배출하는 과정을 계획하는 것이다.
  - **요리 과정 설계**: 복잡한 요리 레시피를 단계별로 나누어 순서대로 진행하는 방식으로, 알고리즘 설계 능력을 실생활에 접목시킨다.
  - **여행 일정 계획**: 여행 계획을 세울 때, 각 장소를 방문하는 순서를 논리적으로 구성하여 동선을 최소화하는 방식으로 알고리즘 설계 능력을 활용한다.

알고리즘 설계 능력은 문제를 명확하게 분석하고 논리적으로 해결책을 찾는 데 중요한 역할을 한다. 실생활의 작은 일부터 복잡한 문제 해결까지 다양한 상황에서 적용할 수 있으며, 이를 통해 효율성과 논리적 사고력을 동시에 기를 수 있다.

방법 9. 데이터 기반 사고력 강화: 정보로부터 통찰을 얻는 능력 데이터 기반 사고력은 객관적인 데이터를 분석하여 문제를 해결하고 의사 결정을 내리는 능력이다. 현대 사회에서 데이터는 단순한 숫자가 아니라, 패턴과 경향을 파악하고 미래를 예측하는 데 중요한 역할을 한다. 이를 통해 논리적이고 근거에 입각한 결정을 내릴 수 있으며, 다양한 상황에서 활용할 수 있는 핵심 역량으로 자리잡고 있다.

- **전략**: 데이터를 활용하여 문제를 분석하고 해결책을 도출하는 방식이다. 주관적인 판단보다 객관적 자료에 기반하여 의사 결정을 내리고, 복잡한 문제를 체계적으로 접근하는 것을 목표로 한다.
- **강화 방법**
  - **데이터 시각화 연습**: 차트, 그래프와 같은 시각적 도구를 통해 데이터를 직관적으로 이해하는 훈련을 한다. 이를 통해 방대한 데이터에서 중요한 정보를 빠르게 파악하고, 문제의 본질을 명확하게 인식할 수 있다.
  - **데이터 분석 및 예측 훈련**: 실제 사례를 통해 데이터를 분석하고, 이를 바탕으로 미래를 예측하는 연습을 한다. 다양한 데이터 세트를 활용하여 반복적으로 분석하는 과정에서 문제 해결 능력을 기른다.
- **실생활 적용 사례**
  - **학교 급식 데이터 분석**: "학교 급식 데이터에서 학생들의 선호도를 분석하고, 이에 따라 메뉴 개선 방안을 제안하는 것"과 같은 활동을 통해 데이터 기반 사고력을 실생활에 적용할 수 있다.
  - **소비 패턴 분석**: 가계부를 작성하고 지출 내역을 분석하여 불필요한 지출을 줄이는 방식으로 데이터 기반 사고를 활용할 수 있다.
  - **운동 기록 분석**: 운동 앱에서 수집한 데이터를 통해 자신의 운동 패턴을 분석하고, 효율적인 운동 계획을 수립하는 방식도 데이터 기반 사고력 강화의 한 예시이다.

데이터 기반 사고력은 정보가 넘쳐나는 현대 사회에서 필수적인 능력이다. 주어진 정보를 효과적으로 활용하고, 이를 바탕으로 논리적인 결론을 도출하는 과정은 문제 해결뿐만 아니라 개인의 성장에도 크게 기여한다.

방법 10. 협력적 사고력 증진: 함께하는 힘으로 더 나은 해결책 찾기 협력적 사고력은 개인의 역량을 넘어 팀원들과의 상호작용을 통해 창의적이고 효과적인 해결책을 도출하는 능력이다. 현대 사회에서는 혼자서 해결하기 어려운 복잡한 문제가 많다. 이러한 문제를 해결하기 위해서는 다양한 배경과 시각을 가진 사람들이 협력하여 새로운 아이디어를 창출하는 과정이 필요하다. 협력적 사고력은 단순히 아이디어를 공유하는 데 그치지 않고, 서로의 의견을 존중하고 조율하여 최선의 결과를 이끌어내는 데 중점을 둔다.

- **전략**: 팀워크를 기반으로 다양한 관점을 결합하여 창의적이고 혁신적인 해결책을 도출한다. 개인의 한계를 극복하고, 집단 지성을 활용해 문제를 해결하는 방식이다.
- **강화 방법**
  - **협력 기반 토론 및 워크숍**: 문제를 협력적으로 해결하는 토론과 워크숍에 참여하여 팀원들과 다양한 관점을 공유하고 새로운 해결책을 찾는다. 이를 통해 팀워크와 의사소통 능력을 향상시킨다.
  - **팀 프로젝트 수행**: 팀 내 다양한 역할을 맡아 서로의 의견을 존중하며 공동의 목표를 달성하기 위한 프로젝트를 수행한다. 다양한 의견을 수렴하고 조율하는 과정을 통해 협력적 사고력을 강화한다.
- **실생활 적용 사례**
  - **학교 행사 기획 프로젝트**: "학생들이 학교 행사 계획을 위해 팀을 구성하고 역할을 나누어 프로젝트를 진행하는 것"과 같은 활동은 협력적 사고력 강화에 도움이 된다.
  - **단체 과제 수행**: 학업이나 직장에서 팀 과제를 수행할 때 각자의 역할을 나누고, 상호 협력하여 최종 결과물을 완성하는 과정에서 협력적 사고력이 발휘된다.
  - **커뮤니티 활동 기획**: 지역 사회에서 커뮤니티 행사를 기획하고 실행할 때 다양한 사람들과 협력하여 문제를 해결하는 것도 좋은 예시이다.

협력적 사고력은 개인의 역량을 뛰어넘어 공동의 목표를 달성하는 데 필수적인 요소이다. 다양한 배경을 가진 사람들과의 협업은 새로운 시각을 제공하며, 이를 통해 더욱 창의적이고 혁신적인 해결책을 도출할 수 있다.

정보 수집은 의사 결정을 내리거나 문제를 해결하기 위해 다양한 출처에서 관련성 높은 정보를 찾고 분석하는 과정이다. 정확하고 신뢰할 수 있는 정보는 문제 해결의 출발점이자 핵심 요소로, 편향되지 않은 관점을 유지하며 적합한 결론을 도출하는 데 필수적이다.

- **전략**: 결정을 내리거나 문제 해결을 위해 다각도로 정보를 수집하고, 이를 바탕으로 신뢰할 수 있는 해결책을 모색하는 방식이다. 다양한 관점을 반영하고, 주관적 판단을 배제하는 데 초점을 둔다.
- **강화 방법**
  - **다양한 관점 수용**: 여러 출처에서 정보를 수집하고, 서로 다른 관점을 비교하여 편향을 줄인다.
  - **신뢰성 평가**: 정보를 분석할 때 출처와 정확성을 검토하여 신뢰할 수 있는 데이터만을 활용한다.
  - **체계적 정리**: 수집한 정보를 카테고리별로 분류하고 조직화하여 효율적인 분석과 사용이 가능하도록 준비한다.
- **실생활 적용 사례**
  - **구매 결정**: "가전제품을 구매할 때, 다양한 사용자 리뷰와 전문가 의견을 참고하여 최적의 제품을 선택한다."
  - **프로젝트 기획**: 시장 조사와 데이터 분석을 통해 프로젝트의 계획 타당성을 검토하고 추진 방안을 구상한다.
  - **의료 정보 탐색**: 질병에 대한 정보를 다양한 의료 사이트에서 수집하여 올바른 치료법을 찾는다.

정보 수집은 올바른 결정을 내리는 데 있어 필수적인 과정이다. 단순한 데이터의 나열이 아니라, 수집한 정보를 분석하고 활용하는 능력이 강화될 때 더욱 정확하고 효과적인 문제 해결이 가능해진다.

피드백은 단순한 평가를 넘어, 문제 해결 과정에서 도출된 결과를 분석하고 개선하는 중요한 도구이다. 이를 통해 자신의 강점과 약점을 파악하고, 문제를 보다 효율적으로 해결하는 방법을 체계적으로 구축할 수 있다. 피드백을 적극적으로 수용하고 활용하는 것은 사고력을 강화하고 지속적으로 성장하는 데 필수적이다.

- **전략**: 실행 결과를 점검하고 문제 해결의 과정과 방법을 개선하는 데 중점을 둔다. 피드백을 통해 반복적으로 성과를 향상시켜 더 나은 결과를 도출한다.
- **강화 방법**
  — **프로젝트 완료 후 회고 및 피드백**: 프로젝트가 완료된 후 팀원들과 결과를 검토하고, 문제점과 성공 요인을 분석한다.
  — **실패 사례 분석**: 실패 경험에서 교훈을 도출하고, 유사한 실수를 반복하지 않도록 조치한다. 이를 통해 문제 해결 능력을 체계적으로 향상시킨다.
- **실생활 적용 사례**
  — **학생 프로젝트**: "학생들이 팀 프로젝트를 마친 후 리뷰 세션을 진행해 과정을 평가하고 개선점을 찾는다."

피드백을 효과적으로 활용하는 것은 문제를 지속적으로 해결하고, 더 나은 결과를 도출하는 데 있어 중요한 요소이다. 이는 사고력을 강화하는 데 있어 반복적이고 필수적인 과정이며, 성장과 발전을 위한 중요한 디딤돌이 된다.

방법 13. 사고력 강화의 지속적 실천: 꾸준함이 만드는 사고의 깊이

지속적인 실천은 사고력을 개발하고 유지하는 데 핵심적인 역할을 한다. 반복적이고 꾸준한 연습은 새로운 문제를 마주했을 때 효과적으로 대응할 수 있는 사고력을 길러준다. 사고력 강화는 단기적인 목표로 끝나지 않고, 삶의 일부로 자리잡아야 한다. 이를 통해 변화하는 환경에 적응하고, 복합적인 문제를 해결하는 능력을 자연스럽게 기를 수 있다.

- **전략**: 꾸준한 학습과 반복적인 실천을 통해 사고력을 유지하고 향상시킨다. 매일 또는 정기적으로 사고력 훈련을 포함시켜 일상에서 사고력 개발을 지속한다.
- **강화 방법**

- **일일 훈련 루틴 설정**: 사고력을 개발하기 위해 매일 일정한 시간을 할애해 문제를 해결하거나 사고 훈련을 진행한다.
- **문제 상황에 적극적으로 참여**: 다양한 문제 상황에서 적극적으로 해결책을 모색하고, 반복된 경험을 통해 사고력을 강화한다.
- **실생활 적용 사례**
  - **문제 해결 훈련**: "일주일에 한 번 복잡한 문제를 선정하고, 해결 방안을 기록하여 스스로의 발전을 점검한다."

지속적인 실천은 사고력을 발전시키는 가장 확실한 방법이다. 사고력 강화는 단순한 이론이 아닌, 일상에서 끊임없이 훈련하고 적용해야 하는 과정이며, 이러한 습관은 장기적으로 창의적이고 논리적인 문제 해결 능력을 키우는 데 큰 도움이 된다.

방법 14. 감성적 사고력 함양: 공감과 감정을 통한 문제 해결 감성적 사고력은 타인의 감정과 관점을 이해하고 이를 문제 해결 과정에 반영하는 능력이다. 현대 사회에서는 기술적 해결책뿐만 아니라 사람의 감정을 읽고 존중하는 것이 중요한 역할을 한다. 감성적 사고력은 단순히 공감하는 것을 넘어, 타인의 입장에서 생각하고 감정의 흐름을 파악하여 최적의 해결책을 도출하는 데 기여한다.

- **전략**: 상황과 타인의 감정을 깊이 이해하고, 공감 능력을 바탕으로 문제 해결 과정에 감성적 요소를 결합하는 방식이다. 인간 중심의 사고와 결정을 내리기 위한 중요한 방법론으로 자리잡고 있다.
- **강화 방법**
  - **공감 훈련**: 타인의 입장에서 상황을 바라보며, 감정을 이해하고 존중하는 연습을 한다. 예를 들어, 역할극(Role Playing)이나 감정 일기를 작성하는 것이 포함된다.
  - **스토리텔링 활용**: 다양한 이야기나 사례를 통해 타인의 경험을 간접적으로 체험하고 감성적 반응을 일으키는 훈련을 한다.
  - **감정 표현 연습**: 자신의 감정을 솔직하게 표현하고 타인의 감정을 수용하는 활동을 통해 감성적 커뮤니케이션 능력을 강화한다.

- **실생활 적용 사례**
  - **갈등 해결**: "친구나 동료와 갈등이 생겼을 때, 상대방의 입장에서 상황을 바라보고 대화를 통해 문제를 해결하는 것"은 감성적 사고력의 대표적인 예시다.
  - **팀 프로젝트**: 프로젝트 진행 중 팀원 간 의견 충돌이 발생할 경우, 서로의 감정을 이해하고 조율하여 원활하게 진행하도록 돕는다.
  - **고객 서비스**: 고객의 불만 사항을 단순히 처리하는 것이 아닌, 고객의 감정을 공감하고 이를 반영한 해결책을 제시하는 과정에서 감성적 사고력이 발휘된다.

감성적 사고력은 단순한 문제 해결을 넘어, 인간 관계의 질을 향상시키고 사회적 유대감을 강화하는 데 중요한 역할을 한다. 공감과 이해를 통해 보다 따뜻하고 효과적인 문제 해결 방안을 도출할 수 있다.

사고력 강화는 단순히 지식을 축적하는 것을 넘어, 끊임없이 발전하고 변화하는 세상에서 유연하게 사고하고 문제를 해결하는 힘을 기르는 과정이다. 다양한 전략과 방법을 통해 우리는 논리적이고 창의적인 사고를 동시에 확장할 수 있으며, 이를 통해 복잡한 문제를 구조적으로 접근하고 해결하는 능력을 강화하게 된다. 질문하기에서 시작해, 실패 사례를 분석하고, 다양한 접근법을 시도하는 모든 과정은 사고의 깊이를 더하고, 새로운 시각을 제공하는 중요한 경험이 된다. 사고력은 하루아침에 길러지지 않는다. 지속적인 실천과 반복된 훈련을 통해 서서히 단단해지고, 이는 일상과 학습, 그리고 직업적 삶에까지 긍정적인 영향을 미친다. 사고력 강화를 위한 여정은 앞으로도 계속될 것이다. 새로운 문제에 부딪힐 때마다 우리는 성장할 기회를 얻으며, 이러한 과정 속에서 비로소 진정한 사고력의 힘을 깨닫게 된다. 지금까지 배운 전략들을 적극적으로 활용해 나가며, 보다 창의적이고 논리적인 자신을 만들어가길 바란다.

컴퓨팅 사고력(CT)은 우리 일상의 다양한 문제를 해결하는 데 중요한 도구다. 여러분이 일상에서 경험하는 다양한 문제를 CT의 37가지 요소 중 어떤 것을 활용하면 해결할 수 있을까? 지금까지 배운 CT의 다양한 요소들이 실제로 우리 주변의 문제를 해결하는 데 얼마나 유용한지 직접 확인해볼 시간이다. 문제를 분석하고, 패턴을 인식하며, 알고리즘을 설계하는 과정은 단순히 코딩에서 그치지 않고 우리 삶 속의 다양한 영역에서 빛을 발한다. 이제 직접 문제를 정의하고, 컴퓨팅 사고력을 활용하여 해결책을 도출해보자.

왜 시간에 쫓겨 식당에 갈 때면 대기 줄이 긴 것일까? 점심시간, 수업이 끝나자마자 다음 수업 전 식사를 마치려고 배를 움켜쥐고 식당으로 달려간다. 그러나 식당 앞에 펼쳐진 것은 긴 대기 줄. "분명히 빨리 나왔는데 왜 이렇게 길지?" 한숨이 절로 나온다. 다른 학생들도 비슷한 생각을 하는 것일까? 심지어 줄 끝이 보이지 않을 정도로 꼬리를 물고 있다. "다음 수업까지 30분밖에 안 남았는데, 이거 먹을 수는 있는 거야?" 결국 기다림에 지쳐 편의점으로 발걸음을 돌린다. 식당에 줄이 긴 건 단순히 학생들이 몰려서일까? 아니면 뭔가 다른 이유가 있을까? 시간대별 이용자 패턴, 식당 메뉴, 결제 방식, 심지어 트레이를 드는 속도까지 이 모든 것이 컴퓨팅 사고력으로 해결할 수 있는 문제일지 모른다. 이제 우리 주변에서 흔히 마주치는 이런 문제를 CT로 분석해보자. 식당의 긴 줄을 줄이고, 모두가 편하게 식사할 수 있는 방법을 찾는 도전이 시작된다.

1단계: 문제 정의 — 대기 줄이 긴 원인 파헤쳐보자 식당에서 대기 줄이 길어지는 현상은 단순히 "사람이 많다"는 이유로 끝나는 문제가 아니다. 이 현상의 본질을 깊이 파고들기 위해 다양한 관점에서 문제를 정의하고 분석해야 한다.

- **적용 가능한 CT 요소**

  문제 인식 — 대기 시간이 길어 학생들이 식사를 포기하는 상황이 반복된다.

  패턴 인식 — 점심시간(12시~1시)에만 대기 줄이 급증하는 반복적 패턴이 존재한다.

  자료 수집 — 식당 이용 시간대별 인원, 인기 메뉴, 결제 시간 등의 데이터를 수집해 원인을 구체화한다.

  자료 분석 — 수집한 데이터를 바탕으로 피크 타임, 메뉴 소요 시간, 테이블 회전율을 분석한다.

  병렬화 처리 능력 — 여러 학생들이 동시에 다른 메뉴를 주문하지만, 특정 조리 단계에서 병목 현상이 발생한다.

  추상화 사고력 — 대기 시간 증가의 핵심 요인만 추출하고, 불필요한 요소(주변 소음, 외부 환경 등)는 배제한다.

  시뮬레이션 — 가상의 시뮬레이션을 통해 사람이 몰리는 상황을 재현하고 해결 방안을 탐색한다.

  알고리즘적 사고력 — 주문에서부터 배식까지의 과정을 단계별로 나누어, 어느 부분에서 시간이 가장 많이 소요되는지 분석한다.

2단계: 원인 분석 및 패턴을 찾아보자   문제가 발생하는 구체적인 원인을 CT 기법을 활용해 단계별로 분석한다.

- **적용 가능한 CT 요소**

  패턴 인식 — 특정 요일(월요일)이나 인기 메뉴(돈까스 등)에 대기 시간이 급증하는 패턴이 관찰된다.

  논리적 사고력 — 학생들이 한 번에 몰리는 이유는 수업 종료 시간이 비슷하거나, 특정 시간대 할인 혜택이 있기 때문이다.

  계산 능력 — 한 명이 식사를 마치고 자리를 비우는 데 평균 25분이 소요된다. 테이블 수와 학생 수를 고려하면, 특정 시간에는 자리가 부족하다.

  공간 지각 능력 — 테이블 배치가 비효율적이거나, 주문하는 동선이 길어지는 문제가 존재한다.

조정 능력 — 인기 메뉴를 미리 조리해 두는 방법, 테이크아웃 창구 신설 등으로 동선을 조정할 수 있다.

3단계: 아이디어를 생성하고, 논리적인 해결책을 도출해 볼까　　식당의 대기 줄을 줄이기 위한 다양한 아이디어를 CT 기반으로 도출한다.

- **적용 가능한 CT 요소**

  창의적 사고력 — 모바일로 사전 주문 시스템을 도입해 학생들이 직접 줄을 서지 않도록 한다.

  상호작용적 사고력 — 학생들에게 설문조사를 실시해 불편 사항을 직접 청취하고, 피드백을 반영해 해결책을 수립한다.

  탐색적 사고력 — 학교 내 여러 식당을 비교하고, 대기 줄이 짧은 곳의 전략을 탐색해 도입한다.

  조정 분석 사고력 — 주문, 조리, 배식 과정의 동선을 분석하고, 흐름을 원활하게 만드는 방안을 제시한다.

  통합적 사고력 — 주문부터 결제, 배식까지의 과정을 시스템화해 일괄 처리하는 방식을 도입한다.

  비판적 분석 사고력 — 도입된 해결책이 실제로 효과적인지 비판적으로 검토하고, 지속적인 개선을 수행한다.

4단계: 해결책을 적용하고 그에 대한 피드백을 통하여 대기 줄에서 해방　　도출한 해결책을 실제로 적용하고, 피드백을 적용하여 지속적으로 문제 해결 방법을 보완한다.

- **적용 가능한 CT 요소**

  피드백 사고력 — 시스템 도입 후 학생들이 불편 사항을 피드백하도록 유도해 문제점을 개선한다.

  데이터 기반 사고력 — 대기 시간이 얼마나 단축되었는지 데이터를 기반으로 분석해 성과를 측정한다.

비판적 사고력 — 해결책이 새로운 문제를 야기하지 않았는지 지속적으로 검토하고, 다른 방안과 비교한다.

지속 가능성 사고력 — 장기적으로 효율적인 식당 운영을 위해 인공지능 기반 예약 시스템 도입 등의 발전적 아이디어를 고민한다.

🎯 도전 과제

이제, 여러분의 컴퓨팅 사고력을 적용해 직접 문제를 해결해보자. 아래의 주제 중 하나를 선택해 단계별로 분석하고 해결 방안을 도출해보자.

생각하기 1: 왜 용돈은 항상 모자랄까?

아무리 계획을 세워도 용돈이 빠르게 사라지는 경험, 누구나 해봤을 것이다. 계획은 있지만 실행은 어려운 법. 때론 예상치 못한 지출이 생기고, 과소비의 유혹에 빠지기도 한다. 그렇다면 용돈이 부족해지는 진짜 이유는 무엇일까? 이번에는 컴퓨팅 사고력(CT)을 활용해 용돈 관리의 문제를 파악하고, 해결책을 찾아보자.

생각하기 2: 시험 공부, 왜 항상 벼락치기일까?

시험 기간이 다가올 때마다 "이번엔 진짜 미리 공부해야지!"라고 다짐하지만, 결국 시험 전날까지 벼락치기를 하고 있는 자신을 발견한다. 책상에 앉아있는 시간보다 딴짓하는 시간이 더 길고, "오늘은 진짜 시작해야지"라고 생각하다가 어느새 유튜브를 보고 있다. 왜 매번 이런 상황에 빠질까? 시험이 코앞으로 다가와야 비로소 긴장하게 되고, 그제야 허둥지둥 공부를 시작한다. 평소엔 안심하고 있다가, 어느 순간부터 "이걸 언제 다 하지?"라는 절망감이 몰려온다. 문제는 이런 패턴이 반복된다는 것이다. 이번엔 CT를 활용해 벼락치기의 악순환을 끊어보자!

생각하기 3: 내 방을 완벽하게 정리 정돈해보자!

"오늘은 진짜 방 좀 치워야지!"라고 다짐하지만, 어느새 침대에 드러누워 핸드폰을 들여다보고 있다. 바닥에 던져둔 옷, 책상 위에 쌓여가는 컵, 정체불명의 서랍 속 물건들…… 도대체 언제 이렇게 어질러진 걸까? 방 청소는 늘 '나중에'의 영역이다. 그 나중이 오면 '오늘은 힘드니까 주말에 하자'로 미뤄지고, 주말엔 '다음에 대청소할 때 하자'로 넘어간다. 결국 청소할 시간보다 '어디서부터 손대야 하지?' 고민하는 시간이 더 길어진다. 그렇게 어느 날, 바닥에 있던 물건에 걸려 넘어지고, "아! 진짜 이번 엔 치운다!"라는 결심과 함께 다시 새로운 '정리의 날'이 시작된다. 하지만, 왜 이렇게 빨리 다시 어지러워지는 걸까? 이제 CT로 방을 완벽하게 정리 정돈하는 방법을 분석 하고, 다시는 "내 방은 왜 항상 어지러울까?"라는 말이 나오지 않도록 해결해보자!

　　문제 해결은 복잡하지만, CT는 우리에게 명확한 길을 제시한다. 우리 삶에서 마주하는 문제들은 얽히고설킨 실타래와 같다. 어디서부터 풀어야 할지 막막할 때 가 많다. 작은 문제라 해도, 그 안을 들여다보면 예상치 못한 복잡한 요소들이 얽혀 있고, 하나를 해결하면 또 다른 문제가 모습을 드러낸다. 이런 순간, 우리는 좌절하게 되고, 해결되지 않은 문제는 시간이 지나면서 더 큰 짐이 되어 돌아온다. 이때 필요한 것이 바로 컴퓨팅 사고력이다. CT는 마치 복잡한 퍼즐을 풀기 위한 가이드 같다. 문제가 아무리 커도, 이를 작은 조각으로 나누고, 패턴을 찾아내며, 논리적으로 해결책을 설계할 수 있다. CT는 "이건 불가능해"라는 두려움을 "어디서부터 시작하면 될까?"라는 도전 의식으로 바꿔준다.

　　CT는 단순히 코딩이나 알고리즘을 만드는 기술이 아니다. 이는 문제를 바라보는 방식, 즉 생각의 틀을 전환하는 강력한 도구다. 복잡한 문제를 한 번에 해결하기보다는, 문제를 구성하는 요소를 하나씩 떼어내고, 이를 체계적으로 정리해 나간다. 하나하나 단계를 밟아가듯, 차근차근 앞으로 나아가는 방법을 가르쳐준다. 또한, 완벽하지 않아도 괜찮다고 말한다. 처음부터 완벽한 해결책을 기대하는 대신, 시도하고, 피드백을 받고, 다시 개선하는 과정 자체가 중요하다. 시행착오를 통해 더 나은 답을 찾아가고, 그 과정에서 더욱 깊이 있는 사고력을 기르게 된다. 결국, CT는 우리 삶의 크고 작은 문제를 풀어나가는 친구 같은 존재다. 처음엔 낯설고 어렵게 느껴지지만, 어느 순간 익숙해지면 우리의 사고방식 깊숙이 자리잡고, 복잡한 상황에서도 흔들림 없이 길을 찾아갈 수 있도록 돕는다. 문제 해결은 복잡할 수 있다. 하지만 CT는 문제를 향해 나아가는 명확한 방향과 길을 제시한다. 하나씩 해결해 나가는 과정에서 성장하고, 더 나은 내일을 만들어 나가게 될 것이다.

마무리

컴퓨팅 사고력(CT)은 문제를 해결하는 강력한 도구일 뿐만 아니라, 새로운 시각으로 세상을 바라보는 창이다. 우리가 일상에서 마주하는 크고 작은 문제들은 때로는 복잡하고 혼란스럽게 느껴진다. 그러나 CT는 이 복잡함을 단순하게 풀어내고, 한 걸음씩 앞으로 나아갈 수 있도록 돕는다. 이 단원에서 다룬 CT의 핵심 요소와 사고력 강화 전략은 단순한 지식이 아니라, 직접 문제를 해결하며 체득해야 하는 기술이다. 문제를 분석하고, 패턴을 찾아내며, 논리적으로 해결책을 설계하는 과정은 처음에는 낯설고 어렵게 느껴질 수 있다. 하지만 반복적으로 적용하다 보면 어느새 우리의 사고방식에 깊숙이 자리잡아, 마치 숨 쉬듯 자연스럽게 문제를 해결하는 데 활용될 것이다. 컴퓨팅 사고력은 코딩과 프로그래밍을 넘어선다. 이는 단순히 소프트웨어 개발자나 공학자들만의 기술이 아니다. 교실, 회사, 가정, 일상에서 우리는 크고 작은 도전에 직면하며, CT는 이러한 도전을 극복하는 데 중요한 역할을 한다. 데이터를 분석해 효율적인 결정을 내리고, 새로운 아이디어를 창출하며, 예상치 못한 상황에서도 유연하게 대처할 수 있는 능력은 앞으로의 시대를 살아가는 데 필수적인 역량이다.

이제 문제를 마주할 때, "어디서부터 시작해야 할까?"라는 고민 대신, "이 문제를 어떻게 분석하고 해결할 수 있을까?"라는 도전 의식을 가져보자. CT는 두려움을 없애고, 문제를 하나하나 풀어가는 여정을 즐기도록 만들어준다. 모든 문제는 풀 수 있다. 다만, 그 문제를 바라보는 관점을 바꾸는 것에서부터 해결의 실마리가 시작된다. 컴퓨팅 사고력은 바로 그 관점을 바꾸는 첫걸음이 되어줄 것이다. 문제 해결은 과정의 연속이다. 끊임없이 생각하고, 도전하고, 개선해 나가는 과정에서 우리는 성장하며 더 나은 미래를 만들어 나간다. 지금까지 쌓아온 CT의 경험과 지식이 앞으로 맞이할 수많은 문제들을 해결하는 데 빛을 발할 것이다.

3장

컴퓨터 활용 문제 해결

1 <class 'int'>
Python <class 'str'>
True <class 'bool'>

Computational
Thinking

✅ 컴퓨터는 현대 사회에서 빠르고 정확하게 문제를 해결하는 데 중요한 역할을 한다. 하지만 컴퓨터가 어떻게 작동하고, 문제를 해결하는 과정에서 어떤 방식으로 작동하는지는 종종 간과되기 쉽다. 컴퓨터를 제대로 이해하는 것은 문제 해결 능력을 키우는 데 중요한 첫걸음이 된다.

✅ 이 단원에서는 컴퓨터의 문제 해결 방식과 그 과정에서 사용되는 하드웨어와 소프트웨어의 기본 개념을 다룬다. 컴퓨터가 정보를 처리하는 방식, 다양한 구성 요소들의 역할 등이 주요 내용이다. 컴퓨터 활용은 단순히 프로그램을 사용하는 것을 넘어, 컴퓨터가 어떤 원리로 작동하는지 이해하는 것에서 시작된다. 하드웨어와 소프트웨어의 협력, 그리고 이를 통해 이루어지는 정보 처리 과정은 우리가 문제를 해결하는 데 있어 필수적인 요소다.

✅ 컴퓨터라는 도구를 이해하고, 이를 문제 해결에 적용하는 것은 새로운 가능성을 열어줄 것이다. 함께 컴퓨터의 작동 원리와 활용법을 익히며, 더 효율적으로 문제를 해결하는 방법을 배워보자.

1 문제 해결 과정

문제를 해결하는 과정은 인간의 사고방식과 매우 유사하다. 우리가 일상에서 문제를 인식하고 해결하는 것처럼, 컴퓨터도 문제를 해결하기 위해 특정한 단계를 거친다. 이 과정은 크게 입력(Input), 처리(Process), 출력(Output)의 세 가지 단계로 나눌 수 있다.

문제 해결의 기본 개념 컴퓨터는 주어진 데이터를 입력 받아 이를 처리한 후 결과를 출력한다. 이러한 과정은 인간이 문제를 해결하는 방식과 본질적으로 유사하다. 예를 들어 우리가 레시피를 보고 요리하는 과정을 생각해보자.

- **입력**: 레시피를 읽고 필요한 재료를 준비한다.
- **처리**: 재료를 손질하고 조리한다.
- **출력**: 완성된 요리를 접시에 담아낸다.

컴퓨터도 마찬가지로 데이터와 명령을 입력 받고, 이를 처리한 후 결과를 출력하는 방식으로 작동한다.

- **입력**: 사용자가 키보드나 마우스를 통해 명령을 입력한다.
- **처리**: CPU가 입력된 명령을 해석하고 수행한다.
- **출력**: 처리된 결과가 화면이나 프린터에 나타난다.

이와 같이, 컴퓨터의 문제 해결 과정은 우리가 일상에서 수행하는 다양한 활동과 구조적으로 유사하다.

인간과 컴퓨터의 문제 해결 과정 비교　인간과 컴퓨터는 서로 다른 존재지만, 문제를 해결하는 과정에서 유사한 구조를 가진다. 인간은 감각 기관을 통해 정보를 받아들이고, 이를 뇌에서 분석하고 판단하여 행동으로 이어간다. 마찬가지로 컴퓨터도 입력 장치를 통해 데이터를 받고, CPU에서 명령을 처리한 뒤, 출력 장치를 통해 결과를 내보낸다. 이러한 과정은 각 단계에서 수행되는 역할과 방식에 따라 세부적으로 구분된다. 아래는 인간과 컴퓨터의 문제 해결 과정을 단계별로 비교한 표이다. 이를 통해 컴퓨터의 작동 방식이 인간의 사고 과정과 얼마나 밀접하게 닮아 있는지 알 수 있다.

구분	인간	컴퓨터
입력	감각 기관(눈, 귀, 피부 등)	입력 장치(키보드, 마우스 등)
처리	뇌(감정, 판단 포함)	CPU(명령 실행)
출력	행동, 언어, 대화	출력 장치(모니터, 프린터)

이를 통해 우리는 컴퓨터가 인간의 문제 해결 방식을 모방하여 설계되었음을 확인할 수 있다. 인간이 복잡한 문제를 직관적으로 해결하듯이, 컴퓨터도 입력과 처리를 거쳐 원하는 결과를 도출해내는 것이다.

문제 해결 예시

- **인간의 문제 해결:** **예** 날씨에 맞는 옷 선택하기
  입력 ― 아침에 창문을 통해 날씨를 확인한다. 날씨가 흐리고 바람이 부는 것을 감각 기관 (시각)을 통해 인식한다.
  처리 ― 흐린 날씨와 바람을 분석해 오늘 날씨가 춥다고 판단한다. 이에 따라 따뜻한 옷이 필요하다고 결정한다.
  출력 ― 코트를 꺼내 입고 외출 준비를 마친다.

- **컴퓨터의 문제 해결:** 예 온라인 검색 엔진 사용

  입력 — 사용자가 키보드를 사용해 원하는 정보를 검색창에 입력한다. 입력된 데이터는 검색 엔진으로 전송된다.

  처리 — 검색 엔진은 서버에서 데이터베이스를 조회하고, 입력된 검색어와 일치하거나 관련된 정보를 찾기 위한 알고리즘을 실행한다. 이 과정에서 수많은 데이터가 처리되며, 가장 관련성 높은 결과가 선별된다.

  출력 — 검색 결과가 웹페이지에 표시된다. 사용자는 화면을 통해 결과를 확인하고 필요한 정보를 얻는다.

문제 해결 과정의 의미　컴퓨터의 문제 해결 과정은 복잡해 보이지만, 결국 인간의 사고를 기계적으로 구현한 것에 불과하다. 중요한 것은 컴퓨터가 이러한 과정에서 얼마나 정확하고 효율적으로 작동하는가이다. 컴퓨터가 문제를 해결하는 원리를 이해하고, 이를 실제로 활용하는 방법을 학습해보기로 하자.

② 컴퓨터 동작 원리

컴퓨터는 인간의 두뇌와 비슷하게 작동하지만, 그 구조와 흐름은 기계적이고 명확하게 정의되어 있다. 우리 주변에서 쉽게 접하는 스마트폰, 노트북, 데스크톱 컴퓨터 모두 기본적으로 같은 원리로 작동한다. 이러한 컴퓨터의 동작 과정을 이해하는 것은 단순히 기계를 사용하는 것을 넘어, 문제를 효율적으로 해결하는 방법을 배우는 첫걸음이다.

컴퓨터의 주요 구성 요소　컴퓨터는 크게 네 가지 구성 요소로 이루어져 있다.

- **입력 장치**: 사용자가 키보드, 마우스와 같은 장치를 통해 데이터를 입력하는 부분이다.
- **주기억장치**: 컴퓨터가 데이터를 일시적으로 저장하고 빠르게 접근하는 메모리로, '작업 공간' 역할을 한다.
- **중앙처리장치(CPU)**: 컴퓨터의 두뇌에 해당하는 부분으로, 데이터를 처리하고 명령을

실행하는 핵심 장치다.

- **출력 장치**: 처리된 데이터를 사용자에게 결과로 보여주는 장치로, 모니터나 프린터가 이에 해당한다.

이 네 가지 구성 요소는 서로 밀접하게 연결되어 있으며, 각 단계에서 데이터와 명령이 흐르며 작업이 수행된다.

컴퓨터 동작 과정의 흐름　컴퓨터는 데이터를 처리하는 과정에서 데이터의 흐름과 제어의 흐름이라는 두 가지 중요한 경로를 따른다. 데이터의 흐름은 사용자가 입력한 데이터를 처리하고 결과를 출력하는 과정이다. 제어의 흐름은 각 구성 요소가 언제, 어떻게 동작해야 하는지를 결정하는 명령의 흐름을 의미한다. 이 두 가지 흐름은 서로 긴밀하게 연결되어 있으며, 컴퓨터가 정확하고 효율적으로 작동하도록 돕는다.

예시를 통한 동작 과정 이해　컴퓨터의 동작 원리를 보다 쉽게 이해하기 위해 간단한 예시를 들어보자. '3×2'라는 간단한 계산을 컴퓨터가 수행하고 그 결과를 모니터에 출력하는 과정을 살펴보자.

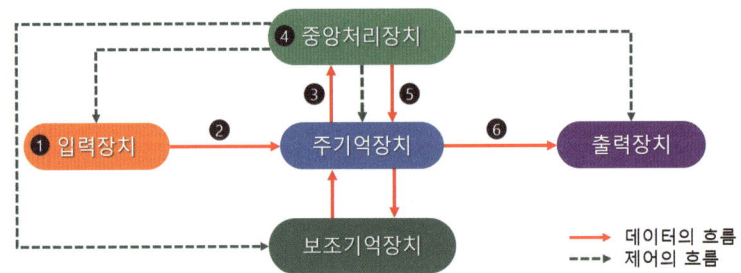

- **입력 단계**: 사용자가 키보드를 이용해 '3'과 곱하기 기호 '×', 그리고 숫자 '2'를 입력한다.
- **데이터 저장**: 입력된 '3'과 '2'는 주기억장치(RAM)에 일시적으로 저장된다.
- **처리 단계**: 중앙처리장치(CPU)는 주기억장치에 저장된 '3'과 '2'를 불러와 연산을 수행한다.
- **연산 수행**: CPU는 '3×2'를 계산하여 '6'이라는 결과를 도출한다.

　문제 해결의 힘, 컴퓨팅 사고력

- **결과 저장**: 연산이 완료된 결과 '6'은 다시 주기억장치에 저장된다.
- **출력 단계**: 주기억장치에 저장된 '6'은 모니터(출력 장치)에 전송되어 사용자에게 표시된다.

이 과정은 짧은 순간에 이루어지며, 사용자는 계산기가 빠르게 결과를 내놓는 것처럼 느끼게 된다. 하지만 그 내부에서는 입력, 저장, 처리, 출력이라는 일련의 단계가 체계적으로 진행되고 있는 것이다.

데이터와 제어의 흐름 이 동작 과정에서 실선 화살표로 표시된 '데이터의 흐름'은 입력된 숫자와 연산 결과가 주기억장치와 중앙처리장치를 오가며 처리되는 과정을 보여준다. 반면, 점선으로 표현된 '제어의 흐름'은 중앙처리장치가 각 장치에 명령을 내리고, 데이터가 언제 어디로 이동해야 하는지를 조정하는 과정이다. 컴퓨터는 이 두 가지 흐름을 통해 사용자의 명령을 신속하게 처리하며, 복잡한 작업도 순차적으로 해결해 나간다.

컴퓨터 동작 원리의 중요성 컴퓨터의 동작 원리를 이해하는 것은 단순히 기계적 지식을 쌓는 것을 넘어선다. 이는 효율적으로 컴퓨터를 활용하고, 문제를 해결하는 데 필수적인 사고 방식을 형성하는 기초가 된다. 실제로 프로그래밍이나 시스템 설계, 데이터 분석과 같은 고급 기술도 이러한 기본 원리 위에서 이루어진다. 컴퓨터는 단순한 도구가 아니라, 우리의 사고를 확장하고 문제를 해결하는 강력한 동반자다. 그 동작 원리를 하나씩 이해하다 보면, 우리는 더 창의적이고 효율적으로 기술을 활용하는 방법을 깨닫게 될 것이다.

③ 하드웨어와 소프트웨어

컴퓨터는 하드웨어와 소프트웨어라는 두 가지 핵심 요소로 구성된다. 이 두 요소는 서로 협력하여 작동하며, 하나만으로는 컴퓨터 시스템이 완전히 기능할 수 없다. 하드웨어는 컴퓨터의 '몸체'에 해당하고, 소프트웨어는 '두뇌' 역할을 하여 하드웨어가 원하는 작업을 수행하도록 지시한다.

하드웨어란? 하드웨어는 컴퓨터 시스템을 구성하는 물리적인 장치를 의미한다. 손으로 만지고 직접 볼 수 있는 부분으로, CPU, 메모리, 저장 장치, 그래픽 카드, 키보드, 마우스 등이 이에 속한다. 하드웨어는 시스템이 제대로 작동하도록 다양한 역할을 수행하며, 각 구성 요소는 독립적으로 기능하면서도 유기적으로 연결된다. 주요 하드웨어 구성 요소는 다음과 같다.

구성 요소	설명	주요 역할
중앙 처리 장치(CPU)	컴퓨터의 두뇌 역할, 명령 실행 및 계산 수행	데이터 처리 및 명령 실행
메모리(RAM)	활성 상태에서 프로그램 실행 및 데이터 임시 저장	빠른 데이터 접근 및 임시 저장
저장 장치	하드 드라이브, SSD, 광학 드라이브 등	장기 데이터 저장
마더보드	하드웨어 구성 요소 연결 및 통신 지원	시스템 전체 통신과 데이터 흐름
입력/출력(I/O) 장치	입력 장치(키보드, 마우스), 출력 장치(모니터, 스피커 등)	사용자와 컴퓨터의 상호작용 지원
그래픽 처리 장치(GPU)	그래픽 및 이미지 렌더링을 담당	그래픽 데이터 처리
네트워크 카드(NICs)	네트워크 연결 및 데이터 통신 지원	인터넷 및 네트워크 연결
전원 공급 장치(PSU)	구성 요소에 전기를 공급	전력 공급 및 시스템 안정화

소프트웨어란? 소프트웨어는 논리적인 프로그램과 데이터로, 하드웨어가 명령을 수행하도록 지시하는 역할을 한다. 보이지는 않지만, 컴퓨터를 움직이는 핵심 요소다. 소프트웨어가 없으면 하드웨어는 단순한 금속 덩어리에 불과하다. 주요 소프트웨어 구성 요소는 다음과 같다.

문제 해결의 힘, 컴퓨팅 사고력

구성 요소	설명	예시
운영 체제(OS)	하드웨어 자원을 관리하고 응용 프로그램에 서비스를 제공	Windows, macOS, Linux
응용 프로그램	특정 작업이나 기능을 수행하는 소프트웨어	워드 프로세서, 웹 브라우저, 게임
유틸리티	시스템 유지 및 관리 작업을 수행하는 도구	디스크 정리, 백신 프로그램
프로그래밍 언어	소프트웨어 개발 및 응용 프로그램 작성에 사용되는 언어	Python, C++, Java
라이브러리와 API	소프트웨어 개발을 단순화하고 가속화하기 위하여 사전 작성된 코드와 인터페이스	TensorFlow, REST API
데이터	디지털 형태의 정보, 파일, 문서 등	데이터베이스 파일, 문서 파일
펌웨어	하드웨어 장치에 내장된 영구적 소프트웨어	BIOS, 임베디드 소프트웨어

하드웨어와 소프트웨어의 협력 관계 하드웨어와 소프트웨어는 컴퓨터가 제대로 작동하기 위해 반드시 함께 작용해야 한다. 하드웨어가 없으면 소프트웨어는 실행될 수 없고, 소프트웨어가 없으면 하드웨어는 아무런 작업도 수행할 수 없다.

협력 관계의 예시를 살펴보자. 사용자가 키보드를 통해 명령을 입력(하드웨어)하면, 운영 체제(OS)가 해당 입력을 인식하고(소프트웨어), 응용 프로그램이 이를 처리하여 결과를 모니터에 출력(하드웨어)한다. 게임을 실행하면 CPU와 GPU(하드웨어)가 데이터 연산을 수행하고, 소프트웨어가 게임 화면을 렌더링한다.

하드웨어와 소프트웨어의 주요 특성 비교

구분	특성	설명
하드웨어	물리적 측정	크기, 무게, 형태, 재질과 같은 물리적 속성을 포함함(예: 노트북의 화면 크기, 두께)
	내구성	안정적이고 오랜 시간 작동해야 하며, 서버 하드웨어는 24/7 운영 필요
	전력 소비	전력을 필요로 하며, 저전력 하드웨어는 에너지 효율적임

	알고리즘	데이터를 처리하고 작업을 수행하는 논리적 단계와 조건문
소프트웨어	추상화	하드웨어의 세부 정보를 감추고 사용자에게 친숙한 인터페이스 제공
	포트 언어	다양한 하드웨어와 운영 체제에서 호환 가능하도록 설계

하드웨어와 소프트웨어는 단순히 기능적으로 분리된 요소가 아니라, 컴퓨터 시스템이 유기적으로 작동하기 위해 반드시 함께 움직이는 존재다. 하드웨어는 안정성과 성능을 책임지고, 소프트웨어는 그 하드웨어가 다양한 작업을 수행할 수 있도록 지시하고 제어한다. 이러한 협력 관계를 이해하면, 단순한 사용자에서 벗어나 컴퓨터 시스템을 더욱 능숙하게 다루고 최적화할 수 있는 능력을 기를 수 있다. 하드웨어와 소프트웨어가 어떻게 조화를 이루는지 이해하는 것은 디지털 시대를 살아가는 우리에게 중요한 기본 소양이 될 것이다.

02 | 컴퓨팅 개념 이해

1 컴퓨팅이란?

컴퓨팅(computing)이란 컴퓨터를 사용해 데이터를 처리하고 문제를 해결하는 모든 과정을 의미한다. 이는 단순한 기술적 개념을 넘어, 인간의 삶을 더 편리하고 효율적으로 만드는 핵심적인 도구로 자리잡았다. 오늘날 컴퓨팅은 소프트웨어, 하드웨어, 네트워킹, 데이터 분석 등 다양한 영역에 걸쳐 사용되며, 디지털 사회의 기반을 이루고 있다.

컴퓨팅의 핵심 개념 컴퓨팅의 본질은 데이터 입력 → 처리 → 출력이라는 간단한 흐름으로 설명할 수 있다.

- **입력(Input)**: 컴퓨터는 사용자의 키보드 입력, 마우스 클릭, 센서 등 다양한 방식으로 데이터를 받아들인다.
- **처리(Process)**: 입력된 데이터는 중앙처리장치(CPU)와 메모리를 통해 분석되고 연산되어 의미 있는 결과로 변환된다.
- **출력(Output)**: 처리된 데이터는 모니터, 프린터, 스피커 등을 통해 사용자에게 결과로 전달된다.

이러한 과정은 사람이 문제를 해결하는 방식과 유사하다. 우리는 눈과 귀로 정보를 수집하고(입력), 이를 두뇌에서 분석해(처리), 행동이나 언어로 표현(출력)하는 것이다. 컴퓨팅은 단순히 물리적인 하드웨어와 소프트웨어의 조합을 넘어서, 알고리즘과 논리적인 프로세스를 기반으로 작동한다. 알고리즘은 문제를 해결하기 위한 일련의 명령 집합으로, 컴퓨팅에서 중요한 역할을 한다.

컴퓨팅의 범위　컴퓨팅의 범위는 매우 넓다. 우리가 사용하는 스마트폰에서부터 인공지능(AI), 자율주행 자동차, 클라우드 서비스까지 컴퓨팅은 현대 기술의 거의 모든 부분에 적용된다.

- **소프트웨어**: 다양한 응용 프로그램과 운영 체제가 데이터 처리 및 관리를 돕는다.
- **하드웨어**: 물리적 장치들이 컴퓨팅을 위한 기초를 제공한다. CPU, 메모리, 저장 장치 등이 이에 해당한다.
- **네트워킹**: 인터넷과 같은 네트워크 기술은 데이터의 이동과 공유를 가능하게 한다.
- **데이터 분석**: 빅데이터 시대에 컴퓨팅은 방대한 양의 데이터를 분석하고 의미 있는 통찰을 제공한다.

컴퓨팅의 중요성　컴퓨팅이 중요한 이유는 우리의 삶을 더 효율적이고 혁신적으로 변화시키기 때문이다.

- **효율성**: 복잡한 문제를 빠르고 정확하게 해결한다. 예를 들어, 방대한 양의 데이터를 몇 초 만에 분석할 수 있다.
- **자동화**: 반복적인 작업을 줄이고 시간을 절약한다. 공장 자동화 시스템, 챗봇 등이 그 예시다.
- **창의성 촉진**: 데이터 분석과 시뮬레이션을 통해 새로운 아이디어를 창출하고, 다양한 분야에서 혁신을 이끈다.
- **의사 결정 지원**: 데이터 기반의 합리적인 의사 결정을 돕는다. 기업에서는 데이터 분석을 통해 시장 트렌드를 파악하고, 의료 분야에서는 환자의 건강 상태를 분석해 진단을 내린다.

컴퓨팅과 관련된 개념　컴퓨팅은 컴퓨터 과학, 코딩 등과 밀접한 관계를 가진다. 하지만 이들은 각기 다른 영역을 다룬다. 컴퓨터 과학은 컴퓨팅의 원리와 알고리즘 연구에 초점을 맞춘다. 코딩은 컴퓨팅의 결과를 실행하기 위한 언어적 표현이

문제 해결의 힘, 컴퓨팅 사고력

다. 코딩은 문제 해결을 위한 도구이며, 컴퓨팅이 이를 가능하게 하는 기반 기술이다. 컴퓨팅은 단순한 기술적 도구를 넘어, 우리가 세상을 바라보는 방식과 문제를 해결하는 사고방식에 깊이 관여한다. 이는 미래 사회에서 더욱 중요해질 것이며, 이를 이해하는 것은 새로운 가능성을 여는 열쇠가 될 것이다.

② 컴퓨팅의 역할

컴퓨팅은 현대 사회에서 매우 다양한 분야에서 활용되며, 데이터 처리부터 복잡한 연산, 자동화까지 폭넓은 역할을 수행한다. 컴퓨터는 인간이 직접 하기에는 시간이 오래 걸리거나 반복적인 작업을 효율적으로 처리하는 데 탁월하다. 이 과정에서 컴퓨팅은 문제 해결뿐만 아니라 미래 예측, 시뮬레이션 등 창의적이고 혁신적인 분야에서도 중요한 역할을 한다.

데이터 처리 컴퓨터는 대량의 데이터를 빠르게 분석하고 처리하여 의미 있는 결과를 도출하는 데 사용된다. 이를 통해 복잡한 문제를 보다 효율적으로 해결할 수 있다. 예를 들어, 기업에서 엑셀을 사용해 매출 데이터를 분석하고, 필요한 통계를 도출하는 작업이 이에 해당한다.

반복 작업 자동화 반복적으로 수행해야 하는 작업은 시간이 많이 소요되고 오류가 발생하기 쉽다. 컴퓨터는 동일한 작업을 빠르고 정확하게 반복 수행할 수 있어 업무의 효율성을 높이고, 인간의 실수를 최소화한다. 대량 이메일 발송 시스템이 좋은 예시로, 일정한 데이터베이스를 기반으로 자동으로 이메일을 보내는 과정은 컴퓨팅의 자동화 기능 덕분이다.

복잡한 연산 수행 컴퓨터는 사람이 직접 계산하기 어려운 복잡한 수학적, 논리적 연산을 빠르게 수행한다. 이러한 능력은 금융 분야에서의 이자 계산이나 AI(인공지능) 학습 등 다양한 분야에서 중요한 역할을 한다. 대규모 데이터셋을 분석하고, 알고리즘을 학습하는 과정은 컴퓨팅 없이는 불가능에 가깝다.

패턴 인식 및 예측　컴퓨팅은 대량의 데이터를 분석하여 패턴을 찾고, 이를 기반으로 미래를 예측하는 데 활용된다. 날씨 예측, 주식 시장의 흐름 예측 등이 대표적인 사례다. 컴퓨터는 방대한 양의 데이터를 빠르게 분석하여 규칙을 찾고, 그 결과를 통해 미래 상황을 예상하는 데 탁월하다.

시뮬레이션 및 모델링　복잡한 상황이나 시스템을 가상으로 재현하고 분석하는 데 컴퓨팅이 사용된다. 예를 들어, 자동차 충돌 테스트 시뮬레이션은 실제로 차량을 부수지 않고도 가상의 환경에서 다양한 충돌 상황을 실험해 볼 수 있도록 한다. 이를 통해 비용 절감뿐 아니라 더 안전하고 효율적인 설계를 가능하게 한다.

　　컴퓨팅의 주요 역할을 표로 정리하면 다음과 같다.

역할	설명	예시
데이터 처리	입력된 데이터를 계산 및 분석하여 결과를 도출	엑셀로 매출 데이터 분석
반복 작업 자동화	동일한 작업을 빠르고 정확하게 반복 실행	대량 이메일 발송 시스템
복잡한 연산 수행	어려운 논리적/수학적 계산을 빠르게 처리	금융 이자 계산, AI 학습
패턴 인식 및 예측	데이터를 분석해 패턴을 찾고 미래를 예측	날씨 예측, 주가 예측
시뮬레이션 및 모델링	복잡한 상황을 가상으로 재현하고 분석	자동차 충돌 테스트 시뮬레이션

③ 컴퓨팅의 핵심 요소

컴퓨팅은 여러 요소들이 서로 유기적으로 작동하며 문제를 해결하고 데이터를 처리하는 과정이다. 이 과정에서 컴퓨터는 입력(Input), 처리(Processing), 출력(Output), 저장(Storage), 제어(Control)라는 다섯 가지 주요 요소를 기반으로 움직인다. 이러한 요소들은 각각 독립적인 역할을 수행하지만, 전체 시스템이 효과적으로 작동하기 위해 서로 긴밀하게 연결되어 있다.

입력(Input): 시작의 문을 여는 단계　　입력은 문제를 해결하기 위해 필요한 데이터를 컴퓨터가 받아들이는 과정이다. 사용자는 키보드, 마우스, 터치스크린, 카메라 등 다양한 입력 장치를 사용해 정보를 컴퓨터에 전달한다. 사례 및 장치 예시는 다음과 같다.

- **키보드** — 문서 작성 시 텍스트 입력
- **마이크** — 음성 명령을 통한 검색
- **터치스크린** — 스마트폰에서 아이콘을 터치해 애플리케이션 실행

예를 들어, 온라인으로 영화 예매를 하는 과정에서 사용자는 키보드를 통해 정보를 입력하고, 마우스로 좌석을 선택한다. 이 모든 과정이 입력 장치에서 시작된다.

처리(Processing): 데이터가 가공되는 핵심 단계　　처리는 입력된 데이터를 연산하고 변환해 의미 있는 결과로 만드는 단계다. 컴퓨터의 중앙처리장치(CPU)가 주로 이 작업을 수행하며, 복잡한 연산과 알고리즘을 통해 데이터를 분석하고 계산한다. 사례 및 장치 예시는 다음과 같다.

- **CPU(중앙처리장치)** — 문서에서 철자 검사를 수행하거나 이미지를 편집하는 과정
- **GPU(그래픽 처리 장치)** — 고해상도 게임이나 그래픽 작업에서 이미지 렌더링

예를 들어, 엑셀에서 수식을 입력하면 CPU가 데이터를 처리해 결과를 계산하고, 이를 화면에 즉시 보여준다.

출력(Output): 결과가 사용자에게 전달되는 단계　　출력은 처리된 데이터가 사용자에게 시각적, 청각적, 또는 물리적인 형태로 제공되는 과정이다. 모니터, 프린터, 스피커 능이 출력 장치의 대표적인 예시다. 사례 및 장치 예시는 다음과 같다.

- **모니터** — 보고서 작성 후 문서 파일을 확인하는 과정
- **프린터** — 보고서를 종이로 출력

- **스피커** — 동영상 재생 시 음성 출력

영화 예매가 완료되면, 예매 정보가 모니터에 표시되거나 프린터를 통해 티켓이 출력된다.

저장(Storage): 데이터의 보관과 활용   저장은 데이터를 보관하고 필요할 때 다시 사용할 수 있도록 하는 단계다. 하드 드라이브, SSD, 클라우드 저장소 등이 저장 장치로 사용된다. 사례 및 장치 예시는 다음과 같다.

- **HDD(하드 디스크 드라이브)** — 대용량 파일 저장
- **SSD(솔리드 스테이트 드라이브)** — 빠른 데이터 저장 및 읽기
- **USB 드라이브** — 이동식 데이터 저장 및 전송

예를 들어, 문서 작성을 마친 후 '저장하기'를 클릭하면 SSD나 클라우드에 파일이 보관된다.

제어(Control): 시스템을 조율하는 보이지 않는 손   제어는 입력부터 출력까지의 모든 과정을 조율하고, 시스템이 논리적인 순서에 따라 동작하도록 지시하는 역할을 한다. 제어 장치는 컴퓨터의 모든 구성 요소들이 원활하게 작동하도록 관리하는 '감독관' 같은 존재다. 사례 및 장치 예시는 다음과 같다.

- **운영 체제(OS)** — 프로그램이 동시에 실행되도록 관리
- **BIOS(기본 입출력 시스템)** — 컴퓨터가 부팅될 때 하드웨어 초기화

예를 들어, 사용자가 여러 프로그램을 동시에 실행할 때, 운영 체제는 각 프로그램이 필요한 리소스를 할당하고 충돌 없이 작동하도록 조율한다.

컴퓨팅의 핵심 요소를 정리한 내용은 다음과 같다.

핵심 요소	설명	장치 및 사례 예시
입력	문제 해결에 필요한 데이터 제공	키보드, 마우스, 터치스크린
처리	데이터를 알고리즘에 따라 분석하고 연산	CPU, GPU, 엑셀 계산, 이미지 편집
출력	처리 결과를 사용자에게 제공	모니터, 프린터, 스피커
저장	데이터와 결과를 보관 및 활용	SSD, HDD, 클라우드 저장소
제어	시스템이 논리적 순서에 따라 작동하도록 조율	운영 체제, BIOS

컴퓨팅의 핵심 요소는 컴퓨터 시스템이 효율적으로 작동하는 데 필수적이다. 입력에서 출력까지의 과정이 매끄럽게 이루어지기 위해서는 각 요소가 적절하게 조율되고 협력해야 한다. 이를 통해 우리는 더 편리하고 정확하게 문제를 해결할 수 있으며, 다양한 기술 발전의 기반이 된다. 이러한 요소들을 이해하는 것은 컴퓨터를 단순히 사용하는 것을 넘어, 어떻게 작동하는지에 대한 깊이 있는 이해를 가능하게 한다. 이는 디지털 시대를 살아가는 데 있어 중요한 역량이 될 것이다.

④ 컴퓨팅의 유형

컴퓨팅은 다양한 방식으로 이루어지며, 문제의 특성과 목적에 따라 여러 가지 형태로 구분된다. 각 유형은 특정한 상황에서 효율성을 극대화하며, 현대 사회의 여러 분야에서 중요한 역할을 수행한다. 본 섹션에서는 대표적인 컴퓨팅의 유형인 전산화된 컴퓨팅(Automated Computing), 휴먼 컴퓨팅(Human Computing), 클라우드 컴퓨팅(Cloud Computing), 엣지 컴퓨팅(Edge Computing)을 살펴본다.

전산화된 컴퓨팅(Automated Computing) 전산화된 컴퓨팅은 사람이 직접 개입하지 않고, 컴퓨터가 프로그램을 통해 명령을 수행하는 방식이다. 주어진 알고리즘과 소프트웨어를 기반으로 다양한 작업을 자동으로 처리한다. 이는 단순한 계산부터 복잡한 데이터 분석, 소프트웨어 자동화까지 폭넓게 사용된다. 특징은 다음과 같다.

- 프로그래밍에 의해 작동하며, 효율성과 정확성이 높다.

- 오류 발생률이 낮고, 반복 작업에서 특히 강력하다.

사례는 사용자가 입력한 수식을 자동으로 계산는 계산기와 엑셀 매크로를 사용한 데이터 처리를 하는 소프트웨어 자동화가 해당한다.

휴먼 컴퓨팅(Human Computing)　휴먼 컴퓨팅은 인간의 인지 능력과 판단력을 활용해 문제를 해결하는 방식이다. 컴퓨터가 수행하기 어려운 복잡한 인식 작업이나 감정 분석 등의 분야에서 사용된다. 인간이 직접 데이터를 분류하거나 분석하는 과정이 포함된다. 특징은 다음과 같다.

- 인간의 직관과 판단력이 중요한 역할을 한다.
- 감정 분석, 이미지 라벨링, 데이터 필터링 등에서 활용된다.

사례는 다수의 사용자가 참여해 문제를 해결하는 방식(예: 온라인 설문조사)인 군집지성과 AI 학습을 위한 이미지, 텍스트 라벨링 작업에 해당하는 데이터 라벨링 등이 해당한다.

클라우드 컴퓨팅(Cloud Computing)　클라우드 컴퓨팅은 인터넷을 통해 데이터와 소프트웨어를 제공하고, 이를 사용자가 필요할 때 언제든지 접근할 수 있도록 하는 방식이다. 물리적인 하드웨어에 의존하지 않고, 네트워크를 통해 서버와 데이터에 접속해 작업을 수행한다. 특징은 다음과 같다.

- 어디서든 데이터에 접근할 수 있으며, 저장 용량이 거의 무제한이다.
- 유지보수 비용이 절감되며, 협업에 용이하다.

사례는 클라우드 기반 문서 작성 및 저장 서비스인 Google Drive와 서버 및 데이터 저장소를 클라우드에서 제공하는 AWS(Amazon Web Services) 등이 해당한다.

엣지 컴퓨팅(Edge Computing)　엣지 컴퓨팅은 사용자와 가까운 장치에서 실시간으로 데이터를 처리하는 방식이다. 데이터를 중앙 서버로 보내기 전에 장치 자체에서 즉시 분석하고 처리해 응답 속도를 높인다. 이는 자율주행차, 스마트 홈, IoT(사물인터넷) 기기에서 중요하게 활용된다. 특징은 다음과 같다.

- 데이터 전송 지연이 최소화되며, 빠른 응답이 가능하다.
- 네트워크 혼잡을 방지하고, 실시간 데이터 처리가 가능하다.

사례로는 차량 자체에서 교통 상황을 인식하고 실시간으로 판단하는 자율주행차와 스마트 스피커가 명령을 바로 처리하고 가전제품을 제어하는 스마트 홈 등이 해당한다.

유형별 비교표를 정리한 내용은 다음과 같다.

컴퓨팅 유형	설명	예시
전산화된 컴퓨팅	프로그램을 통한 명령 수행	계산기, 소프트웨어 자동화
휴먼 컴퓨팅	사람이 중심이 되어 문제 해결	군집지성, 데이터 라벨링
클라우드 컴퓨팅	인터넷을 통한 데이터 및 소프트웨어 제공	Google Drive, AWS
엣지컴퓨팅	장치에서 실시간 데이터 처리	자율주행차, 스마트 홈

컴퓨팅은 시대의 변화에 따라 발전하고 있으며, 다양한 유형이 상호 보완적으로 활용되고 있다. 전산화된 컴퓨팅은 반복적인 작업을 빠르고 정확하게 수행하고, 휴먼 컴퓨팅은 인간의 직관과 판단력이 필요한 작업을 맡는다. 클라우드 컴퓨팅은 전 세계 어디서나 데이터를 활용할 수 있게 하며, 엣지 컴퓨팅은 실시간으로 데이터를 처리해 보다 빠르고 효율적인 결과를 제공한다. 이러한 다양한 컴퓨팅 방식은 우리의 삶을 더 편리하고 스마트하게 만들며, 미래 사회에서 더욱 중요한 역할을 하게 될 것이다.

⑤ 컴퓨팅의 발전 과정

컴퓨팅은 시대에 따라 비약적인 발전을 이루어왔으며, 그 과정에서 우리의 생활과 산업은 혁신적으로 변화해왔다. 초기의 간단한 기계 장치에서 시작된 컴퓨팅은 오늘날 인공지능(AI)과 클라우드 기술로 이어지며 새로운 지평을 열고 있다. 컴퓨팅의 발전 과정은 크게 다섯 단계로 나눌 수 있으며, 각 단계는 기술의 발전과 함께 인류의 문제 해결 방식에 중요한 전환점을 제공했다.

초기 컴퓨팅: 기계적 계산의 시작　초기 컴퓨팅은 기계적 장치를 활용해 계산을 수행하던 시기를 말한다. 이 시기에는 컴퓨터라는 개념이 존재하지 않았으며, 주판이나 기계식 계산기와 같은 단순한 도구를 사용해 계산 작업을 수행했다. 사례는 다음과 같다.

- **주판**: 간단한 산술 연산을 수행하는 고대 계산 도구
- **기계식 계산기**: 톱니바퀴와 레버를 이용해 덧셈, 뺄셈을 수행한 장치

이러한 초기 도구들은 인간의 계산 능력을 보조하는 수준에 불과했지만, 컴퓨팅의 기반을 마련하는 중요한 역할을 했다.

전자 컴퓨팅: 최초의 컴퓨터 등장　1940년대에 들어서면서 진공관을 사용한 최초의 전자식 컴퓨터가 등장했다. 이 시기의 컴퓨터는 대규모 연산을 수행할 수 있었으나, 크기가 방 한 칸을 가득 채울 정도로 거대하고, 프로그램을 변경하는 데 오랜 시간이 걸렸다. 사례는 다음과 같다.

- **ENIAC(1945년)**: 세계 최초의 전자식 범용 컴퓨터로, 주로 군사적 목적으로 개발됨
- **UNIVAC(1951년)**: 최초로 상업적으로 판매된 컴퓨터

이러한 전자 컴퓨터의 등장은 본격적인 디지털 시대의 서막을 알렸다.

1970년대에서 1980년대에 이르러 개인용 컴퓨터(PC)가 등장하며 컴퓨터는 일반 가정과 사무실로 확산되기 시작했다. 소형화와 비용 절감으로 인해 개인도 컴퓨터를 소유할 수 있는 시대가 열렸다. 사례는 다음과 같다.

- **Apple II(1977년)**: 애플에서 출시한 초기 개인용 컴퓨터로, 대중화에 크게 기여
- **IBM PC(1981년)**: 기업 및 개인 사용자에게 널리 보급된 최초의 범용 PC

이 시기의 컴퓨터는 텍스트 기반의 명령어로 작동했으며, 이후 그래픽 사용자 인터페이스(GUI)가 도입되면서 사용성이 비약적으로 향상되었다.

네트워크 컴퓨팅: 인터넷과 연결의 시대 1990년대에 들어서면서 인터넷의 보급과 웹 기술의 발전은 컴퓨팅의 새로운 전기를 마련했다. 전 세계의 컴퓨터들이 네트워크로 연결되면서 정보의 공유와 접근이 용이해졌으며, 온라인 서비스와 전자상거래가 폭발적으로 성장했다. 사례는 다음과 같다.

- **월드 와이드 웹(WWW)**: 팀 버너스 리(Tim Berners-Lee)가 개발한 인터넷 기반 서비스
- **모자이크 브라우저**: 초기 웹 브라우저로, 인터넷 사용을 대중화하는 데 기여

이 시기는 단순한 컴퓨터 사용을 넘어 연결성이 중요한 컴퓨팅 요소로 자리 잡게 된 시기였다.

지능형 컴퓨팅: AI와 빅데이터의 시대 현재 우리는 인공지능(AI), 클라우드 컴퓨팅, 사물인터넷(IoT), 빅데이터 분석과 같은 기술이 주도하는 지능형 컴퓨팅의 시대에 살고 있다. 이 기술들은 대규모 데이터를 처리하고, 학습하며, 사람의 개입 없이도 문제를 해결할 수 있는 능력을 갖추고 있다. 사례는 다음과 같다.

- **AlphaGo(2016년)**: 바둑에서 인간 챔피언을 이긴 AI 프로그램
- **AWS, Google Cloud**: 대규모 데이터 처리 및 분석을 지원하는 클라우드 플랫폼

지능형 컴퓨팅은 다양한 산업에서 자동화와 혁신을 주도하며, 인간의 삶을 더욱 편리하고 스마트하게 변화시키고 있다.

발전 과정의 요약 표는 다음과 같다.

발전 단계	특징	예시
초기 컴퓨팅	기계적 장치를 활용한 계산 수행	주판, 기계식 계산기
전자 컴퓨팅	최초의 전자식 컴퓨터 등장	ENIAC, UNIVAC
개인용 컴퓨팅	개인용 PC의 대중화	Apple II, IBM PC
네트워크 컴퓨팅	인터넷과 웹 기술을 통한 연결성 강화	월드 와이드 웹, 모자이크 브라우저
지능형 컴퓨팅	AI, 클라우드, 빅데이터 등 지능형 기술 등장	AlphaGo, AWS, Google Cloud

컴퓨팅 기술의 발전은 끊임없는 혁신의 연속이며, 그 과정에서 우리의 삶은 더욱 풍요로워졌다. 초기의 단순한 계산 도구에서 출발한 컴퓨팅은 이제 인공지능과 클라우드 기술을 통해 인간의 능력을 뛰어넘는 수준에 도달하고 있다. 앞으로의 컴퓨팅 기술은 더욱 발전하여, 초연결 시대와 자율적 문제 해결 시스템이 우리 삶의 중심이 될 것이다. 이러한 발전 과정을 이해하는 것은 미래를 준비하는 데 있어 중요한 밑거름이 될 것이다.

6 컴퓨팅이 만드는 새로운 일상

컴퓨팅 기술은 더 이상 특별한 기술 분야에만 머무르지 않고, 우리의 일상에 깊숙이 스며들며 새로운 변화를 만들어내고 있다. 이 기술은 삶을 더 편리하게 만들고, 혁신적인 방식으로 다양한 문제를 해결하는 데 중요한 역할을 하고 있다. 스마트폰 하나로 하루를 시작하고, 인공지능 비서에게 날씨를 물으며, 온라인으로 친구들과 소통하는 것까지, 이 모든 과정이 컴퓨팅의 결과다. 컴퓨팅 기술이 우리의 일상과 사회에 어떤 방식으로 스며들고 또 변화 시키고 있는지 다양한 사례와 함께 살펴보기로 하자.

문제 해결의 힘, 컴퓨팅 사고력

1. **정보 검색** 컴퓨팅 기술은 필요한 정보를 신속하고 정확하게 제공한다. 검색 엔진을 통해 궁금한 사항을 즉시 찾을 수 있으며, 음성 인식 기술을 이용해 손 하나 까딱하지 않고도 필요한 정보를 얻는다. 구글 검색, 음성 비서(예: Siri, Google Assistant) 등이 있다.

2. **자동화** 스마트홈 시스템이나 IoT(사물인터넷) 기술은 일상생활의 편리함을 극대화한다. 집 안의 조명을 자동으로 제어하거나, 특정 시간에 로봇 청소기가 작동하는 등 작은 부분까지 컴퓨팅 기술이 관여하고 있다. 스마트 스피커, 로봇 청소기, 자동 온도 조절기 등이 있다.

3. **데이터 분석** 의사 결정을 돕기 위한 데이터 분석은 개인부터 기업에 이르기까지 중요한 역할을 한다. 건강 앱이 운동량과 수면 패턴을 분석해 맞춤형 건강 조언을 제공하는 것처럼, 데이터는 보다 나은 선택을 유도하는 데 핵심적인 도구다. 사례에는 피트니스 트래커, 건강 관리 앱 등이 있다.

4. **커뮤니케이션** 이메일, SNS, 화상 회의는 전 세계 어디서나 사람들과 연결되는 시대를 가능하게 했다. 시간과 장소에 구애받지 않고 업무를 보고, 사랑하는 사람들과 소통할 수 있는 환경을 제공한다. 줌(Zoom), 카카오톡, 인스타그램 등이 있다.

5. **인공지능과 머신러닝** 인공지능은 인간의 지능을 모방해 문제를 해결하고, 다양한 분야에서 혁신을 주도하고 있다. 넷플릭스의 영화 추천 시스템, 온라인 쇼핑몰의 상품 추천 시스템은 개인의 취향을 분석해 맞춤형 콘텐츠를 제공하는 좋은 예다. 넷플릭스, 유튜브 추천 알고리즘 등이 있다.

다양한 분야에서의 컴퓨팅 응용 컴퓨팅 기술은 인문학, 사회학, 경제학 등 다양한 분야에서 활발히 활용되고 있다. 데이터 분석과 시각화, 텍스트 마이닝 등을 통해 인간이 이전에는 접근하지 못했던 방식으로 문제를 해결하고 있다. 다양한 분야의 응용 사례는 다음과 같다.

분야	컴퓨팅 활용	예시
언어학	텍스트 분석 및 자연어 처리	번역기, 챗봇
역사학	빅데이터를 활용한 역사 연구 및 시각화	역사적 문서 디지털화 및 분석
경제학	경제 데이터 분석 및 시뮬레이션	시장 동향 예측, 주가 분석
사회학	소셜미디어 데이터 분석을 통한 사회현상 연구	여론 분석, 트렌드 분석
심리학	데이터 기반 심리 실험 및 분석	심리 상태 분석 AI
교육학	학습 패턴 분석 및 맞춤형 학습 지원	AI 기반 학습 플랫폼

삶의 질을 높이는 컴퓨팅 기술

1 **소셜 미디어 분석**   트위터, 인스타그램 등 소셜 미디어 데이터를 분석해 사회적 이슈와 여론 동향을 파악한다. 트렌드 분석을 통해 사람들이 관심을 가지는 주제를 발견하고, 이는 정책 수립이나 마케팅 전략에 중요한 자료로 활용된다. 선거 기간 동안 여론 동향 분석, 특정 브랜드의 인기 변화 파악 등이 해당한다.

2 **디지털 인문학**   고문서, 문학 작품을 디지털화해 텍스트 마이닝 기법으로 분석하는 디지털 인문학이 주목받고 있다. 이를 통해 과거의 자료를 현대적인 방식으로 재해석하고, 시대적 흐름을 시각화할 수 있다. 셰익스피어 작품의 어휘 빈도 분석 및 시대적 변화 연구 등이 해당한다.

3 **맞춤형 추천 시스템**   넷플릭스, 아마존과 같은 플랫폼은 사용자의 과거 활동을 분석해 맞춤형 콘텐츠를 추천한다. 이러한 시스템은 사용자 경험을 향상시킬 뿐만 아니라, 기업의 매출 증대에도 기여한다. 유튜브 추천 동영상, 온라인 쇼핑몰 상품 추천 등이 있다.

인간과 컴퓨팅의 협업
컴퓨팅 기술은 인간의 능력을 보완하고 확장하는 중요한 도구다. 창의적 사고와 감정적 판단은 인간이, 논리적 연산과 데이터 처리 속도는 컴퓨터가 담당함으로써 더욱 효과적이고 강력한 문제 해결 능력을 발휘할 수 있다.

- **인간의 역할**: 창의적 사고, 감정적 판단, 직관적 해결

●**컴퓨터의 역할**: 논리적 연산, 빠른 데이터 처리, 반복 작업 수행

　컴퓨팅 기술은 우리의 삶을 지속적으로 변화시키며, 새로운 일상을 창조해나가고 있다. 정보 검색, 자동화, 데이터 분석에서부터 인공지능과 머신러닝에 이르기까지, 컴퓨팅 기술은 우리가 경험하는 모든 순간에 스며들어 더 나은 미래를 향해 나아가도록 돕고 있다. 미래에는 컴퓨팅 기술이 더욱 발전해 우리의 삶을 변화시키고, 새로운 가능성을 열어갈 것이다. 이러한 변화 속에서 컴퓨팅 기술을 이해하고 활용하는 능력은 더 나은 미래를 설계하는 데 중요한 역할을 할 것이다.

03 | 컴퓨터 활용 문제 해결과 CT

① 문제 해결 과정과 CT

컴퓨터는 현대 문제 해결에서 필수적인 도구로 자리잡았다. 특히 복잡하고 반복적인 작업을 빠르고 정확하게 수행할 수 있는 컴퓨터의 특성은 인간의 창의적 사고와 결합할 때 더욱 큰 시너지를 발휘한다. 하지만 컴퓨터는 단순히 데이터를 처리하는 기계에 그치지 않고, 효과적인 문제 해결을 위해 컴퓨팅 사고력(CT)을 필요로 한다. 컴퓨팅 사고력은 컴퓨터를 활용해 문제를 분석하고 해결하는 데 필요한 핵심적인 사고 체계로, 이를 통해 효율적이고 논리적인 접근이 가능해진다. 컴퓨터를 활용하여 문제를 해결하려면 다음과 같은 사고력이 요구된다.

- 문제를 정의하고 구조화하여 핵심을 이해하는 사고력
- 문제를 단위로 나누고 논리적 관계를 파악하는 사고력
- 데이터를 기반으로 패턴을 발견하고 분석하는 능력
- 효율적인 알고리즘을 설계하고 최적화하는 능력
- 결과를 평가하고 개선점을 찾아내는 비판적 사고력

문제 해결 과정과 CT 요소: 컴퓨터의 역할과 연계   컴퓨터는 문제 해결을 위한 사고 과정을 구체적으로 지원하며, 이를 통해 인간은 더 복잡한 문제를 해결할 수 있다. 이제 문제 해결의 5단계에 따른 컴퓨팅 사고력 요소와 컴퓨터의 활용 사례를 살펴보자.

1단계: 문제 정의   대표적인 CT 요소는 다음과 같다.

                                   문제 해결의 힘, 컴퓨팅 사고력

- **추상화 사고력**: 추상화 사고력은 복잡한 문제를 단순화하여 핵심 요소만 도출하는 능력이다. 컴퓨터를 활용한 문제 해결에서는 불필요한 데이터를 배제하고, 본질적인 정보만 선택하는 데 중점을 둔다. 이는 문제 정의 단계에서 해결의 방향을 설정하기 위한 기초 작업이다.
- **논리적 사고력**: 논리적 사고력은 문제의 구조와 정보 간의 관계를 명확히 파악하여 해결 방향을 설정하는 사고 과정이다. 논리적으로 문제를 이해하고 체계화함으로써 해결을 위한 계획을 수립할 수 있다.

예를 들어, 학교 출석 시스템을 설계하는 상황을 생각해보자.

- **추상화 사고력**: 출석 관리에 필요한 방대한 데이터 중에서 핵심 요소만을 선별해야 한다. 예를 들어, 학생의 이름, 학번, 출석 여부는 본질적 데이터로 간주될 수 있지만, 학생의 개인적인 취미나 주소와 같은 정보는 출석 관리와 직접적으로 관련이 없으므로 배제된다. 이러한 데이터 선별 과정이 바로 추상화 사고력의 실질적인 적용이다.
- **논리적 사고력**: 선별된 데이터를 바탕으로 출석 시스템의 구조와 작동 방식을 논리적으로 정의해야 한다. 예를 들어, 입력된 데이터(학생 이름, 학번, 출석 여부)를 기반으로 출석률을 계산하거나 결석 패턴을 분석하는 과정을 설계한다. 이때, 데이터 간의 관계 (예: 출석 여부와 출석률 간의 관계)를 명확히 이해하고, 계산 방식과 결과 활용 방안을 정의하는 것이 논리적 사고력의 핵심이다.

문제 정의 단계에서 필요한 사항은 다음과 같이 요약된다.

- **입력 데이터**: 학생 이름, 학번, 출석 여부
- **핵심 정보**: 출석률 계산, 결석 패턴 분석

컴퓨터는 대량의 데이터를 빠르게 분석하고 핵심 정보를 도출하는 데 강점을 가진 도구이다. 이를 활용해 출석률이 낮은 학생을 조기에 식별하고, 결석 패턴을 분석하여 적절한 대책을 마련할 수 있다. 이러한 방식으로, 컴퓨터와 컴퓨팅 사고력을 결합하면 문제 정의 단계에서부터 효율적이고 체계적인 해결책을 설계할 수 있다.

2단계: 문제 분해   대표적인 CT 요소는 다음과 같다.

- **분해적 사고력**: 분해적 사고력은 복잡한 문제를 작은 단위로 나누어 해결 가능한 형태로 만드는 능력이다. 이를 통해 문제를 구조적으로 분석하고 각 단위를 독립적으로 다룰 수 있게 된다.
- **조건분기 사고력**: 조건분기 사고력은 다양한 조건에 따라 문제의 흐름과 결과를 달리 설계하는 능력이다. 이를 통해 문제 해결을 유연하고 논리적으로 진행할 수 있다.

예를 들어, 도서관의 책 관리 시스템을 설계한다고 가정해보자.

- **분해적 사고력**: 도서 관리라는 큰 문제를 '책 검색', '위치 확인', '대출', '반납'과 같은 작은 단계로 나눈다. 이를 통해 각 단계가 독립적으로 처리 가능하며, 전체적인 문제 해결 과정을 명확히 이해할 수 있다.
- **조건분기 사고력**: 대출과 반납 과정에서 조건에 따라 시스템의 작동 방식이 달라진다. 예를 들어, 대출 요청 시 '책이 이미 대출 중'이라면 대출이 불가하고, 반납 요청 시 '반납 기한 초과'라면 연체료를 부과하는 조건을 설정해야 한다. 이와 같은 분기 처리는 시스템 설계의 유연성을 확보한다.

문제 분해 단계에서 이해해야 할 사항은 다음과 같이 요약된다.

- **분해된 단계**: 책 검색 → 위치 확인 → 대출 → 반납
- **조건 예시**: 대출 여부 확인, 연체 여부 판단

컴퓨터는 문제를 작게 나눠 병렬적으로 처리하고, 조건에 따라 다양한 결과를 산출하는 데 탁월하다. 이를 통해 도서관 시스템은 효율적이고 신뢰성 높은 서비스를 제공할 수 있다.

　　대표적인 CT 요소는 다음과 같다.

- **패턴 인식**: 패턴 인식은 데이터에서 반복되는 규칙이나 흐름을 발견하여 문제 해결에 활용하는 능력이다. 이를 통해 데이터를 기반으로 문제의 특성과 본질을 이해할 수 있다.
- **병렬화 처리 능력**: 병렬화 처리 능력은 데이터를 동시에 다각적으로 분석하고, 복잡한 문제를 효율적으로 해결하는 데 활용된다.

예를 들어, 학생 성적 데이터를 분석하는 시스템을 설계한다고 가정해보자.

- **패턴 인식**: 특정 과목에서 평균 점수가 낮게 나타난다면, 이를 기반으로 해당 과목의 학습 자료를 강화하거나 보충 수업을 제공할 수 있다.
- **병렬화 처리 능력**: 여러 학년과 반의 성적 데이터를 동시에 분석하여 성적 분포, 학습 격차, 특정 문제 영역 등을 식별할 수 있다. 이를 통해 전반적인 학습 향상을 위한 전략을 설계할 수 있다.

패턴 발견 단계에서 이해해야 할 사항은 다음과 같이 요약된다.

- **데이터 분석 예시**: 특정 과목의 평균 점수, 학년별 성적 비교
- **발견된 패턴**: 특정 학년에 학습 격차 존재, 학습 보조 필요

컴퓨터는 대량의 데이터를 빠르게 처리하며, 복잡한 패턴을 도출하여 문제 해결을 위한 근거를 제공한다. 이러한 패턴 발견 과정에서 CT 요소는 중요한 역할을 한다.

　　대표적인 CT 요소는 다음과 같다.

- **알고리즘적 사고력**: 알고리즘적 사고력은 문제 해결을 위한 단계적 절차를 설계하는 능력이다. 이를 통해 문제를 체계적으로 해결할 수 있는 구체적인 방법이 마련된다.
- **최적화 추론**: 최적화 추론은 문제를 해결하기 위해 가장 효율적이고 효과적인 방안을

찾는 능력이다. 이를 통해 자원을 절약하고 최상의 결과를 도출할 수 있다.

예를 들어, 교통 네비게이션 시스템에서 최단 경로를 설계한다고 가정해보자.

- **알고리즘적 사고력**: Dijkstra 알고리즘과 같은 방법을 사용하여 출발지에서 목적지까지의 최단 경로를 계산한다.
- **최적화 추론**: 도로의 교통량과 사고 상황 등을 반영하여 최적의 경로를 실시간으로 추천한다. 이를 통해 사용자에게 빠르고 안전한 이동 경로를 제공할 수 있다.

해결 전략 수립 단계에서 이해해야 할 사항은 다음과 같이 요약된다.

- **알고리즘 예시**: Dijkstra 알고리즘
- **최적화 예시**: 실시간 교통 데이터 반영

컴퓨터는 알고리즘 기반의 연산과 실시간 데이터 처리 능력을 통해 효율적인 문제 해결 전략을 수립한다.

5단계: 결과 분석 및 평가   대표적인 CT 요소는 다음과 같다.

- **비판적 분석 사고력**: 비판적 분석 사고력은 결과의 정확성과 효율성을 평가하고, 개선점을 도출하는 능력이다. 이를 통해 시스템의 신뢰성을 강화할 수 있다.
- **확률적 사고력**: 확률적 사고력은 불확실한 상황에서 가장 가능성이 높은 결과를 예측하고 평가하는 능력이다.

예를 들어, 온라인 시험 시스템의 성능을 평가한다고 가정해보자.

- **비판적 분석 사고력**: 시스템의 오류율, 응답 속도 등을 평가하여 개선점을 도출한다. 특정 시간대에 응답 속도가 느려진다면 서버의 용량을 확충하거나 부하 분산 알고리즘을 개선할 필요가 있다.

- **확률적 사고력**: 예상 사용량 증가 시 시스템의 성능 유지 가능성을 평가한다. 예를 들어, 서버에 부하가 걸릴 확률과 그에 따른 영향을 분석하여 예방적 조치를 마련한다.

결과 분석 및 평가 단계에서 이해해야 할 사항은 다음과 같이 요약된다.

- **분석 예시**: 시스템 오류율, 응답 속도
- **확률적 예측**: 사용자 수 증가에 따른 성능 변화

컴퓨터는 데이터 기반의 평가와 예측을 통해 시스템의 효율성을 강화하고, 사용자 경험을 최적화하는 데 기여한다.

컴퓨팅 사고력과 문제 해결의 힘　　컴퓨팅 사고력은 단순히 컴퓨터를 사용하는 기술적 능력을 넘어, 복잡한 문제를 구조적으로 분석하고 창의적인 해결책을 제시하는 강력한 도구다. 문제 정의에서 결과 분석 및 평가까지의 모든 단계에서 CT 요소는 우리에게 체계적이고 효율적인 사고 방식을 제공하며, 컴퓨터의 계산 능력과 결합해 뛰어난 성과를 이끌어낸다. 특히, 컴퓨터는 대량의 데이터를 빠르게 처리하고, 인간의 직관적 사고력과 결합하여 보다 정확하고 심층적인 통찰을 얻는 데 중요한 역할을 한다. 이 과정은 우리가 직면하는 다양한 도전 과제를 극복하고, 새로운 가능성을 열어가는 원동력이 된다.

궁극적으로 컴퓨팅 사고력은 문제 해결의 본질에 다가가도록 돕는 가이드이며, 이 가이드를 통해 우리가 컴퓨터와 협력하여 만들어낼 수 있는 세계는 무궁무진하다. 이제 우리는 문제 해결의 과정에서 컴퓨팅 사고력을 어떻게 활용할 수 있는지 깊이 이해했으며, 이를 실천하는 데 필요한 준비가 되어 있다. 다가올 도전 속에서 컴퓨터와 함께 만들어갈 창의적인 해결책을 기대하며, 이제 다음 단계로 나아가 보자.

② 입력에서 출력까지: 문제 해결의 CT 과정

문제를 해결하기 위해 컴퓨터를 활용하는 과정은 크게 세 단계로 나눌 수 있다. 입력, 처리, 출력. 이 세 단계는 서로 긴밀히 연결되어 있으며, 각 단계마다 컴퓨팅 사고력(CT)의 다양한 요소가 적용된다. 입력은 문제를 정의하고 필요한 데이터를 수집하는 출발점이다. 처리는 이 데이터를 분석하고 논리적으로 가공하여 유의미한 결과를 도출하는 과정이다. 마지막으로, 출력은 이러한 결과를 사용자나 시스템이 이해할 수 있는 형태로 제공하는 단계다. 이 세 단계는 단순한 순차적 과정으로 끝나는 것이 아니라, 피드백 루프를 통해 지속적으로 개선될 수 있다. 예를 들어, 출력을 바탕으로 추가적인 입력이 필요할 수 있고, 처리를 통해 더욱 정교한 분석이 가능할 수 있다. 이러한 순환 과정은 문제 해결의 정확성과 효율성을 높이는 핵심이다.

입력 단계에서는 문제 해결에 필요한 데이터를 효과적으로 수집하고 구조화하는 것이 중요하다. 데이터를 어떻게 수집하고, 어떤 형태로 표현할 것인지 결정하는 과정에서 추상화와 분해적 사고력 등이 요구된다. 처리 단계는 수집된 데이터를 기반으로 분석하고 문제 해결을 위한 전략을 설계하는 핵심 과정이다. 이 과정에서는 알고리즘 설계, 패턴 인식, 병렬 처리와 같은 다양한 CT 요소가 활용된다. 출력 단계는 처리 결과를 사용자에게 제공하거나, 다음 단계의 입력으로 연결하기 위한 형태로 표현하는 단계다. 여기에는 시각화, 시뮬레이션, 창의적 사고력 등이 적용된다. 입력에서 출력까지의 여정은 단순한 데이터의 흐름이 아닌, 문제를 해결하고 새로운 통찰을 얻기 위한 지능적이고 창의적인 사고의 연속 과정이다. 이제 각 단계별로 CT 요소가 어떻게 적용되는지 알아보자.

입력 단계에서의 컴퓨팅 사고력: 문제 해결의 시작 컴퓨터를 활용한 문제 해결에서 입력 단계는 데이터 수집과 준비 과정으로, 모든 해결 과정의 기초가 된다. 이 단계에서는 데이터를 어떻게 수집하고, 필터링하며, 구조화할지에 대한 전략적 사고가 필요하다. 이를 위해 컴퓨팅 사고력(CT) 요소들이 적극적으로 활용된다.

• **자료 수집: 데이터를 모으는 첫걸음**

자료 수집은 문제 해결에 필요한 데이터를 다양한 방법으로 수집하는 과정이다. 여기에는 설문조사, 센서 입력, 웹 크롤링 등이 포함된다. 자료를 수집할 때 중요한 것은 데이터의 품질과 적합성이다. 예를 들어, 교통 네비게이션 시스템을 설계하려면 사용자가 입력하는 출발지와 도착지 정보뿐 아니라, 실시간 교통 데이터를 수집해야 한다. 이를 통해 사용자는 가장 빠르고 효율적인 경로를 안내받을 수 있다.

- **자료 표현: 데이터를 구조화하여 이해하기 쉽게 만들기**

수집된 데이터를 시각적이거나 디지털화된 형태로 정리하는 자료 표현은 입력 단계의 핵심이다. 데이터를 표, 그래프, 또는 JSON 파일과 같은 형태로 정리함으로써 데이터의 의미를 명확히 하고, 다음 단계에서의 활용 가능성을 높인다. 예를 들어, 센서를 통해 수집한 온도 데이터를 그래프로 나타내면, 시간에 따른 온도 변화 추이를 한눈에 파악할 수 있다.

- **추상화 사고력: 불필요한 데이터를 배제하고 본질에 집중**

추상화 사고력은 복잡한 데이터 속에서 핵심 정보를 도출하는 능력이다. 이는 문제 해결의 방향성을 설정하고, 데이터 과부하를 방지하는 데 필수적이다. 예를 들어, 교통 네비게이션 시스템에서는 사용자가 입력한 출발지와 도착지 정보만을 남기고 나머지 데이터를 제거하여, 최적 경로를 계산할 수 있다.

- **분해적 사고력: 문제를 작은 단위로 나누기**

분해적 사고력은 데이터를 세분화하여 다루기 쉽게 만드는 과정이다. 이를 통해 문제의 복잡성을 줄이고, 해결책을 보다 명확히 한다. 예를 들어, 학교 출석부를 설계할 때, 학년, 반, 학생 이름으로 데이터를 세분화하면 출석 관리가 더욱 효율적으로 이루어진다.

- **조건분기 사고력: 조건에 따라 데이터를 필터링하기**

조건분기 사고력은 특정 조건에 따라 데이터를 선별하는 능력을 요구한다. 이는 불필요한 정보를 제거하고, 필요한 정보만을 처리하는 데 효과적이다. 예를 들어, 학생들의 시험 점수를 입력할 때, 90점 이상의 데이터만 선별하여 우수 학생 명단을 작성할 수 있다.

입력 단계는 단순히 데이터를 모으는 과정이 아니다. 이 단계에서 데이터의 품질과 적합성이 문제 해결의 성공을 좌우한다. 컴퓨팅 사고력을 적극적으로 활용하면, 효율적인 데이터 수집과 표현뿐 아니라 핵심 정보를 도출해 이후 단계에서의 성공적인 문제 해결을 위한 튼튼한 기초를 마련할 수 있다. 이처럼 입력 단계에서의 CT 요소는 단순히 데이터를 처리하는 기술적 능력을 넘어, 문제 해결의 방향성을 제시하고 기반을 다지는 중요한 역할을 한다.

처리 단계에서의 컴퓨팅 사고력: 문제 해결의 핵심   처리 단계는 입력된 데이터를 기반으로 분석과 추론을 통해 해결 방안을 도출하는 과정이다. 이 단계에서는 다양한 CT 요소가 복합적으로 작용하여 문제 해결의 구체적인 방향을 제시한다. 각 요소에 대해 구체적인 설명과 사례를 통해 살펴보자.

- **패턴 인식: 데이터에서 규칙 찾기**

  패턴 인식은 데이터에서 반복되는 규칙이나 흐름을 발견하여 문제 해결의 단서를 제공하는 사고력이다. 예를 들어, 쇼핑몰 구매 데이터를 분석할 때, 특정 시간대와 상품 간의 구매 패턴을 발견함으로써 맞춤형 상품 추천 시스템을 구축할 수 있다.

- **알고리즘적 사고력: 문제 해결의 절차 설계**

  알고리즘적 사고력은 문제를 체계적으로 해결하기 위한 절차와 규칙을 설계하는 능력이다. 예를 들어, 최단 경로를 계산하기 위해 Dijkstra 알고리즘을 적용하면, 교통 네비게이션 시스템에서 출발지와 목적지 간 최적 경로를 제시할 수 있다.

- **최적화 추론: 가장 효율적인 해결책 찾기**

  최적화 추론은 최소한의 자원으로 최대의 결과를 도출하는 사고력이다. 예를 들어, 물류 배송 경로를 설계할 때, 배송지 위치와 비용을 기반으로 최적 경로를 찾아내어 비용 절감과 시간 효율을 동시에 달성할 수 있다.

- **시뮬레이션: 가상 환경에서의 예측**

  시뮬레이션은 데이터를 활용하여 가상 환경에서 다양한 조건을 테스트하는 과정이다. 예를 들어, 항공기 충돌 테스트를 가상으로 시뮬레이션하면, 실제 충돌 실험 없이도 안전성을 평가하고 설계를 개선할 수 있다.

- **병렬화 처리 능력: 동시 작업 처리**

  병렬화 처리 능력은 여러 작업을 동시에 수행하여 처리 속도를 높이는 능력이다. 예를 들어, SNS 데이터를 빅데이터 분석 플랫폼에서 병렬로 처리하면, 특정 키워드의 트렌드를 빠르게 도출할 수 있다.

- **논리적 사고력: 체계적 데이터 처리**

논리적 사고력은 데이터를 체계적으로 처리하고, 절차를 설계하여 일관된 결과를 도출하는 능력이다. 예를 들어, 학생의 성적 등급을 산출할 때 점수를 기반으로 등급을 계산하는 절차를 설계하면, 학급 전체 성적 분석이 가능해진다.

- **계산 능력: 수리적 연산과 논리적 계산**

  계산 능력은 수리적 연산과 논리적 계산을 통해 데이터를 처리하는 사고력이다. 예를 들어, 대출 이자를 계산할 때, 대출 금액과 이율, 기간을 기반으로 총 상환 금액을 산출하여 고객 맞춤형 금융 서비스를 제공할 수 있다.

- **조건분기 사고력: 상황에 따른 절차 분기**

  조건분기 사고력은 특정 조건에 따라 다양한 절차를 수행하는 사고력이다. 예를 들어, 로그인 시스템에서 입력된 ID와 비밀번호를 조건에 따라 검증하여, 조건이 충족되면 접근을 승인하고 그렇지 않으면 오류 메시지를 반환할 수 있다.

처리 단계는 문제 해결 과정에서 가장 중요한 핵심 과정으로, 다양한 CT 요소들이 데이터를 분석하고 새로운 통찰을 도출하는 데 기여한다. 이를 통해 데이터가 단순한 정보에서 문제 해결을 위한 강력한 도구로 변모하게 된다. CT 요소들의 효과적인 활용은 문제 해결의 질을 높이고, 효율성과 정확성을 동시에 달성하는 기반이 된다.

출력 단계에서의 컴퓨팅 사고력: 결과를 통해 얻는 통찰　　출력 단계는 문제 해결 과정의 마지막 단계로, 처리된 데이터를 기반으로 결과를 도출하고 이를 분석하며 개선 방향을 설정하는 과정이다. 이 단계는 단순히 결과를 보여주는 것을 넘어, 결과를 이해하고 새로운 시사점을 찾아내는 데 중요한 역할을 한다. 아래는 출력 단계에서 활용되는 주요 CT 요소를 설명한 내용이다.

- **비판적 분석 사고력: 결과의 정확성을 검토하고 개선 방안을 도출**

  비판적 분석 사고력은 도출된 결과를 분석하여 정확성을 평가하고, 필요한 경우 개선점을 찾아내는 사고 과정이다. 예를 들어, 머신러닝 모델의 예측 결과를 검토하여 예상과 다른 결과가 나온 이유를 분석하고, 이를 개선하기 위한 접근 방식을 찾는 과정에서 이 사고력이 활용된다. 이를 통해 결과의 신뢰도를 높이고 더 나은 결론을 도출할 수 있다.

- **시뮬레이션: 다양한 조건에서 결과를 재현하여 활용 가능성 평가**

  시뮬레이션은 다양한 가상의 상황을 통해 결과를 재현하고 분석하는 과정이다. 예를 들어, 기후 변화 데이터를 활용한 시뮬레이션에서는 특정 지역의 온도가 상승할 경우 작물 수확량의 변화를 예상할 수 있다. 이를 통해 데이터의 유용성을 높이고 의사 결정에 도움을 준다.

- **확률적 사고력: 불확실성 속에서 가능성이 높은 결론을 도출**

  확률적 사고력은 불확실한 데이터에서도 의미 있는 결론을 이끌어내는 능력이다. 예를 들어, 주가 변동 데이터를 바탕으로 다음 주 시장의 방향성을 예측하고 투자 전략을 세우는 과정에서 이 사고력이 사용된다. 데이터의 불확실성을 분석하고, 높은 가능성을 가진 선택지를 도출하는 데 효과적이다.

- **창의적 사고력: 결과를 기반으로 새로운 해결책을 설계**

  창의적 사고력은 단순히 결과를 수용하는 데 그치지 않고, 이를 기반으로 새로운 해결책을 제안하는 능력이다. 예를 들어, 기존 네비게이션 시스템에 교통 혼잡도를 반영한 새로운 기능을 추가하여 사용자 경험을 개선하는 것이 이 사고력의 예다. 결과를 바탕으로 창의적인 아이디어를 도출하며, 문제 해결의 깊이를 더한다.

- **메타인지적 사고력: 과정과 결과를 되돌아보고 개선점 탐색**

  메타인지적 사고력은 문제 해결 과정을 되돌아보고, 학습한 내용을 기반으로 향후 개선점을 찾는 데 중요한 역할을 한다. 예를 들어, 프로젝트 완료 후 팀의 성과를 리뷰하고, 개선해야 할 협업 방식을 정리하는 과정에서 이 사고력이 사용된다. 이를 통해 문제 해결 과정에서 배운 점을 다음 과제에 적용할 수 있다.

- **상호작용적 사고력: 결과를 다른 시스템과 연결**

  상호작용적 사고력은 결과를 다른 시스템이나 사용자와 연결하여 협력적인 결과를 만들어내는 능력이다. 예를 들어, 고객 피드백 데이터를 기반으로 새로운 제품을 설계하거나 기존 제품을 개선하는 과정에서 이 사고력이 발휘된다. 결과를 활용하여 실질적인 변화를 만들어낸다.

- **지속 가능성 사고력: 자원과 환경을 고려한 결과 도출**

  지속 가능성 사고력은 결과가 환경, 자원, 비용 측면에서 지속 가능성을 확보할 수 있도록 고려하는 사고력이다. 예를 들어, 에너지 소비 데이터를 분석하여 효율적인 에너

문제 해결의 힘, 컴퓨팅 사고력

지 절감 방안을 제안하는 과정에서 이 사고력이 사용된다. 이를 통해 지속 가능한 발전 방향을 모색한다.

예를 들어 데이터를 기반으로 기업의 연간 에너지 소비량을 분석한다고 가정해 보자. 비판적 분석 사고력은 데이터의 정확성을 검토하고, 오류를 발견하거나 개선할 방법을 모색한다. 이어서, 시뮬레이션을 활용하여 특정 절약 방안을 적용했을 때 예상되는 에너지 소비 감소 효과를 평가할 수 있다. 이 과정에서 확률적 사고력을 활용하여 각 시나리오에서 가장 가능성이 높은 결과를 선택하며, 창의적 사고력으로 새로운 절약 기술을 제안할 수도 있다. 최종적으로, 메타인지적 사고력을 통해 이번 분석 과정의 개선점을 찾아 향후 더 나은 결과를 도출하도록 한다. 출력 단계는 더 나은 해결책과 통찰을 이끌어내는 과정이다. 단순한 결과의 끝이 아니라, 이를 기반으로 새로운 가능성을 발견하고 확장하는 시작점이다.

문제 해결의 완성을 위한 CT의 힘 입력에서 시작해 출력에 이르기까지의 과정은 단순히 데이터를 처리하고 결과를 생성하는 것을 넘어, 문제를 이해하고 해결책을 도출하며 새로운 통찰을 얻는 여정이다. 이 모든 단계에서 컴퓨팅 사고력(CT)은 핵심적인 역할을 한다.

입력 단계에서는 올바른 데이터를 수집하고 필터링하여 문제 해결의 기반을 마련하고, 처리 단계에서는 데이터를 논리적이고 체계적으로 다뤄 최적의 해결책을 도출한다. 마지막으로 출력 단계에서는 결과를 평가하고 새로운 가치를 창출하며, 이를 통해 지속 가능한 해결책을 제시한다. CT는 문제 해결의 과정에서 단순한 도구 이상의 역할을 한다. 데이터를 바라보는 새로운 관점과 문제를 해결하는 창의적 접근법을 통해 우리는 더 나은 결정과 혁신적인 변화를 이끌어낼 수 있다. 입력, 처리, 출력을 잇는 CT의 연결고리는 복잡한 문제를 단순화하고, 해결 과정을 구조화하며, 결과로부터 의미 있는 통찰을 이끌어내는 데 없어서는 안 될 요소다. 이 과정은 단지 컴퓨터를 활용하는 기술이 아니라, 사고의 확장과 창의적인 문제 해결 능력을 요구한다. 입력에서 출력까지의 여정을 통해 CT의 진정한 가치를 발견하게 된다. CT는 단지 문제를 해결하는 데 그치지 않고, 그 과정에서 배우고 성장하며 더 나은 세상을 만들어가는 도구로 자리잡는다.

③ 컴퓨터의 CT

컴퓨팅 사고력(CT)은 문제 해결의 핵심 도구일 뿐 아니라, 컴퓨터의 작동 원리와 활용 방식에도 깊이 뿌리내려 있다. CT는 우리가 문제를 체계적으로 분석하고, 최적의 해결책을 도출하며, 자원을 효율적으로 관리할 수 있도록 돕는다. 특히 컴퓨터를 활용한 문제 해결에서는 제한된 시간, 공간, 자원을 효과적으로 나누고 사용할 수 있어야 한다. 이러한 과정에서 CT는 단순한 개념이 아니라, 실질적인 결과를 창출하는 강력한 무기가 된다. 이제 컴퓨터가 어떤 방식으로 CT를 활용하여 문제를 해결하고, 우리의 삶을 변화시키는지 구체적인 예를 통해 살펴보자.

조정적 사고력: 효율적 자원 관리의 핵심　조정적 사고력은 제한된 자원(시간, 공간, CPU 등)을 여러 작업이 효율적으로 나누어 사용할 수 있도록 관리하는 사고력이다. 컴퓨터의 동작 원리에서 이 사고력은 시스템 자원을 최적으로 활용하기 위해 중요한 역할을 한다.

대표적인 컴퓨터 활용에서의 조정적 사고력 적용 사례는 CPU 스케줄링이다. 컴퓨터에서 CPU는 여러 작업이 동시에 실행되는 환경에서 각 작업에 할당된다. 하지만 CPU는 물리적으로 하나이기 때문에, 여러 작업을 순차적으로 처리해야 한다. 이때 조정적 사고력은 CPU의 작업 분배를 효율적으로 설계하여 각 작업이 정당한 시간 안에 처리되도록 한다. 예를 들어, Round-Robin 방식은 다수의 프로세스가 CPU를 번갈아가며 사용하는 대표적인 CPU 스케줄링 기법이다. 이 방식은 각 작업에 동일한 시간량을 할당하며, 시간 초과 시 다음 작업으로 넘어가는 구조를 취한다. 이를 통해 모든 작업이 공평하게 CPU를 사용할 수 있도록 보장한다.

예시로 운영 체제의 자원 공유에 대하여 살펴보자. 운영 체제가 여러 프로그램을 동시에 실행할 때, CPU와 메모리 같은 자원을 효율적으로 분배해야 한다. Round-Robin 방식으로 작업을 나누면 특정 작업이 지나치게 많은 자원을 점유하는 상황을 방지하고, 시스템의 응답 속도를 개선할 수 있다.

조정적 사고력은 컴퓨터의 물리적 한계를 극복하고, 자원을 최대한 활용할 수 있도록 돕는다. 이 사고력은 단순히 컴퓨터의 기술적인 측면에서만 중요한 것이 아니라, 우리가 일상에서 자원을 나누고 사용하는 방식에도 영감을 준다.

경험적 추론: 데이터로 예측하는 지혜   경험적 추론은 과거의 경험과 사례를 기반으로 문제 해결의 방향을 제시하고 미래를 예측하는 사고력이다. 이 사고력은 컴퓨터에서 데이터를 학습하여 패턴을 발견하고 이를 기반으로 의사 결정을 내리거나 예측을 수행하는 데 매우 중요한 역할을 한다.

컴퓨터 활용에서의 경험적 추론 적용 사례는 AI 머신러닝 모델이다. 컴퓨터는 대량의 데이터를 바탕으로 학습하고 이를 통해 미래를 예측하는 능력을 발휘한다. 특히 머신러닝은 대표적인 경험적 추론의 예로, 과거 데이터를 분석해 새로운 데이터를 처리하고 예측 결과를 도출하는 데 사용된다. 이 과정에서 컴퓨터는 단순히 과거의 정보를 반복적으로 사용하는 것이 아니라, 데이터에서 유사한 패턴을 감지하고 이를 활용해 새로운 상황에 맞는 답을 찾아낸다.

예를 들어, 스팸 메일 필터링 시스템을 생각해보자. 이 시스템은 과거에 스팸으로 분류된 이메일 데이터를 학습하여 유사한 특징을 가진 이메일을 자동으로 필터링한다. 컴퓨터는 단어의 빈도, 발신자 정보, 이메일 구조와 같은 다양한 데이터를 분석하여 새로운 메일이 스팸인지 아닌지를 예측한다. 이를 통해 사용자에게 불필요한 이메일을 차단하고 효율적인 이메일 관리를 가능하게 한다. 예시로 AI와 일상 속 문제 해결에 대하여 살펴보자.

AI 기반의 경험적 추론은 일상 속에서 다양한 문제를 해결하는 데 활용된다. 예를 들어, 쇼핑몰에서의 추천 시스템은 사용자가 과거에 검색하거나 구매한 데이터를 바탕으로 관심을 가질 만한 제품을 추천한다. 이러한 시스템은 단순히 데이터를 저장하는 것을 넘어, 과거 행동을 분석하여 개인화된 경험을 제공한다.

경험적 추론은 컴퓨터가 과거 데이터를 활용하여 현재와 미래의 문제를 해결하는 데 있어 필수적인 사고력이다. 이 사고력은 단순히 데이터 처리에 머무르지 않고, 데이터로부터 새로운 통찰을 얻는 데 핵심 역할을 한다. 앞으로의 컴퓨터 활용에서는 경험적 추론이 더욱 발전하여 더욱 정교하고 혁신적인 문제 해결을 가능하게 할 것이다.

변환적 추론: 문제를 새로운 시각으로 해결하기   변환적 추론은 문제를 다른 관

점에서 바라보고, 새로운 해결책으로 전환하는 사고력이다. 이 사고력은 기존의 방식에서 벗어나 창의적인 접근법을 통해 문제를 보다 효과적으로 해결할 수 있도록 한다. 컴퓨터 활용에서의 변환적 추론 적용 사례는 데이터 포맷 변환이다. 데이터를 다른 형식으로 변환하여 문제를 해결하는 작업은 변환적 추론의 대표적인 예이다. 컴퓨터는 데이터를 텍스트, 이미지, 표 등 다양한 포맷으로 변환하며, 이를 통해 데이터를 보다 쉽게 분석하고 활용할 수 있도록 돕는다.

예를 들어, 이미지 파일을 텍스트 데이터로 변환하는 OCR(Optical Character Recognition) 기술은 변환적 추론의 전형적인 사례다. 이 기술은 이미지에 포함된 텍스트 정보를 추출하여 텍스트 파일로 변환함으로써, 문서를 디지털화하거나 검색 가능하게 만든다. 또 다른 예시로 데이터 변환과 활용에 대하여 살펴보자. 엑셀 데이터를 CSV 형식으로 변환하는 작업을 들 수 있다. 엑셀 파일은 다양한 형식과 스타일을 포함하지만, 분석 프로그램에서는 종종 간소화된 CSV 형식을 요구한다. 이를 변환함으로써 데이터 분석 작업의 효율성을 높이고, 프로그램 간 데이터 호환성을 확보할 수 있다. 변환적 추론은 데이터를 단순히 변환하는 데 그치지 않고, 이를 활용해 새로운 문제 해결의 가능성을 열어준다. 컴퓨터는 이러한 추론 과정을 통해 우리가 다루기 힘들었던 데이터를 새로운 방식으로 활용할 수 있도록 돕는다. 이 사고력은 단순히 기술적인 활용을 넘어서, 문제를 다양한 관점에서 접근할 수 있는 창의적인 사고의 기반을 마련해 준다.

계층적 추론: 데이터를 체계적으로 정리하는 사고력　계층적 추론은 문제나 데이터를 상위 단계와 하위 단계로 나누어 체계적으로 구조화하는 사고력이다. 이 사고력은 복잡한 문제를 더 명확히 이해하고 관리할 수 있도록 돕는다. 컴퓨터 활용에서의 계층적 추론 적용 사례는 파일 시스템 구조화이다. 컴퓨터 파일 시스템은 데이터를 계층적으로 정리하여 효율적으로 저장하고 접근할 수 있게 한다. 이러한 구조화는 사용자가 데이터를 쉽게 탐색하고, 필요한 정보를 빠르게 찾을 수 있도록 지원한다. 예를 들어, 컴퓨터 파일 시스템은 상위 폴더와 하위 폴더를 사용하여 데이터를 체계적으로 관리한다. 상위 폴더는 사용자 디렉토리와 같은 일반적인 카테고리를 나타내며, 하위 폴더는 문서, 사진, 동영상 등 세부 데이터를 포함한다. 이를 통해 사용자는 필요한 파일을 빠르게 찾을 수 있으며, 시스템은 데이터를 더

효과적으로 관리할 수 있다. 예시로 회사 업무 관련 계층적 파일 구조에 대해 살펴보자. 회사의 데이터 저장소에서 상위 폴더는 각 부서(예: 인사부, 재무부)를 나타내고, 하위 폴더는 각 부서의 세부 작업(예: 직원 기록, 급여 명세서)으로 구성될 수 있다. 이러한 계층적 구조는 데이터를 논리적으로 분리하여 검색과 관리의 효율성을 크게 향상시킨다. 계층적 추론은 단순히 데이터를 정리하는 데 그치지 않고, 복잡한 문제를 체계적으로 이해하고 해결책을 도출할 수 있도록 돕는다. 이 사고력은 우리가 일상에서 사용하는 데이터 정리 방식뿐만 아니라, 컴퓨터 시스템의 핵심 원리로도 자리잡고 있다.

통계적 사고력: 데이터를 통해 도출하는 합리적 결론

통계적 사고력은 데이터를 기반으로 통계적 분석을 수행해 결론을 도출하는 사고력이다. 이 사고력은 데이터의 패턴을 이해하고, 이를 토대로 문제를 해결하거나 미래를 예측하는 데 활용된다. 컴퓨터 활용에서의 통계적 사고력 적용 사례는 데이터 분석 모델이다. 통계적 사고력은 컴퓨터가 데이터를 분석하고 의미 있는 통계적 지표를 계산하는 과정을 통해 발휘된다. 평균, 중앙값, 표준편차 등 다양한 통계 기법이 데이터에서 정보를 추출하는 데 사용된다. 예를 들어, 시험 점수 데이터 분석은 통계적 사고력을 활용하는 대표적인 사례이다. 학생들의 시험 점수를 분석해 평균 점수와 표준편차를 계산함으로써, 학습 성과를 평가하고 개선 방향을 설정할 수 있다. 이를 통해 특정 학생 그룹의 학습 성과가 다른 그룹과 어떻게 비교되는지 파악할 수 있다.

예시로 온라인 광고 클릭률(CTR) 분석에 대해 살펴보자. 온라인 광고에서 클릭률(CTR)은 광고 성과를 평가하는 중요한 지표이다. 광고가 노출된 횟수와 클릭된 횟수를 분석하여 CTR을 계산하면, 어떤 광고 전략이 효과적인지 확인할 수 있다. 이를 통해 마케팅 캠페인을 최적화하고, 자원을 효율적으로 활용할 수 있다. 통계적 사고력은 단순한 데이터 해석을 넘어, 데이터를 기반으로 합리적인 결정을 내리는 데 핵심적인 역할을 한다. 이 사고력은 컴퓨터가 데이터를 통해 통찰력을 제공하는 원동력이며, 오늘날 데이터 중심의 시대에 없어서는 안 될 중요한 기술이다.

비례적 사고력: 비율과 관계를 활용한 문제 해결

비례적 사고력은 문제 해결 과정에서 비율이나 비례 관계를 활용해 데이터를 조정하거나 변환하는 사고력이다.

이 사고력은 데이터의 관계성을 이해하고 이를 기반으로 적절한 해결책을 제안하는 데 핵심적인 역할을 한다.

컴퓨터 활용에서의 비례적 사고력 적용 사례는 비례 계산 시스템이다. 비례적 사고력은 데이터를 비례적으로 조정하거나 변환하여 문제를 해결하는 데 사용된다. 이를 통해 원본 데이터의 비율을 유지하거나 새로운 기준에 맞게 데이터를 변환할 수 있다. 예를 들어, 이미지 크기 조정은 비례적 사고력을 활용하는 대표적인 사례이다. 이미지를 축소하거나 확대할 때, 원본 이미지의 가로세로 비율을 유지하여 왜곡되지 않도록 한다. 이 과정에서 비례적 계산은 필수적이다.

예시로 건물 공사 일정 계산에 대해 살펴보자. 건설 프로젝트에서 전체 공정의 진행률을 기준으로 남은 시간을 예측하는 데 비례적 사고력이 사용된다. 예를 들어, 프로젝트가 50% 완료되었다면, 동일한 속도로 진행될 경우 남은 50%를 완료하는 데 걸리는 시간을 예측할 수 있다. 이는 공정 관리와 일정 조정에 중요한 역할을 한다. 비례적 사고력은 데이터의 비율과 관계를 이해하고 활용하는 데 필수적인 도구이다. 이를 통해 다양한 문제를 효율적이고 정교하게 해결할 수 있으며, 현실 세계의 많은 상황에서 적용 가능성을 확장시킨다.

탐색적 사고력: 최적의 해결책을 찾는 여정 탐색적 사고력은 다양한 경로를 탐색하며 최적의 해결책을 찾아가는 사고력이다. 문제 상황에서 가능한 모든 대안을 고려하고, 그중 가장 효율적인 방법을 선택하는 데 필수적인 역할을 한다. 컴퓨터 활용에서의 탐색적 사고력 적용 사례는 그래프 탐색 알고리즘이다. 탐색적 사고력은 최단 경로 문제와 같은 복잡한 문제를 해결하는 데 자주 활용된다. 그래프 탐색 알고리즘은 문제의 각 요소를 탐색하며 효율적인 결과를 도출하는 데 기여한다.

예를 들어, BFS(너비 우선 탐색)는 그래프 탐색 알고리즘의 대표적인 예이다. 이 알고리즘은 한 노드에서 시작해 가까운 노드부터 차례로 탐색하며, 최단 경로를 빠르게 찾아낸다. 예시로 지도 네비게이션 시스템에 대해 살펴보자. 네비게이션 시스템은 사용자가 입력한 출발지와 도착지 사이의 최적 경로를 탐색하기 위해 BFS와 같은 알고리즘을 활용한다. 이 알고리즘은 도로 네트워크를 그래프로 모델링해 각 교차로를 노드로, 도로를 간선으로 표현하며, 최단 거리를 계산해 운전자를 안내한다. 탐색적 사고력은 단순히 최단 경로를 찾는 것을 넘어, 문제 해결 과정에서 창의적이고 효율적인 접근 방식을 가능하게 한다. 이를 통해 복잡한 문제도 체계적으로 해결할 수 있는 기반을 제공한다.

상호작용적 사고력: 협력과 연결의 힘   상호작용적 사고력은 여러 시스템이나 사람과 상호작용하여 문제를 해결하는 사고력이다. 이는 서로 다른 요소 간의 협력을 통해 문제를 보다 효과적으로 해결할 수 있도록 돕는다. 특히 컴퓨터 시스템에서는 다양한 기술적 도구와 사용자 간의 연결을 통해 효율성을 극대화한다. 컴퓨터 활용에서의 상호작용적 사고력 적용 사례는 API(Application Programming Interface)이다. API는 서로 다른 프로그램이 상호작용할 수 있도록 중재 역할을 한다. 이를 통해 각각의 프로그램이 독립적으로 개발되었더라도 데이터를 주고받거나 기능을 공유할 수 있다. 예를 들어, 기상청 API는 날씨 앱과 같은 프로그램이 실시간 기상 데이터를 가져와 사용자에게 제공할 수 있도록 돕는다. 날씨 앱은 기상청의 데이터를 활용하여 사용자에게 현재 온도, 습도, 강수량 등의 정보를 직관적으로 표시한다.

예시로 날씨 앱의 동작 과정을 살펴보자. 날씨 앱은 사용자로부터 위치 정보를 입력받아, 기상청 API를 호출한다. 이 과정에서 기상청의 서버는 해당 지역의 날씨 데이터를 실시간으로 반환하며, 앱은 이를 시각적으로 표현해 사용자에게 제공한다. 이러한 과정은 앱과 기상청 시스템 간의 협력으로 이루어진다. 상호작용적 사고력은 컴퓨터 시스템뿐만 아니라 다양한 분야에서도 중요한 역할을 한다. 이 사고력은 시스템 간의 장벽을 허물고, 더 나은 결과를 위한 협력적 환경을 조성한다. 이를 통해 독립적인 시스템들이 서로 연결되어 더 큰 가치를 창출할 수 있다.

통합적 사고력: 연결된 데이터의 힘   통합적 사고력은 여러 개의 문제나 데이터를 종합해 하나의 해결책을 도출하는 사고력이다. 이는 각기 다른 데이터를 통합적으로 분석함으로써 더 나은 인사이트를 얻고, 기존에 알지 못했던 새로운 패턴을 발견하게 한다. 컴퓨터 활용에서의 통합적 사고력 적용 사례는 데이터 통합 시스템이다. 데이터 통합 시스템은 서로 다른 데이터베이스를 연결하고 조화롭게 통합하여 데이터를 분석하는 과정에서 중요한 역할을 한다. 이러한 시스템은 서로 호환되지 않는 데이터를 결합함으로써 데이터 간의 간극을 메우고, 더 나은 결정

을 내리는 데 도움을 준다. 예를 들어, 고객 데이터와 구매 기록을 통합 분석하는 과정을 살펴보자. 여러 소스에서 수집된 데이터를 통합하면 각 고객의 구매 패턴을 파악할 수 있다. 이러한 데이터는 맞춤형 광고를 제공하거나 고객 맞춤 서비스를 개발하는 데 활용된다.

예시로 전자상거래 플랫폼의 데이터 통합 과정을 보자. 전자상거래 플랫폼은 고객의 개인 정보, 구매 내역, 웹사이트 상의 클릭 패턴 등을 통합한다. 이 통합된 데이터는 알고리즘을 통해 분석되어, 고객이 선호할 가능성이 높은 상품을 추천하거나 맞춤형 광고를 노출한다. 이러한 과정을 통해 플랫폼은 고객 경험을 개선하고, 매출 증대로 이어질 수 있다. 통합적 사고력은 단순히 데이터를 연결하는 것 이상의 의미를 가진다. 이는 데이터의 단절을 해결하고, 더 큰 그림을 볼 수 있는 능력을 제공한다. 이를 통해 개인과 조직은 더 전략적인 결정을 내릴 수 있으며, 데이터의 진정한 가치를 실현할 수 있다.

선형적 사고력: 단계별 접근의 가치   선형적 사고력은 문제를 순차적으로 단계에 따라 해결하는 사고력이다. 복잡한 문제를 명확히 정의하고, 이를 여러 단계로 나누어 하나씩 처리하는 방식은 체계적인 문제 해결을 가능하게 한다. 선형적 사고력은 특히 컴퓨터 과학의 다양한 응용 분야에서 핵심적인 역할을 한다. 컴퓨터 활용에서의 선형적 사고력 적용 사례는 순차적 처리 과정 설계이다. 컴퓨터 프로그램이나 알고리즘은 일반적으로 작업을 단계별로 처리한다. 이러한 처리 과정은 데이터 입력부터 결과 출력까지 논리적인 순서를 따르며, 각 단계가 완료되어야 다음 단계로 진행할 수 있다. 이를 통해 작업의 신뢰성과 정확성이 보장된다. 예를 들어, 파일 다운로드 순서를 살펴보자. 인터넷에서 파일을 다운로드할 때도 선형적 사고력이 적용된다. 사용자가 다운로드 링크를 클릭하면 다음과 같은 단계를 거친다:

- **링크 확인**: 사용자가 입력한 링크의 유효성을 검증한다.
- **서버 접속**: 다운로드를 위한 파일이 저장된 서버에 연결한다.
- **파일 전송**: 서버에서 파일을 사용자 컴퓨터로 전송한다.
- **다운로드 완료**: 파일이 사용자 컴퓨터에 저장된다.

문제 해결의 힘, 컴퓨팅 사고력

예시로 소프트웨어 설치 과정을 들 수 있다. 소프트웨어를 설치하는 과정 또한 선형적 사고력의 대표적인 예이다. 사용자는 설치 파일을 실행하고, 설치 환경을 구성한 뒤, 설치를 완료하고 프로그램을 실행한다. 이러한 단계별 처리 방식은 문제 발생 시 특정 단계에서 오류를 식별하고 수정할 수 있는 장점을 제공한다. 선형적 사고력은 효율적인 문제 해결의 기반이다. 단계별로 문제를 정의하고 해결하면서, 복잡한 문제를 체계적으로 접근할 수 있게 한다. 컴퓨터 활용뿐만 아니라, 일상적인 업무와 프로젝트 관리에서도 선형적 사고력은 중요한 역할을 한다. 이는 우리의 사고를 체계화하고, 보다 나은 결과를 도출할 수 있도록 돕는다.

비선형적 사고력: 동시적 문제 해결의 가능성   비선형적 사고력은 문제를 순차적으로 접근하지 않고 여러 경로를 동시에 고려하며 해결책을 찾는 사고력이다. 이 사고력은 특히 동시다발적인 작업이 요구되는 현대 컴퓨팅 환경에서 핵심적인 역할을 한다. 다양한 문제 해결 방법을 동시에 실험하며 최적의 해결책을 탐구하는 능력을 가능하게 한다. 컴퓨터 활용에서의 비선형적 사고력 적용 사례는 멀티스레딩이다. 컴퓨터 프로그램에서 멀티스레딩은 여러 작업을 동시에 처리하는 시스템이다. 멀티스레딩은 각 작업이 독립적으로 실행되도록 하여 전반적인 시스템 효율성을 극대화한다. 예를 들어, 멀티스레딩은 프로그램이 하나의 작업이 완료될 때까지 기다리지 않고, 다른 작업을 동시에 실행할 수 있도록 한다. 예를 들어, 웹 브라우저가 여러 페이지를 동시에 불러오는 과정을 살펴보자. 사용자가 브라우저에서 여러 탭을 열 때, 각 탭은 독립적인 스레드를 통해 데이터를 동시에 로드한다. 이를 통해 사용자 경험을 향상시키며, 작업이 더 빠르게 완료될 수 있도록 돕는다.

예시로 클라우드 서비스의 데이터 처리 시스템을 들 수 있다. 클라우드 서버에서는 수많은 사용자가 동시에 요청을 보낸다. 이러한 요청은 비선형적으로 처리되어야 하며, 각 요청이 개별 스레드를 통해 관리된다. 예를 들어, 클라우드 스토리지 서비스에서 파일 업로드와 다운로드 요청은 서로 독립적으로 실행되며, 시스템의 전체 처리 속도를 높인다. 비선형적 사고력은 현대 기술 환경에서 필수적인 사고 방식이다. 단일한 경로가 아닌 다양한 접근 방식을 동시에 탐색하면서 더 창의적이고 효과적인 문제 해결이 가능하다. 이는 단순히 컴퓨터 기술을 넘어, 우리의 일상적인 의사 결정 과정에서도 중요한 영향을 미친다. 비선형적 사고력은 복잡한 문제를 해결하는 데 있어 우리의 능력을 한 단계 높여주는 중요한 도구이다.

조건분기 사고력: 조건에 따라 변화를 만드는 사고의 힘   조건분기 사고력은 특정 조건에 따라 서로 다른 결과를 도출하는 능력을 말한다. 이 사고력은 논리적 흐름을 설계하고 문제 상황에 맞는 결정을 내리는 데 필수적이다. 조건분기는 컴퓨터 프로그램의 기본 원리로, 다양한 상황을 효과적으로 처리할 수 있도록 돕는다. 컴퓨터 활용에서의 조건분기 사고력 적용 사례는 제어 구조(IF-ELSE 조건문)이다.

컴퓨터 프로그램에서 조건문은 특정 조건을 만족하는지 확인하고, 조건에 따라 다른 결과를 출력하도록 설계된다. 이를 통해 프로그램은 유연하게 다양한 상황에 적응할 수 있다. 예를 들어, IF-ELSE 조건문은 입력 값에 따라 각기 다른 동작을 수행하도록 만들어진다. 또한, 로그인 시스템의 동작 과정을 살펴보자. 사용자가 입력한 비밀번호가 저장된 비밀번호와 일치하는 경우, 프로그램은 "로그인 성공" 메시지를 출력한다. 반면에 비밀번호가 틀린 경우, "오류 메시지"를 출력하며 다시 입력을 요청한다. 예시로 온라인 결제 시스템의 인증 절차를 들 수 있다. 결제 시스템은 사용자의 결제 카드 정보를 확인하고, 유효한 카드라면 결제를 승인하고 "결제 성공" 메시지를 출력한다. 반면에 카드가 유효하지 않거나 한도가 초과된 경우, "결제 실패" 메시지를 출력하며 결제를 중단한다.

조건분기 사고력은 컴퓨터가 상황별로 적절한 반응을 하도록 만들어 준다. 이는 컴퓨터 과학에서 뿐만 아니라 일상에서도 중요한 역할을 한다. 사람들은 일상에서 다양한 선택지를 마주하며, 각각의 선택지에 따른 결과를 고려해 결정을 내린다. 조건분기 사고력은 우리의 사고 과정에 논리적 깊이를 더하며, 다양한 선택지 속에서 최선의 결과를 도출할 수 있는 기반을 제공한다.

확률적 사고력: 불확실성 속에서 미래를 예측하는 힘   확률적 사고력은 불확실한 상황에서 발생 가능한 결과를 확률적으로 분석하고, 최적의 결과를 예측하는 사고력이다. 이 사고력은 데이터 기반 의사 결정에서 중요한 역할을 하며, 복잡한 상황 속에서도 가장 합리적인 선택을 가능하게 한다. 컴퓨터 활용에서의 확률적 사고력 적용 사례는 확률 모델이다. 확률 모델은 날씨 예보, 주가 예측과 같은 분야에서 중요한 도구로 활용된다. 모델은 과거 데이터를 기반으로 각 조건에서 발생할 가

능성이 높은 결과를 예측하며, 이를 통해 신뢰도 높은 결과를 도출한다.

예를 들어, 날씨 예측 시스템은 다양한 기상 데이터를 분석하여 특정 지역에서 비가 올 확률을 계산한다. 이러한 확률적 접근은 불확실한 상황에서도 신뢰할 수 있는 정보를 제공하여, 사람들에게 준비할 시간을 제공한다. 예시로 머신러닝 모델의 활용을 들 수 있다. 머신러닝 모델은 고객의 과거 구매 데이터를 분석하여, 특정 제품을 구매할 가능성이 높은 고객을 예측한다. 이를 통해 기업은 개인화된 광고와 마케팅 전략을 수립하여 고객 만족도를 높이고, 매출을 극대화할 수 있다. 확률적 사고력은 단순히 수치와 데이터로 끝나는 것이 아니다. 이는 데이터에서 의미 있는 패턴을 발견하고, 미래를 준비하는 데 있어 중요한 도구로 작용한다. 우리가 일상에서 마주하는 많은 선택 또한 이와 같은 사고력을 기반으로 이루어진다. 불확실성을 기회로 바꾸는 확률적 사고력은 개인의 삶과 사회 전반에 걸쳐 중요한 역할을 한다.

지속 가능성 사고력: 효율과 미래를 동시에 고려하는 사고　　지속 가능성 사고력은 자원의 효율적 활용뿐만 아니라 미래 지속 가능성을 고려하며, 환경과 사회에 긍정적 영향을 미치는 방안을 찾는 사고력이다. 이는 단기적인 성과를 넘어 장기적인 관점에서 최적의 해결책을 모색하게 한다. 컴퓨터 활용에서의 지속 가능성 사고력 적용 사례는 에너지 효율 시스템이다. 에너지 효율 시스템은 데이터 센터나 클라우드 서버의 자원 소비를 분석하고 최적화하여 에너지 낭비를 줄이는 데 중점을 둔다. 이러한 시스템은 환경 보호와 비용 절감이라는 두 가지 목표를 동시에 달성한다. 예를 들어, 클라우드 서버 관리 시스템은 CPU 사용량과 같은 자원 부하를 실시간으로 모니터링한다. 비활성 상태에 있는 서버를 자동으로 종료하거나 작업을 재분배하여 에너지 사용량을 줄인다. 이러한 기술은 지속 가능한 IT 환경을 구축하는 데 기여한다.

예시로 데이터 센터의 효율적 운영을 들 수 있다. 데이터 센터는 세계적으로 많은 에너지를 소비하는 시설 중 하나로, 지속 가능성을 위한 노력이 필수적이다. 서버의 부하를 분석하여 비효율적인 작업을 줄이고, 냉각 시스템을 최적화하는 등 다양한 방안을 통해 에너지 사용을 최소화한다. 이를 통해 전력 소비를 줄이고, 환경에 미치는 부정적 영향을 줄일 수 있다. 지속 가능성 사고력은 기술과 환경, 사회적 책임을 연결하는 중요한 사고 방식이다. 컴퓨터 활용에서도 이러한 사고력을 적용하면 기술 발전이 환경과 공존할 수 있는 길을 모색할 수 있다. 우리의 선택이 미래 세대에 긍정적 유산을 남길 수 있도록, 지속 가능성 사고력은 모든 문제 해결 과정에서 필수적인 요소로 자리잡고 있다.

컴퓨터와 함께하는 사고력의 확장 컴퓨팅 사고력은 단순히 문제를 해결하는 도구가 아니다. 그것은 우리에게 문제를 바라보는 새로운 관점과, 이를 창의적이고 효율적으로 해결할 수 있는 방법을 제시한다. 이번 단원에서는 조정적 사고력, 경험적 추론, 탐색적 사고력, 조건분기 사고력 등 다양한 CT 요소들이 컴퓨터 활용 과정에서 어떻게 빛을 발하는지 살펴보았다.

컴퓨터는 복잡한 데이터를 처리하고, 다양한 가능성을 탐구하며, 인간이 놓칠 수 있는 세부 사항을 포착하는 데 있어 필수적인 도구로 자리잡았다. 하지만 컴퓨터가 아무리 강력하더라도, 그것을 활용하는 인간의 사고력이 없다면 그 잠재력은 발휘되지 못한다. CT 요소는 인간의 사고와 컴퓨터의 기술적 능력을 연결하는 다리 역할을 한다. 이제 독자 여러분은 컴퓨터 활용에서의 CT 요소들을 통해 문제를 보다 구조적으로 바라볼 수 있을 것이다. 현실에서 마주하는 복잡한 문제들을 해결하기 위해 컴퓨팅 사고력을 적용할 때, 단순한 도구를 넘어 창의적이고 지속 가능한 해결책을 설계하는 능력을 갖추게 될 것이다. 마지막으로, CT 요소는 단지 이론에 머무는 것이 아니라, 우리의 일상과 미래를 변화시키는 실질적인 힘이다. 계속하여 CT 사고력이 데이터와 알고리즘의 세계에서 어떻게 활용되는지를 살펴보며, 실질적인 문제 해결의 폭을 넓혀갈 것이다. 새로운 지식과 사고의 확장을 기대하며, 끊임없는 탐구를 이어나가자!

컴퓨터와 소프트웨어는 우리 일상에서 복잡한 문제를 해결하는 데 필수적인 도구다. 이번 장에서는 여러분이 배운 컴퓨팅 사고력을 바탕으로, 소프트웨어를 활용하여 문제를 체계적으로 분석하고 해결책을 설계하는 도전을 해볼 것이다. 우리가 사용하는 소프트웨어는 단순히 프로그램이 아니라, 문제 해결을 위한 논리적 도구이자 창의적 아이디어를 실현하는 도구다. 이제 문제를 정의하고, 컴퓨팅 사고력을 적용하여 소프트웨어로 해결책을 구현하는 방법을 탐구해보자!

학교 동아리 관리 프로그램을 구축해볼까! 학교 동아리는 학생들의 자발적 참여와 창의적 활동을 장려하는 중요한 공간이다. 하지만 동아리 운영 과정에서 회원 정보를 관리하거나 회비를 모으는 일은 종종 혼란과 비효율을 초래한다. 특히 동아리 활동 기록이 산발적으로 보관되어 있으면 신규 회원 모집이나 활동 계획 수립에 어려움이 생긴다. 이런 문제를 해결할 수 있는 효율적인 소프트웨어를 설계해보자.

- **1단계: 문제 정의**

  동아리 관리에서 반복적으로 발생하는 문제를 파악한다. 예를 들어, 회원 정보 누락, 회비 미납 확인, 활동 기록 분실 등이 주요 문제로 정의될 수 있다.

  적용 CT 요소: 문제 인식, 추상화 사고력

- **2단계: 문제 분해**

  동아리 관리의 주요 업무를 세분화한다. 예를 들어, ❶ 회원 정보 입력 및 검색, ❷ 회비 납부 기록 관리, ❸ 활동 기록 저장 등으로 나눌 수 있다.

  적용 CT 요소: 분해적 사고력, 추상화 사고력

- **3단계: 패턴 발견**

    기존 동아리 관리 방식을 분석하여 문제가 발생하는 패턴을 발견한다. 예를 들어, 회비 납부가 특정 시기에 집중되거나 회원 정보 갱신이 불규칙하게 이루어지는 패턴을 찾아낸다.

    적용 CT 요소: 패턴 인식, 자료 수집

- **4단계: 해결 전략 수립**

    동아리 관리 소프트웨어 설계 방안을 마련한다. 사용자 인터페이스(UI)를 직관적으로 설계하고, 데이터베이스(DB)를 활용해 정보를 체계적으로 관리한다.

    적용 CT 요소: 알고리즘적 사고력, 통합적 사고력

- **5단계: 결과 분석 및 평가**

    소프트웨어를 시범적으로 운영하여 학생들의 피드백을 받고, 개선할 점을 분석한다. 이를 통해 소프트웨어의 실질적인 효과를 검토한다.

    적용 CT 요소: 비판적 사고력, 메타인지적 사고력

🎯 도전 과제

소프트웨어는 단순히 문제를 해결하는 기술이 아니라, 우리 삶을 더 편리하고 효율적으로 만들어주는 강력한 도구다. 컴퓨팅 사고력(CT)을 활용해 직접 소프트웨어를 설계해보는 도전을 통해, 실질적인 문제 해결의 기쁨을 경험할 수 있을 것이다. 실생활에서 자주 발생하는 문제를 선정하고, 이를 해결하기 위한 간단하면서도 유용한 소프트웨어를 문제 해결 과정을 적용하여 설계해보자.

생각하기 1: 공부를 한 것 같긴 한데…… 왜 기억이 없지?

시험 기간만 되면 "이번엔 제대로 공부해야지!"라고 다짐하지만, 책상에 앉아 휴대폰에 손이 가는 상황은 익숙하다. 타이머를 켜놓고도 SNS를 확인하거나 유튜브 영상을 보는 동안, 정작 공부한 건 거의 없다는 걸 깨닫게 된다. 이럴 때, 제대로 된 타이머가 집중력을 유지하고 시간을 관리해준다면 얼마나 좋을까? "공부를 한 것 같긴 한데 왜 내용이 없지?"라는 말을 다시는 하지 않도록 공부 시간과 휴식 시

간을 균형 있게 관리할 수 있는 타이머인 '완벽한 스터디 도우미'를 위한 문제 해결 과정을 정의해보자.

생각하기 2: 내 냉장고 속 재료, 다 어디로 갔지?

냉장고를 열었을 때, "분명히 며칠 전에 산 재료인데 왜 없어?"라며 머리를 긁적이는 경험은 누구나 해봤을 것이다. 혹은 유통기한이 지나버린 재료를 보고 "아, 이거 먹으려고 했었는데…"라며 한숨을 쉬기도 한다. 재료가 사라지는 마법(?)을 막고, 냉장고를 효율적으로 관리할 수 있는 똑똑한 소프트웨어인 '스마트 냉장고 관리' 프로그램을 만들기 위하여 우선 문제 해결 과정을 정리해보자.

생각하기 3: 오늘도 근처 맛집을 놓쳤다

"오늘 뭐 먹지?"라는 고민은 늘 우리의 일상을 따라다닌다. 하지만 막상 검색을 시작하면 시간만 지나고, 결국 평소 가던 식당에 가게 된다. 알고 보니 근처에 새로 생긴 맛집이 있었는데 놓쳤던 경험, 공감하지 않는가? 더 이상 맛집을 놓치지 않도록, 내 주변의 숨은 진주를 알려주는 소프트웨어를 만들어보자. 소프트웨어가 사용자의 위치 기반으로 근처 맛집 정보를 추천하고 사용자 리뷰와 평점을 반영한 맛집 랭킹 제공 등을 제시할 수 있도록 '나만을 위한 맛집 추천' 프로그램의 문제 해결 과정을 설계해보자.

컴퓨팅 사고력은 단순히 복잡한 문제를 해결하기 위한 도구가 아니다. 이는 우리가 문제를 바라보는 관점과 접근 방식을 바꾸어, 복잡한 상황에서도 논리적이고 창의적인 해결책을 찾게 하는 강력한 사고의 틀이다.

다양한 문제들을 해결하기 위해 문제를 정의하고, 세분화하며, 패턴을 발견하고, 전략을 수립하는 과정에서 컴퓨팅 사고력(CT)의 힘을 경험할 수 있다. 더 나아가, 각 단계에서 CT 요소를 탐구하며 문제 해결의 기초를 다질 수 있다. 소프트웨어는 그 자체로도 강력한 도구이지만, 컴퓨팅 사고력을 만나면 더욱 큰 가능성을 발휘한다. 단순히 문제를 해결하는 기술을 넘어, 우리의 삶을 더 편리하고 창의적으로 바꿀 수 있는 실질적 도구가 된다.

이제 여러분이 설계한 소프트웨어와 해결 방안이 다른 사람들의 일상에 어떤 변화를 가져다줄지 상상해보자. 작은 문제를 해결하며 쌓은 경험이, 더 크고 복잡한 문제를 해결할 수 있는 기반이 될 것이다. 이 과정을 통해, 여러분은 스스로 문제 해결의 주체가 되는 즐거움을 느낄 수 있을 것이다. 컴퓨팅 사고력은 문제 해결의 끝이 아닌 새로운 시작이다. 이제 더 나은 아이디어와 해결책을 향해 도전해보자!

컴퓨터와 소프트웨어가 단순한 도구를 넘어, 문제를 해결하고 세상을 변화시키는 강력한 수단임을 배웠다. 컴퓨터 활용은 더 이상 특정 분야에 국한되지 않는다. 현대 사회의 모든 영역에서 컴퓨터와 소프트웨어는 중요한 역할을 하고 있으며, 컴퓨팅 사고력(CT)은 이를 최대한으로 활용할 수 있도록 돕는 핵심 역량이다.

컴퓨터를 활용한 문제 해결 과정은 단순히 알고리즘과 코드 작성에 머무르지 않는다. 하드웨어와 소프트웨어의 특성을 이해하고, 이를 문제 해결의 다양한 단계에 적용하는 과정에서 우리는 논리적 사고와 창의적 접근법을 동시에 활용한다. 하드웨어는 문제를 처리할 수 있는 안정적인 환경을 제공하고, 소프트웨어는 그 문제를 효과적으로 해결할 수 있는 도구를 만들어낸다. 두 요소의 협력을 이해하고 적용할 수 있는 능력은 오늘날 필수적인 기술로 자리잡고 있다.

이 과정에서 컴퓨팅 사고력은 복잡한 문제를 단순화하고, 데이터와 패턴을 활용하며, 효율적인 해결책을 설계하는 데 필수적이다. 예를 들어, 문제를 정의하고, 다양한 요소로 분해하며, 데이터를 분석하고, 추상화와 알고리즘 설계를 통해 해결책을 도출하는 과정은 컴퓨터 활용의 모든 영역에 적용된다. 이러한 사고방식은 소프트웨어 개발뿐 아니라, 하드웨어 설계, 시스템 관리, 데이터 처리 등 폭넓은 영역에서 빛을 발휘한다.

컴퓨팅 사고력은 우리가 기술을 더 깊이 이해하고, 이를 통해 현실의 문제를 해결하며, 더 나은 미래를 만들어가는 길을 제시한다. 컴퓨터는 단순히 작업을 자동화하는 기계를 넘어, 인간의 창의성과 협력하여 세상을 더 효율적이고 아름답게 바꾸는 도구다. 소프트웨어는 문제 해결의 구체적인 방법을 제공하고, 하드웨어는 이를 실현하는 기반이 된다. 이 두 가지를 이해하고 활용하는 능력은 현대 사회에서 모든 이에게 필수적이다.

이제 여러분의 차례다. 실생활에서 마주하는 크고 작은 문제를 다시 한번 돌아보고, 이를 해결하기 위한 첫걸음을 시작해 보자. 먼저 문제를 정의하고, 컴퓨터와 컴퓨팅 사고력을 활용해 해결 과정을 설계하며, 직접 소프트웨어로 구현해보자. 기술과 사고력을 결합하면 해결하지 못할 문제는 없다. 여러분의 도전이 더 나은 세상과 더 나은 미래를 만드는 출발점이 될 것이다. 컴퓨터 활용의 무한한 가능성을 탐구하며, 실질적인 문제 해결의 여정을 지금 바로 시작하자!

4장

프로그래밍 언어 개요

Computational
Thinking

☑ 앞서 컴퓨팅 사고력과 문제 해결의 기본 개념을 살펴보았다. 우리는 문제를 정의하고, 이를 해결하기 위해 컴퓨터를 활용하는 사고 과정을 이해하는 데 집중했다. 이제 이러한 배경을 기반으로, 컴퓨터와 인간의 상호작용을 가능하게 하는 핵심 도구인 '프로그래밍 언어'의 세계로 발을 내딛고자 한다. 현대 사회는 컴퓨터와 소프트웨어의 세계 속에서 움직이고 있다. 우리가 매일 사용하는 스마트폰 앱, 웹사이트, 게임, 다양한 서비스는 모두 프로그래밍 언어를 통해 탄생했다. 프로그래밍 언어는 인간과 컴퓨터가 소통할 수 있도록 돕는 도구로, 이 도구를 통해 복잡한 문제를 해결하고 혁신적인 아이디어를 실현할 수 있다.

☑ 이 장에서는 프로그래밍 언어의 본질과 역할, 그리고 그 발전 과정을 살펴본다. 다양한 프로그래밍 언어의 종류와 그 특징을 이해하며, 파이썬(Python)이라는 인기 있는 언어를 중심으로 구체적인 활용 가능성까지 탐구할 것이다. 또한, 이 과정을 통해 독자가 프로그래밍 언어의 세계를 새롭게 바라보고, 창의적인 사고로 문제를 해결할 수 있는 기반을 다지는 데 도움을 주고자 한다. 프로그래밍 언어는 단순히 컴퓨터에게 지시를 내리는 코드의 집합이 아니다. 그것은 인간의 사고를 반영하는 방식이며, 문제를 해결하는 논리와 창의성을 담는 그릇이다. 각각의 언어는 나름의 철학과 설계 목적을 가지고 있으며, 특정한 문제를 해결하는 데 적합하도록 설계되었다. 이러한 언어들을 이해하고 선택하는 과정은 단순히 기술적인 능력을 키우는 것이 아니라, 문제를 바라보는 관점과 사고력을 확장하는 여정이기도 하다.

☑ 이제 프로그래밍 언어가 무엇인지, 그리고 그것이 어떤 과정을 통해 발전해 왔는지 살펴보며, 컴퓨터와 인간의 협력 속에서 언어가 가진 놀라운 가능성을 함께 탐구해보자.

프로그래밍 언어는 컴퓨터와 인간을 연결하는 가장 중요한 다리이다. 우리가 사용하는 대부분의 디지털 도구와 서비스는 프로그래밍 언어로 작성된 코드로 이루어져 있다. 하지만 프로그래밍 언어란 단순히 명령어의 집합이 아니라, 인간의 사고를 표현하고, 문제를 해결하며, 아이디어를 실현하는 창의적인 도구이다. 프로그래밍 언어는 기계어처럼 컴퓨터가 이해할 수 있는 형태의 언어와, 인간이 작성하고 이해할 수 있는 형태의 언어를 연결한다. 이 과정을 통해 사람들은 복잡한 계산, 데이터 처리, 자동화, 시뮬레이션 같은 다양한 작업을 수행할 수 있다. 따라서 프로그래밍 언어를 이해하는 것은 컴퓨터와 소통하며 현대의 문제를 해결하는 첫걸음이 된다.

프로그래밍 언어의 개념과 본질을 이해하고, 왜 이러한 언어가 필요하며 어떻게 발전해왔는지 탐구해보자. 또한, 프로그래밍 언어가 컴퓨터 세계에서 수행하는 역할과 언어를 사용하는 과정에서 발생하는 주요 요소들을 살펴보자. 프로그래밍 언어를 이해하는 것은 단순히 코드 작성을 배우는 것이 아니다. 이는 문제를 구조적으로 사고하고, 새로운 관점으로 문제를 해결하는 방법을 배우는 과정이다. 이러한 관점에서, 프로그래밍 언어를 통해 컴퓨팅 사고력을 바탕으로 문제 해결과 혁신적인 소프트웨어 개발의 무한한 가능성을 탐구해 보자.

① 프로그래밍 언어 이해

프로그래밍 언어는 마치 인간과 컴퓨터 사이의 통역사와 같다. 인간의 생각과 논리를 컴퓨터가 이해할 수 있는 형태로 변환해주는 도구이자, 우리가 세상을 변화시키기 위해 창조적인 아이디어를 구체화할 수 있는 수단이다. 이 언어를 통해 단순히 기계를 조작하는 것을 넘어, 우리의 삶을 혁신적으로 바꾸는 도구와 서비스를 만들어 낼 수 있다.

컴퓨터와 인간의 소통에서 가장 중요한 점은 '상호 이해'이다. 인간은 자연어를 사용하지만, 컴퓨터는 이진수(0과 1)로 이루어진 기계어만 이해할 수 있다. 이러한 간극을 메워주는 것이 바로 프로그래밍 언어다. 프로그래머는 자신이 해결하고자 하는 문제나 아이디어를 프로그래밍 언어를 통해 논리적으로 설계하고, 컴퓨터는 이를 실행해 결과를 보여준다. 즉, 프로그래밍 언어는 인간이 컴퓨터와 소통하기 위해 사용하는 공식적이고 체계적인 언어에 해당하며, 이는 인간의 논리와 명령을 컴퓨터가 이해할 수 있는 형태로 변환하고, 컴퓨터가 처리한 결과를 다시 인간이 이해할 수 있는 방식으로 전달하는 도구 역할을 감당하는 것이다. 정리하자면, 프로그래밍 언어는 다음의 두 가지 주요 목적을 가진다.

- 컴퓨터에게 작업을 지시하기 위해 명령을 전달하는 매개체
- 문제를 해결하기 위한 논리를 표현하고 구조화하는 도구

이를 통해 프로그래밍 언어는 단순한 기계 명령어의 집합이 아니라, 인간의 사고와 창의성을 표현하고 구체화하는 수단으로 기능한다.

프로그래머　프로그래머는 문제를 해결하거나 특정 작업을 수행하기 위해 논리를 설계하고, 이를 프로그래밍 언어를 통해 컴퓨터가 이해할 수 있는 형태로 표현하는 사람이다. 프로그래머는 컴퓨터와 인간 사이의 다리 역할을 하며, 창의적 사고와 논리적 접근 방식을 통해 현실의 문제를 디지털 환경에서 해결하는 데 중추적인 역할을 한다.

프로그래밍 언어　프로그래밍 언어는 프로그래머가 설계한 논리를 컴퓨터가 이해할 수 있는 형태로 전달하는 도구이다. 이 언어는 인간의 사고를 컴퓨터가 처리할 수 있는 명령어로 변환하는 체계적이고 구조화된 방법을 제공한다. 프로그래밍 언어는 문제를 해결하는 논리를 표현하는 수단일 뿐 아니라, 다양한 디지털 환

경에서 소프트웨어를 개발하는 핵심 도구이기도 하다.

소프트웨어와 앱   소프트웨어와 앱은 프로그래머가 작성한 코드가 실행되어 사용자와 상호작용하는 최종 산출물이다. 이는 우리가 일상적으로 사용하는 프로그램들의 총칭으로, 단순한 계산기부터 복잡한 게임, 데이터 분석 도구, 자율주행차의 알고리즘까지 다양하다. 소프트웨어는 프로그래밍 언어를 통해 설계되고 구현되며, 사용자에게 실질적인 가치를 제공하는 디지털 환경의 핵심 결과물이다.

연관성과 중요성   프로그래머, 프로그래밍 언어, 소프트웨어와 앱 이 세 가지 요소는 디지털 환경에서 독립적으로 존재할 수 없으며, 서로 상호작용하며 발전한다. 프로그래머는 프로그래밍 언어를 사용해 문제를 해결하고, 그 결과로 소프트웨어와 앱을 만들어 사용자와 소통한다. 이러한 과정은 디지털 환경에서 아이디어를 실현하고, 복잡한 문제를 해결하며, 창의적인 도구를 개발하는 중요한 순환 구조를 형성한다.

프로그래밍 언어를 이해하고 활용하는 것은 단순히 코드 작성을 배우는 것이 아니라, 문제를 바라보는 새로운 관점을 얻고, 논리적 사고와 창의성을 함께 기르는 여정이다. 이제 이러한 개념들을 바탕으로 프로그래밍 언어의 더 깊은 세계로 들어가 보자.

프로그래밍 언어의 주요 특징

- **컴퓨터와 인간의 연결고리**: 인간이 이해하기 쉬운 구문과 컴퓨터가 처리할 수 있는 기계어를 연결한다. 이는 자연어처럼 느껴지는 언어(예: Python, Java)를 사용해 고도의 작업을 쉽게 처리할 수 있도록 돕는다.
- **구조와 문법**: 프로그래밍 언어는 소프트웨어 개발과 문제 해결을 위한 다양한 규칙과 문법으로 구성된다. 이는 논리를 명확히 하고, 실행 가능한 형태로 구조화하는 데 필수적이다.
- **명령과 제어의 표현**: 프로그래밍 언어는 명령어, 데이터 구조, 제어 흐름 등을 설

계하는 데 사용된다. 이를 통해 복잡한 알고리즘을 작성하거나, 간단한 자동화를 구현할 수 있다.

- **컴파일러와 인터프리터**: 프로그래밍 언어로 작성된 코드는 컴퓨터가 직접 실행할 수 없다. 컴파일러나 인터프리터를 통해 기계가 이해할 수 있는 형태로 변환되어 실행 가능해진다.

- **다양한 분야에서의 활용 가능성**: 현대 기술 발전에 있어 필수적인 요소로, 프로그래밍 언어는 게임 개발, 데이터 분석, 인공지능, 웹 및 앱 개발 등 다양한 분야에서 사용된다.

프로그래밍 언어가 가지는 의미 프로그래밍 언어는 단순히 코드를 작성하는 도구가 아니다. 이는 인간의 사고와 논리를 컴퓨터가 실행 가능한 방식으로 변환하는 창조적인 수단이다. 예를 들어, 간단한 계산기를 설계하는 과정에서도 입력과 출력, 계산 논리 등 논리적인 사고와 설계 과정이 필요하다. 이는 인간의 사고력을 강화하고, 문제 해결 능력을 체계적으로 개발하는 데 중요한 역할을 한다. 프로그래밍 언어를 배우는 것은 단순히 기술을 익히는 것이 아니다. 이는 문제를 해결하는 새로운 관점을 배우고, 세상을 변화시킬 수 있는 도구를 얻는 과정이다. 프로그래밍 언어는 우리의 창의성을 컴퓨터와 결합하여 혁신적인 결과물을 만들어낼 수 있도록 돕는다. 프로그래밍 언어를 통해 컴퓨터와 소통하며, 새로운 가능성을 열어가는 이 여정은 단순한 학습을 넘어, 세상에 기여하는 창조의 첫걸음이 된다.

② 프로그래밍 언어의 역할

프로그래밍 언어는 단순히 컴퓨터와 소통하기 위한 도구를 넘어, 현대 사회와 산업 전반에 걸쳐 핵심적인 역할을 수행한다. 이는 문제 해결의 도구로부터 창의적인 아이디어의 구현까지, 그리고 기술 혁신을 뒷받침하는 기반으로서 폭넓게 활용되고 있다. 아래는 프로그래밍 언어의 주요 역할과 그 의미를 심도 있게 살펴본 내용이다.

문제 해결의 힘, 컴퓨팅 사고력

- **문제 해결 도구 제공**: 프로그래밍 언어는 복잡한 문제를 논리적으로 해결하는 데 필요한 구조와 기능을 지원한다. 인간이 이해하고 표현하기 어려운 계산과 데이터 처리를 컴퓨터가 효율적으로 수행할 수 있도록 논리를 설계하고 명령을 전달하는 역할을 한다.
  - ☑ 데이터 분석과 같은 작업에서는 Python이 강력한 도구로 활용된다. 방대한 데이터를 처리하고 패턴을 분석하며 시각화하는 과정을 단순화시킨다.
  - ☑ 병원에서는 프로그래밍 언어를 사용하여 의료 진단 시스템을 개발하고, 환자의 데이터를 분석하여 질병 예측을 가능하게 한다.
- **컴퓨터와 인간의 소통 매개체**: 프로그래밍 언어는 인간의 명령을 컴퓨터가 이해할 수 있는 기계어로 변환하여 작업을 수행할 수 있도록 한다. 컴파일러와 인터프리터와 같은 도구를 통해 이러한 소통이 이루어진다.
  - ☑ 컴파일러는 소스 코드를 기계어로 전체 변환한 후 실행하며, C, C++과 같은 언어에서 사용된다.
  - ☑ 인터프리터는 코드를 한 줄씩 읽으며 즉각 실행하고, Python, JavaScript 등에서 활용된다. 이 과정은 사용자가 의도한 결과를 정확히 구현하기 위한 중요한 과정으로, 소통의 성공 여부가 시스템의 품질을 좌우한다.

컴파일러와 인터프리터의 특징을 비교하여 정리하면 다음과 같다.

특징	컴파일러	인터프리터
변환 방식	전체 번역 후 실행	한 줄씩 번역하며 즉각 실행
실행 속도	빠름	느림
오류 처리	번역 과정에서 모든 오류 검사	실행 중 오류 검사
출력 결과	독립적인 기계어 파일 생성	별도의 파일 없이 실행
대표 언어	C, C++, Java	Python, JavaScript, Ruby

- **다양한 산업의 자동화와 최적화**: 프로그래밍 언어는 다양한 산업에서 자동화와 최적화를 가능하게 한다. 제조업, 의료, 교육, 금융 등 모든 분야에서 효율성과 생산성을 높이는 데 기여하고 있다.

- ☑ 제조업에서는 로봇 공정 제어 프로그램을 통해 생산 과정을 자동화하고, 오류를 최소화한다.
- ☑ 교육에서는 학습 관리 시스템(LMS) 개발을 통해 학생과 교사가 상호작용하고 학습 데이터를 분석하여 맞춤형 교육을 제공한다.
- ☑ 금융에서는 주식 시장 분석, 리스크 평가, 자동 거래 시스템 구축에 활용된다.
- **창의적인 아이디어의 구현**: 프로그래밍 언어는 프로그래머의 창의적 아이디어를 현실화하는 데 필요한 도구를 제공한다. 이는 소프트웨어, 모바일 애플리케이션, 데이터 처리 알고리즘 등 다양한 형태로 구현된다.
  - ☑ 게임 개발자는 프로그래밍 언어를 사용하여 플레이어와 상호작용할 수 있는 몰입형 환경을 설계한다.
  - ☑ 머신러닝 알고리즘 개발자는 Python과 R을 통해 데이터를 학습시켜 새로운 통찰력을 제공하는 모델을 생성한다.
- **기술 발전의 토대 제공**: 프로그래밍 언어는 현대 기술 혁신의 핵심 요소이다. 새로운 언어와 기능의 개발은 효율적이고 강력한 시스템 구축을 가능하게 하며, 기술 발전의 속도를 가속화한다.
  - ☑ 클라우드 컴퓨팅, 빅데이터 처리, 인공지능과 같은 최신 기술은 프로그래밍 언어를 통해 구현된다.
  - ☑ AI 모델은 TensorFlow와 같은 프레임워크와 Python을 통해 설계되고 학습되며, 이를 통해 의료와 환경 보호 등 다양한 분야에서 혁신을 이끌고 있다.

프로그래밍 언어는 단순한 기술적 도구가 아니라, 문제를 해결하고 세상을 변화시키는 창의적 도구이다. 이를 통해 복잡한 문제를 해결하고, 사람들에게 편리함과 가능성을 제공하는 혁신적인 아이디어를 실현할 수 있다. 프로그래밍 언어를 배우고 이해하는 과정은 문제를 새로운 관점에서 보고, 세상을 변화시킬 수 있는 방법을 배워가는 여정이다. 프로그래밍 언어의 역할은 우리의 일상과 산업을 넘어, 미래의 가능성을 열어가는 문을 제공한다. 이것이 프로그래밍 언어가 현대 사회에서 필수적인 이유이다.

③ 프로그래밍 언어의 발전 과정

프로그래밍 언어는 컴퓨터와 인간 간의 소통을 가능하게 하는 도구로서, 시대의 요구와 기술의 발전에 따라 꾸준히 변화해 왔다. 초기의 단순한 기계어에서부터 현대의 다기능 고급 언어까지, 프로그래밍 언어는 효율성과 생산성을 높이기 위해 진화해 왔다. 다음은 프로그래밍 언어 발전의 주요 과정과 각 단계의 특징이다.

- **1세대 기계어(1940년대~1950년대)**: 기계어는 컴퓨터가 직접 이해할 수 있는 이진 코드(0과 1)로 구성된 언어로, 컴퓨터와의 소통을 위한 최초의 언어였다. 모든 명령어는 하드웨어의 작동에 직접 관여했으며, 컴퓨터 성능을 최대한 활용할 수 있었다. 하지만 명령어가 지나치게 단순하고 인간이 이해하기 어렵다는 한계가 있었다.
  - ☑ **특징**: 기계어는 컴퓨터와 하드웨어를 직접 제어할 수 있는 유일한 언어였으나, 사람이 작성하고 유지보수하기에는 비효율적이었다.
  - ☑ **장점**: 하드웨어에 최적화되어 성능을 최대화할 수 있었다.
  - ☑ **단점**: 복잡한 논리를 구현하기 어려웠고, 프로그래머가 하드웨어의 세부 사항을 정확히 이해해야 했다.
  - ☑ **대표 언어**: 기계어는 하드웨어마다 고유한 형태를 가졌으며, 특정 컴퓨터 아키텍처에 종속되었다.
- **2세대 어셈블리어(1950년대~1960년대)**: 어셈블리어는 기계어의 복잡함을 완화하기 위해 개발된 저급 언어로, 사람이 이해하기 쉬운 기호와 간단한 명령어로 구성되었다. 어셈블러라는 도구를 통해 기계어로 변환되며, 프로그래머가 하드웨어를 더 쉽게 제어할 수 있도록 도왔다.
  - ☑ **특징**: 기계어보다 작성이 쉬웠으며, 하드웨어를 직접 제어할 수 있는 능력을 유지했다.
  - ☑ **장점**: 명령어를 기호화하여 개발 과정이 간단해졌으며, 오류를 줄일 수 있었다.
  - ☑ **단점**: 여전히 특정 하드웨어에 종속적이며, 범용 언어로 사용하기엔 한계가 있었다.
  - ☑ **대표 언어**: IBM 704 어셈블리어, PDP-8 어셈블리어.
- **3세대 고급 언어(1960년대~현재)**: 고급 언어는 인간이 이해하기 쉬운 문법과 구조로 설계되어, 프로그래밍 과정을 크게 간소화했다. 플랫폼 독립성을 가지며, 컴파일러를

통해 다양한 하드웨어에서 실행될 수 있는 기계어로 변환되었다.

- ☑ **특징**: 자연어에 가까운 문법과 구문을 사용하여 읽기 쉽고, 유지보수가 용이했다.
- ☑ **장점**: 범용적으로 사용 가능하며, 개발 속도와 생산성이 크게 향상되었다.
- ☑ **단점**: 컴파일러 번역 과정에서 시간이 추가로 소요될 수 있었다.
- ☑ **대표 언어**: Fortran(과학 계산), COBOL(비즈니스 데이터 처리), C(시스템 프로그래밍), Python(다목적 언어), Java(플랫폼 독립적 언어).

- **4세대 도메인 특화 언어(1970년대~현재)**: 도메인 특화 언어는 특정 문제나 특정 산업 분야에 초점을 맞춘 언어로, 간결하고 효율적인 코드를 작성할 수 있도록 설계되었다.
  - ☑ **특징**: 특정 도메인에서 효율적인 작업 처리가 가능하도록 설계된 간결한 구문을 제공했다.
  - ☑ **장점**: 복잡한 문제를 간단히 해결할 수 있었으며, 도메인 전문가들이 쉽게 사용할 수 있었다.
  - ☑ **단점**: 범용성이 부족하며, 특정 분야 외에는 활용이 어려웠다.
  - ☑ **대표 언어**: SQL(데이터베이스 관리), MATLAB(수학 계산), R(통계 분석).

- **5세대 인공지능 언어(1980년대~현재)**: 인공지능 언어는 논리적 추론과 문제 해결 자동화에 초점을 맞춘 언어다. 머신러닝과 딥러닝 기술의 발전과 함께, 데이터 기반의 문제 해결 도구로 자리잡았다.
  - ☑ **특징**: 데이터 학습과 추론, 복잡한 문제 해결을 자동화할 수 있는 알고리즘 개발에 최적화되었다.
  - ☑ **장점**: AI 기술 발전을 이끄는 핵심 도구로, 인간의 사고를 모방하는 시스템을 설계할 수 있었다.
  - ☑ **단점**: 알고리즘 설계와 데이터 처리에 대한 높은 수준의 이해가 필요했다.
  - ☑ **대표 언어**: Prolog(논리 프로그래밍), Lisp(AI 연구), Python(머신러닝 및 딥러닝).

- **현대 멀티 패러다임 언어와 발전**: 현대의 프로그래밍 언어는 객체지향, 함수형, 절차형 등의 다양한 패러다임을 혼합하여 제공한다. 이러한 접근은 개발자들이 문제의 성격에 따라 적합한 스타일을 선택할 수 있도록 한다.
  - ☑ **특징**: 다기능 언어로서 유연성과 생산성을 극대화하며, 다양한 요구 사항에 적합하다.
  - ☑ **장점**: 유지보수가 쉬우며, 여러 산업 분야에서 효율적으로 사용된다.
  - ☑ **단점**: 복잡한 구조로 인해 초보자에게 학습 곡선이 높을 수 있다.

☑ **대표 언어**: Python(다목적 언어), JavaScript(웹 개발), Kotlin(모바일 개발), C#(게임 및 엔터프라이즈 개발).

프로그래밍 언어는 단순한 기술적 도구를 넘어, 인간의 창의성과 문제 해결 능력을 확장시키는 중요한 역할을 한다. 기계어에서 현대의 고급 언어에 이르기까지, 이러한 발전은 개발자들이 기술적 한계를 넘어 혁신적 아이디어를 실현할 수 있게 했다. 더 나아가, 산업의 자동화와 기술 혁신을 주도하며, 오늘날의 디지털 사회를 가능하게 했다.

④ 컴퓨터를 위한 프로그래밍 언어

컴퓨터와 인간은 근본적으로 사고방식이 다르다. 인간은 직관적이고 창의적인 사고를 통해 문제를 해결하지만, 컴퓨터는 명확한 논리와 규칙에 따라 작동한다. 이러한 간극을 메우기 위해 프로그래밍 언어가 필요하며, 이를 제대로 이해하고 활용하려면 프로그래머가 갖추어야 할 자세와 능력이 중요하다. 아래는 프로그래밍 언어와 관련된 필수 개념과 자세에 대해 설명한다.

디지털 리터러시: 디지털 시대의 필수 역량 디지털 시대에서 프로그래밍 언어를 이해하는 것은 단순한 기술이 아니라 필수 역량이다. 컴퓨터가 어떻게 작동하는지, 소프트웨어가 문제를 해결하는 과정을 이해하는 것은 현대 사회에서 필수적인 기술적 소양으로 자리잡았다.

- **디지털 리터러시란**: 디지털 도구와 시스템을 효과적으로 이해하고 활용하는 능력으로, 데이터 분석, 문제 해결, 창의적 도구 개발 등에 필요한 기반 역량이다.
- **중요성**: 프로그래밍 언어를 이해함으로써 디지털 기술을 더 깊이 활용하고, 더 나은 소프트웨어를 설계할 수 있다.

컴퓨터의 정체성: 세상의 문제를 해결하는 도구 컴퓨터는 세상에 존재하는 문제

를 논리적이고 효율적으로 해결하기 위해 만들어진 도구다.

- **"진실인가?"라는 질문**: 컴퓨터는 주어진 명령을 따르지만, 그 본질은 인간의 창의적인 문제 해결 방식을 구현하는 데 있다.
- **소프트웨어의 핵심**: 컴퓨터를 통해 세상을 바꾸기 위해서는 그 중심에 소프트웨어가 있음을 인지해야 한다. 프로그래밍 언어는 소프트웨어를 설계하는 근본적인 수단이다.

소프트웨어 리터러시: 소프트웨어 이해 능력의 중요성　소프트웨어는 우리의 삶을 변화시키는 핵심 도구다. 이를 이해하고, 설계하며, 활용하는 능력은 디지털 시대를 살아가는 데 있어 중요한 역량이다.

- **소프트웨어 리터러시란**: 소프트웨어가 어떻게 작동하고, 어떤 방식으로 문제를 해결하는지 이해하는 능력이다.
- **중요성**: 소프트웨어를 단순히 사용하는 것을 넘어, 그 원리를 이해하고, 더 나은 도구를 만드는 데 기여할 수 있다.

삶 속의 소프트웨어: 우리 일상의 필수 요소　소프트웨어는 우리의 일상 곳곳에 스며들어 있다. 스마트폰의 앱, 데이터 분석 도구, 웹 브라우저, 그리고 게임까지 모든 곳에서 소프트웨어가 사용된다.

- **소프트웨어 예시**
  - 금융 시스템(예: 은행 앱, 카드 결제 시스템).
  - 데이터 분석 도구(예: 통계 소프트웨어, BI 도구).
  - 모바일 앱과 운영 체제(예: Android, iOS).
  - 서버 및 네트워크 관리 소프트웨어.
- **결론**: 프로그래밍 언어를 배우는 것은 소프트웨어의 작동 방식을 이해하고, 우리의 삶을 개선할 도구를 만드는 첫걸음이다.

소프트웨어 교육의 필요성: 프로그래머의 자세　프로그래밍 언어는 단순히 기술을

　문제 해결의 힘, 컴퓨팅 사고력

배우는 것이 아니다. 이는 문제를 해결하는 사고방식과 창의력을 배우는 과정이다.

- **프로그래밍이 주는 혜택**
  - **사고력 훈련**: 문제를 논리적으로 접근하고, 단계적으로 해결하는 능력.
  - **문제 해결 능력**: 복잡한 문제를 이해하고, 최적의 해결책을 설계하는 능력.
  - **효율성 증대**: 프로그래밍을 통해 작업과 시스템을 자동화하여 생산성을 높임.
  - **시대적 요구**: 디지털 기술이 필수적인 시대에서 프로그래밍은 더 이상 선택이 아닌 필수다.

프로그래밍 언어를 배우는 자세   프로그래밍 언어를 배우는 것은 단순히 코드를 작성하는 것을 넘어, 세상을 변화시키는 도구를 만드는 과정이다.

- **호기심과 창의성**: 새로운 도구와 기술에 대한 호기심을 가지고 창의적으로 접근한다.
- **끊임없는 학습**: 프로그래밍 언어는 끊임없이 발전하고 있으므로 지속적인 학습이 필요하다.
- **문제 해결 중심**: 단순한 코드 작성이 아닌, 문제를 정의하고 해결하는 사고를 중심에 둔다.

프로그래밍 언어는 단순한 기술적 수단이 아니라, 창의적 사고와 문제 해결의 도구다. 이를 배우는 과정에서 우리는 기술적 지식뿐만 아니라, 논리적 사고와 창의성을 함께 키울 수 있다. 프로그래밍 언어를 이해하고 활용하는 것은, 우리의 삶을 더 나은 방향으로 변화시키는 첫걸음이 될 것이다.

⑤ 프로그래밍 과정

프로그래밍은 단순히 코드를 작성하는 것이 아니라, 논리적 사고력과 문제 해결 능력을 통해 소프트웨어라는 결과물을 만들어내는 창조적인 과정이다. 이 과정은 체계적으로 이루어지며, 각 단계가 연결되어 최종적으로 사용자가 필요로 하는 소프트웨어를 탄생시킨다. 아래는 소프트웨어 개발의 주요 단계를 설명한 내용이다.

1단계: 요구사항 분석(Requirements Analysis) 소프트웨어를 만들기 위해서는 먼저 무엇을 만들 것인지를 명확히 정의해야 한다.

- **What**: 어떤 문제를 해결할 것인지, 사용자가 필요로 하는 것은 무엇인지를 논리적으로 분석한다.
- **필요한 능력**
  - **논리적 사고력**: 문제의 핵심을 파악하고 구조화하는 능력.
  - **추상화**: 복잡한 문제를 단순화하여 이해할 수 있는 형태로 변환.

이 단계는 소프트웨어 개발의 방향성을 결정짓는 핵심이며, 명확한 목표 설정이 성공적인 결과물을 보장한다.

2단계: 설계(Design) 요구사항 분석을 통해 정의된 문제를 해결하기 위한 구체적인 방법을 설계한다.

- **How**: 문제를 해결하기 위해 어떤 알고리즘과 데이터를 사용할 것인지를 결정한다.
- **중요 요소**
  - **알고리즘 설계**: 문제를 해결하기 위한 명확하고 효율적인 절차를 개발.
  - **시스템 구조 정의**: 소프트웨어의 주요 구성 요소와 그 관계를 설계.

설계 단계는 프로그래밍 언어를 사용하기 전에 소프트웨어의 "청사진"을 만드는 작업이다. 이는 이후 단계에서 발생할 수 있는 오류를 줄이고, 작업의 효율성을 높인다.

3단계: 구현(Implementation) 설계된 청사진을 기반으로 실제 코드를 작성하는 단계다. 이 단계에서 프로그래머는 프로그래밍 언어를 사용하여 설계를 구체화한다.

문제 해결의 힘, 컴퓨팅 사고력

- **Do it!**: 설계한 알고리즘과 구조를 코드로 변환한다.
- **주요 활동**
  - 프로그래밍 언어를 사용해 소프트웨어를 작성.
  - 코드를 최적화하고 가독성을 유지하며 개발.
  - 간단한 테스트를 통해 작성된 코드의 동작을 확인.

이 단계는 프로그래머의 창의력과 기술이 가장 많이 요구되며, 설계된 아이디어가 실행 가능한 형태로 구현되는 중요한 과정이다.

4단계: 테스트(Testing) 구현한 소프트웨어가 예상대로 작동하는지 확인하고, 발견된 오류를 수정하는 단계다.

- **Check**: 소프트웨어가 설계된 대로 작동하는지 검증하고, 사용자의 요구를 충족하는지 확인한다.
- **주요 활동**
  - **단위 테스트**: 코드의 개별 모듈이 올바르게 작동하는지 확인.
  - **통합 테스트**: 모듈 간 상호작용이 원활한지 확인.
  - **사용자 테스트**: 실제 사용자가 소프트웨어를 사용해보고 피드백을 제공.

이 단계는 소프트웨어의 품질을 보장하며, 최종 사용자에게 완벽에 가까운 제품을 제공하기 위해 반드시 필요하다.

5단계: 유지보수(Maintenance) 소프트웨어가 사용자에게 전달된 이후에도, 지속적인 개선과 유지보수가 필요하다.

- **Getting Better**: 사용자 피드백을 바탕으로 기능을 개선하거나, 새로운 요구사항을 반영한다.
- **주요 활동**
  - **버그 수정**: 발견된 오류를 빠르게 해결.

― **기능 추가**: 사용자 요구에 따라 새로운 기능을 추가.

― **성능 최적화**: 소프트웨어가 더 효율적으로 작동하도록 개선.

유지보수는 소프트웨어의 수명을 연장하고, 변화하는 환경에 적응하기 위해 중요한 역할을 한다.

프로그래밍 과정은 단순히 기술적인 작업이 아니라, 문제를 정의하고 해결하는 과정이다. 논리적 사고력과 창의력이 결합된 이 과정을 통해, 우리는 세상을 변화시키는 혁신적인 도구를 만들어낼 수 있다. 소프트웨어 개발은 무엇보다도 사용자를 중심에 둔 사고를 요구한다. 사용자가 필요로 하는 것을 명확히 파악하고, 이를 최적의 방법으로 구현하는 과정은 프로그래머에게 도전이자 보람을 제공한다. 프로그래밍은 단순한 코딩을 넘어, 문제를 해결하고 가치를 창출하는 여정이다.

프로그래밍 언어는 우리가 문제를 해결하고, 아이디어를 실현하며, 세상을 변화시키는 도구다. 하지만 단 하나의 언어로 모든 문제를 해결할 수는 없다. 각 언어는 자신만의 특징과 강점을 가지고 있으며, 이를 활용하는 방법 또한 다양하다. 프로그래밍 언어의 다양한 종류와 그 선택 기준, 그리고 언어의 발전적 특성을 중심으로 살펴보기로 하자.

🔵 ① 다양한 프로그래밍 언어

300개가 넘는 다양한 프로그래밍 언어는 각기 다른 목적과 사용 환경에 따라 설계되었으며, 이는 프로그래밍의 다채로운 세계를 구성한다. 프로그래머는 이러한 언어의 특징을 이해하고, 필요에 맞는 도구를 선택함으로써 문제를 효율적으로 해결할 수 있다. 이들 언어는 단순히 코드를 작성하는 도구를 넘어, 세상을 변화시키는 창의적인 발판이 된다. 다양한 프로그래밍 언어를 이해하는 것은 프로그래머로서 필수적인 역량이다. 다양한 언어가 왜 필요한지에 대해 이해해야 한다.

프로그래밍 언어의 다양성은 언어가 사용되는 목적과 환경, 그리고 이를 통해 해결하고자 하는 문제에 따라 나뉜다.

- **목적과 사용 환경에 따른 언어**: 데이터 분석을 위한 Python과 R, 웹 개발을 위한 JavaScript, 게임 개발에 특화된 C++ 등 각각의 언어는 특정 작업에 최적화되어 있다.
- **고유한 문법과 용도**: 구조를 가지며, 이를 통해 특정 문제를 해결하거나 목표를 달성하는 데 적합한 도구가 된다. 예를 들어, SQL은 데이터베이스 관리에, MATLAB은 수학

계산과 시뮬레이션에 강점을 가진다.

이러한 프로그래밍 언어의 차별성은 프로그래머가 주어진 문제에 가장 적합한 언어를 선택하도록 돕는다. 또한 새로운 기술이 등장함에 따라, 이에 적합한 새로운 프로그래밍 언어가 개발되며, 일부 프로그래밍 언어는 생산성을 높이고 유지보수를 쉽게 하기 위해 설계되었다. 대표적인 언어들을 살펴보자.

- **Python**: 간결하고 읽기 쉬운 문법, 풍부한 라이브러리, 데이터 분석과 머신러닝, 웹 개발에서 폭넓게 활용.
- **JavaScript**: 웹 브라우저와 서버 모두에서 동작 가능한 유연한 언어로, 동적 웹 개발에 최적.
- **Java**: 안정성과 플랫폼 독립성을 갖추어 모바일 앱과 대규모 엔터프라이즈 시스템 개발에 적합.
- **C++**: 높은 성능과 하드웨어 접근성을 요구하는 게임 및 시스템 소프트웨어 개발에 최적화.
- **SQL**: 데이터베이스 관리와 복잡한 쿼리 처리에 특화된 언어.

프로그래밍 언어의 다양성은 기술 발전과 문제 해결의 요구에 따라 자연스럽게 형성되었다.

- **문제 특화**: 데이터 분석, 웹 개발, 게임 제작 등 특정 문제에 맞는 언어가 필요하다.
- **생산성 극대화**: 간결하고 직관적인 언어는 작업 속도를 높이며, 복잡한 언어는 정교한 제어를 가능하게 한다.
- **기술 발전의 촉진**: 새로운 기술과 도전 과제가 등장함에 따라, 이를 해결하기 위한 새로운 언어가 개발된다.

프로그래밍 언어의 발전은 멈추지 않는다. 새로운 기술이 도입되고, 기존의 한계를 극복하는 새로운 언어가 계속해서 등장하고 있다. 미래의 프로그래머는 이런 변화 속에서 다양한 언어를 익히고, 그 장단점을 이해하며, 문제에 가장 적합한

문제 해결의 힘, 컴퓨팅 사고력

도구를 선택할 수 있는 역량을 갖추는 것이 중요하다.

프로그래밍 언어의 다양성은 현대 소프트웨어 개발을 풍요롭게 만든다. 각각의 언어는 고유의 장점과 사용 환경을 가지고 있으며, 이를 효과적으로 선택하고 활용하는 것이 프로그래머의 핵심 역량이다. 이제 다양한 언어의 세계를 탐험하며, 자신만의 도구를 찾아보자. 목적에 맞는 언어를 선택하는 것이 성공적인 소프트웨어 개발의 시작이다.

② 언어 선택 기준

프로그래밍 언어는 도구와 같다. 목적에 맞는 도구를 선택하면 문제를 효과적으로 해결할 수 있지만, 잘못된 도구를 사용하면 불필요한 시간과 노력을 소비할 수 있다. 따라서 언어를 선택할 때는 프로젝트의 목표, 규모, 성능 요구사항 등 다양한 요소를 고려해야 한다. 아래는 프로그래밍 언어를 선택할 때 고려해야 할 주요 기준이다.

프로젝트의 목적과 규모   프로그래밍 언어를 선택하는 가장 첫 번째 기준은 프로젝트의 목적과 규모다.

- **프로젝트의 목적**: 해결하려는 문제가 무엇인지에 따라 언어 선택이 달라진다.
  - ☑ **데이터 분석**: Python과 R은 데이터 분석과 머신러닝에 최적화된 언어로, 다양한 라이브러리와 도구를 제공한다.
  - ☑ **웹 개발**: HTML, CSS, JavaScript는 웹 프론트엔드 개발의 기본이며, 서버 사이드 개발에는 Python(Django, Flask) 또는 JavaScript(Node.js)가 적합하다.
  - ☑ **게임 개발**: C++는 높은 성능과 하드웨어 접근성이 필요할 때 선택된다.
- **프로젝트의 규모**
  - ☑ **작은 프로젝트**: 학습 곡선이 낮고 간단한 문법을 가진 언어(Python, JavaScript)가 적합하다.
  - ☑ **대규모 프로젝트**: 팀 협업과 유지보수를 고려한 구조화된 언어(Java, C#)가 적합하다.

프로그래밍 언어는 성능, 가독성, 학습 난이도라는 세 가지 요소의 균형 속에서 선택되어야 한다.

- **성능**
  - ☑ C++: 높은 성능이 필요한 시스템 소프트웨어와 게임 개발에서 선택된다.
  - ☑ Python: 상대적으로 속도가 느릴 수 있지만, 데이터 처리와 자동화 작업에서 효율적이다.
- **가독성**
  - ☑ Python: 간결한 문법으로 초보자에게 적합하며, 코드 유지보수도 용이하다.
  - ☑ Perl: 강력한 기능을 제공하지만, 코드 가독성이 떨어져 큰 프로젝트에 적합하지 않을 수 있다.
- **학습 곡선**
  - ☑ 언어의 문법과 개념이 단순할수록 배우기 쉽다.
  - ☑ Python은 간단하고 직관적인 문법으로 학습하기 쉬운 언어로 평가된다.
  - ☑ C++는 상대적으로 복잡한 문법과 하드웨어 제어 기능으로 인해 학습 곡선이 높다.

라이브러리와 프레임워크 지원 언어 선택에서 라이브러리와 프레임워크의 지원 정도는 중요한 요소다.

- **Python**: 데이터 분석과 머신러닝 분야에서 Pandas, NumPy, TensorFlow와 같은 풍부한 라이브러리를 제공한다.
- **JavaScript**: React, Angular, Vue.js와 같은 프레임워크를 통해 동적이고 효율적인 웹 개발을 지원한다.
- **Java**: 안정성과 보안성을 겸비한 엔터프라이즈 솔루션 개발을 위한 Spring 프레임워크가 있다.

생태계와 커뮤니티 프로그래밍 언어의 생태계와 커뮤니티 크기도 중요한 고려 사항이다.

- **커뮤니티 지원**: 문제를 해결할 때 커뮤니티의 크기와 활성화 정도는 큰 도움이 된다.
    - ☑ Python과 JavaScript는 커뮤니티가 매우 크고, 풍부한 자료와 도움을 받을 수 있다.
    - ☑ 상대적으로 소규모 커뮤니티를 가진 언어는 정보와 지원이 제한적일 수 있다.
- **생태계**: 특정 언어가 지원하는 개발 도구, 디버깅 툴, IDE 등의 생태계도 프로젝트 성공에 중요한 역할을 한다.

문제 해결에 적합한 언어를 선택하라　프로그래밍 언어는 각기 다른 목적과 강점을 가지고 있다. 프로젝트의 요구 사항, 팀의 역량, 그리고 개발 환경을 종합적으로 고려해 최적의 언어를 선택하는 것은 성공적인 프로젝트의 출발점이다. 올바른 언어를 선택함으로써 생산성을 높이고, 유지보수를 용이하게 하며, 더 나아가 창의적이고 혁신적인 결과물을 만들어낼 수 있다. 프로그래밍 언어는 문제 해결을 위한 도구다. 문제를 깊이 이해하고, 그에 맞는 언어를 선택하는 것이 프로그래머의 핵심 역량이다.

③ 저급과 고급 언어

컴퓨터는 우리가 사용하는 도구이자, 문제를 해결하는 강력한 파트너다. 그런데 컴퓨터와 소통하기 위해 우리는 어떤 언어를 사용해야 할까? 프로그래밍 언어는 인간과 컴퓨터를 잇는 다리 역할을 한다. 그중에서도 저급 언어(Low-Level Language)와 고급 언어(High-Level Language)는 서로 다른 목적과 특징을 지니고 있다. 이 두 가지 언어의 차이와 활용 사례를 통해 각각의 언어가 갖는 매력을 탐구해 보자.

문제 해결에 적합한 언어를 선택하라　저급 언어는 컴퓨터 하드웨어와 직접 소통하기 위해 만들어진 언어다. 이는 기계어(Machine Language)와 어셈블리어(Assembly Language)로 나뉜다. 기계어는 0과 1로 구성된 이진 코드로, 컴퓨터가 직접 이해하고 실행할 수 있다. 어셈블리어는 이를 사람이 이해하기 쉽게 기호화한 형태다.

- **저급 언어의 특징**
  - ☑ **하드웨어와의 밀접성**: 저급 언어는 하드웨어에 최적화되어 있어 컴퓨터 자원을 세밀하게 제어할 수 있다. 메모리 주소를 직접 다루고 CPU 명령어를 작성함으로써, 효율성을 극대화할 수 있다.
  - ☑ **고속 실행**: 저급 언어는 일반적으로 컴파일러나 인터프리터를 거치지 않거나, 최소한의 변환만 거쳐 실행되므로 실행 속도가 빠르다. 특히 실시간 처리가 필요한 시스템에서 중요한 역할을 한다.
  - ☑ **학습 곡선의 높이**: 단점으로는 사람이 이해하기 어려운 코드로 작성되기 때문에 배우고 사용하기 쉽지 않다. 코드 가독성이 떨어져 유지보수가 어렵다는 문제도 있다.
- **주요 사례**
  - ☑ **기계어(Machine Language)**

    기계가 직접 실행 가능한 언어로, 컴퓨터의 모국어라고 할 수 있다.

    사용 사례: 초기 컴퓨터 시스템 개발, 마이크로컨트롤러 프로그래밍.

    예 메모리 주소를 직접 참조하여 CPU를 제어.
- **어셈블리어(Assembly Language)**
  - ☑ 기계어를 사람이 이해하기 쉽게 만든 언어로, MOV A, B와 같은 명령어를 사용한다.

    사용 사례: 펌웨어, 드라이버, 임베디드 시스템 개발.

    예 MOV A, B(데이터를 A에서 B로 이동시키는 명령어).

고급 언어(High-Level Language): 인간의 언어로 컴퓨터를 설득하다　　고급 언어는 인간이 이해하기 쉬운 문법과 구조로 설계된 프로그래밍 언어다. 이 언어들은 자연어와 유사한 방식으로 컴퓨터 명령을 작성할 수 있도록 돕는다. 현대 소프트웨어 개발의 중심에 있는 고급 언어는 학습하기 쉬우며, 다양한 분야에 걸쳐 활용되고 있다.

- **고급 언어의 특징**
  - ☑ **사람 중심 설계**: 자연어와 유사한 방식으로 컴퓨터 명령을 작성할 수 있어 학습 곡선이 낮다.
  - ☑ **플랫폼 독립성**: 다양한 운영 체제에서 사용할 수 있는 범용적인 설계로 되어 있다.

문제 해결의 힘, 컴퓨팅 사고력

- ☑ **가독성과 유지보수성**: 고급 언어는 직관적이고 간결한 문법을 제공하여 코드를 읽고 쓰기 쉽게 만든다. 이는 유지보수와 협업의 효율성을 크게 높인다.
- ☑ **생산성 향상**: 반복적이고 복잡한 작업을 간단한 코드로 구현할 수 있어 개발 시간을 단축시킨다. 예를 들어, Python에서는 데이터 분석이나 머신러닝 작업이 단 몇 줄의 코드로 가능하다.
- ☑ **라이브러리와 API**: 고급 언어는 풍부한 라이브러리와 API를 통해 개발자들에게 강력한 도구를 제공한다. 이를 통해 더 창의적이고 혁신적인 작업이 가능하다.

- **주요 사례**
  - ☑ **Python**: 간단한 문법과 방대한 라이브러리를 제공하여 데이터 분석, 웹 개발, 인공지능 등 다양한 분야에 적합하다.

    사용 사례: 데이터 분석(Pandas, NumPy), 인공지능(TensorFlow, PyTorch), 웹 개발(Django, Flask).

    `예` Pandas를 사용하여 대규모 데이터를 효율적으로 처리하고 시각화.

  - ☑ **Java**: 플랫폼 독립성과 안정성을 제공하며, 대규모 엔터프라이즈 애플리케이션 및 모바일 앱 개발에 널리 사용된다.

    사용 사례: 안드로이드 앱 개발, 대규모 데이터 처리, 금융 애플리케이션.

    `예` Android Studio를 사용하여 Java로 모바일 앱 설계.

  - ☑ **C++**: 성능과 제어력을 겸비한 언어로, 시스템 소프트웨어와 고성능 게임 개발에 적합하다.

    사용 사례: 게임 엔진 개발(Unreal Engine), 그래픽 처리(OpenGL, DirectX), 운영 체제 개발.

    `예` Unreal Engine으로 3D 게임 제작.

  - ☑ **JavaScript**: 동적 웹 애플리케이션 개발의 핵심 언어로, 프론트엔드와 백엔드 모두에서 활용된다.

    사용 사례: 프론트엔드 개발(React, Vue.js), 백엔드(Node.js), 동적 웹 페이지 제작.

    `예` React를 사용하여 사용자 인터페이스를 설계하고 Node.js로 백엔드 서버 구축.

4 절차적 프로그래밍 언어

절차적 프로그래밍 언어는 문제를 해결하기 위해 프로그램을 단계별 절차로 설계하는 프로그래밍 방식이다. 이 방식은 명령어와 함수의 순차적 실행을 중심으로 설계되며, 프로그램이 순서대로 실행되도록 한다. 이러한 언어는 논리적이고 체계적인 작업에 강점을 가지며, 복잡도가 낮은 프로젝트에서 효과적으로 활용된다.

절차적 프로그래밍 언어의 특징

- **논리적 순서 기반**: 절차적 프로그래밍은 코드가 단계별로 순차적으로 실행되며, 각 단계는 이전 단계의 결과를 바탕으로 다음 작업을 수행한다. 이 구조 덕분에 코드의 흐름이 직관적이며 이해하기 쉽다.

  예를 들어, "데이터 입력 → 처리 → 결과 출력"과 같은 작업 흐름을 구성하여 효율적으로 데이터를 다룰 수 있다.

  예 학생들의 성적 데이터를 입력받아 평균을 계산한 후 출력하는 프로그램.

- **모듈화 가능**: 절차적 프로그래밍은 함수를 사용해 작업을 분리하고 구조적으로 나눌 수 있어 코드의 재사용성과 유지보수가 크게 향상된다. 이를 통해 코드의 중복을 줄이고, 각 함수가 명확한 역할을 갖도록 설계할 수 있다.

  예 파일 읽기, 데이터 처리, 결과 저장과 같은 기능을 각각의 함수로 나눠 작업을 수행.

- **간단하고 직관적**: 복잡한 문제를 단계별로 나눠서 해결하는 접근 방식을 통해 초보자들도 쉽게 이해할 수 있는 코드 작성이 가능하다. 이는 프로그래밍의 기본 원리를 가르치는 데 매우 효과적이다.

  예 학생들에게 "Hello, World!" 출력 프로그램을 통해 기본 문법을 익히도록 하는 교육.

- **데이터와 함수 분리**: 절차적 프로그래밍은 데이터를 별도로 관리하고, 이 데이터를 처리하는 함수가 별도로 동작하도록 설계된다. 데이터와 함수의 명확한 분리는 논리적이고 체계적인 프로그램 구조를 만든다.

  예 학생들의 성적 데이터를 배열에 저장하고, 평균을 계산하는 함수에서 이 데이터를 처리하도록 구현.

문제 해결의 힘, 컴퓨팅 사고력

절차적 프로그래밍 언어는 다양한 도메인에서 사용되며, 대표적인 언어는 다음과 같다.

- **C 언어**: 절차적 프로그래밍의 대표 언어로, 성능이 중요한 시스템 소프트웨어와 임베디드 시스템 개발에서 널리 사용된다.

  예 리눅스 운영 체제 개발, 마이크로컨트롤러 펌웨어 설계.
- **Pascal**: 교육용으로 설계된 언어로, 프로그래밍의 기초를 배우는 데 유용하다. 특히, 데이터 구조와 알고리즘의 기본 원리를 학습하는 데 자주 사용된다.

  예 프로그래밍 입문 강의에서 기초 원리 학습.
- **Fortran**: 과학적 계산과 수학적 연산에 특화된 언어로, 연구와 시뮬레이션 작업에서 주로 활용된다.

  예 대규모 물리학 연구에서 수학적 모델링과 데이터 분석.

사용 사례 절차적 프로그래밍 언어는 다양한 실무 영역에서 다음과 같이 활용된다.

- **운영 체제 및 임베디드 시스템 개발**: 절차적 프로그래밍 언어는 하드웨어와 밀접하게 연동되는 시스템 소프트웨어 개발에 적합하다.

  예 마이크로컨트롤러의 펌웨어 제작, 디바이스 드라이버 설계.
- **수치 계산 및 알고리즘 구현**: 과학적 연구 및 데이터 분석에서 수학적 알고리즘을 구현하는 데 사용된다.

  예 데이터 분석에서 선형 회귀 계산 프로그램 작성.
- **소규모 프로젝트 설계**: 간단한 계산기 애플리케이션과 같은 소규모 프로젝트에서 절차적 접근은 체계적이고 효율적인 개발을 가능하게 한다.

  예 학생들이 간단한 계산기 프로그램을 통해 함수의 역할과 코딩 논리를 학습.

절차적 프로그래밍 언어는 논리적 사고를 기르기 위한 기본적인 학습 도구로도 매우 효과적이다. 특히 데이터와 함수의 명확한 분리가 필요한 작업에서 유용하며, 프로그래밍의 기초를 다지려는 이들에게 적합하다. 이러한 언어는 단순히 문제를 해결하는 데 그치지 않고, 체계적이고 구조적인 사고를 개발하는 데 기여한다.

⑤ 객체지향 프로그래밍 언어

객체지향 프로그래밍(Object-Oriented Programming, OOP)은 현실 세계의 복잡한 개념을 소프트웨어로 구현하기 위해 개발된 프로그래밍 패러다임이다. 객체라는 개념을 중심으로 데이터를 구조화하고 동작을 정의함으로써 더욱 직관적이고 유연한 소프트웨어 설계가 가능하다. 객체지향 프로그래밍 언어는 클래스(class)와 객체(object)라는 핵심 요소를 통해 데이터를 정의하고 조작한다. 클래스는 객체를 생성하기 위한 청사진이며, 객체는 클래스에서 생성된 실제 사용 가능한 인스턴스이다. 이러한 접근 방식은 복잡한 문제를 작은 단위로 나누어 해결하며, 재사용성과 유지보수를 크게 향상시킨다.

객체지향 프로그래밍의 특징

- **캡슐화**: 데이터와 이를 처리하는 메서드를 객체 안에 숨기는 개념이다. 외부에서는 객체의 내부 구조를 알 필요 없이, 제공되는 메서드를 통해 접근할 수 있다.
  - **예** 은행 계좌 클래스에서 잔액(balance)을 직접 변경하지 않고, 입출금 메서드만을 통해 조작.
- **상속**: 기존 클래스의 특성을 새로운 클래스에 물려줄 수 있다. 이를 통해 중복 코드를 줄이고, 기존 코드의 재사용성을 극대화한다.
  - **예** 동물 클래스에서 고양이와 개 클래스를 상속받아 각각의 특성을 확장.
- **다형성**: 객체지향 프로그래밍의 핵심 개념 중 하나로, 같은 이름의 메서드나 인터페이스가 서로 다른 객체에서 다르게 동작할 수 있는 특성을 말한다. 이는 코드의 유연성과 확장성을 높여준다.
  - **예** 같은 '운전'이라는 기능에서 자동차와 자전거 객체는 각각 서로 다른 방식으로 구현.
- **재사용성**: 객체지향 언어는 클래스를 활용해 중복 코드를 최소화하며, 소프트웨어의 유지보수를 용이하게 만든다.

문제 해결의 힘, 컴퓨팅 사고력

> **예** 유틸리티 클래스를 만들어 여러 프로젝트에서 재사용.

주요 언어

- **Java**: 플랫폼 독립성과 강력한 객체지향 개념으로 다양한 응용 분야에서 사용된다.
  > **예** 웹 애플리케이션, 모바일 애플리케이션 개발.
- **Python**: 간결한 문법과 함께 객체지향 및 절차적 프로그래밍을 지원한다.
  > **예** 데이터 분석, 인공지능, 웹 개발.
- **C++**: 고성능과 객체지향 기능을 모두 제공하는 언어로, 시스템 프로그래밍과 게임 개발에서 강력한 도구로 사용된다.
  > **예** 대규모 소프트웨어 설계, 게임 엔진 제작.

사용 사례

- **웹 애플리케이션 개발**: 객체지향 언어는 복잡한 비즈니스 로직을 간단히 구현하고 유지보수하기에 적합하다.
  > **예** Java와 Python으로 구축된 전자상거래 플랫폼.
- **게임 및 그래픽 소프트웨어 개발**: C++는 고성능 요구사항을 충족하며, 객체지향 모델을 통해 그래픽 엔진과 물리 엔진 설계에 활용된다.
  > **예** Unity와 Unreal Engine 게임 개발.
- **대규모 시스템 개발**: Java와 C#는 금융 시스템, 의료 소프트웨어 등 대규모 시스템을 효율적으로 개발하는 데 사용된다.
  > **예** 은행의 전산 시스템 설계, 클라우드 기반 데이터 관리 플랫폼.

객체지향 프로그래밍은 단순히 코드를 작성하는 방식을 넘어, 문제를 바라보는 관점을 변화시킨다. 객체와 클래스라는 개념을 통해 현실 세계의 복잡한 구조를 컴퓨터 안에 직관적으로 담아낼 수 있다. 이는 프로그래밍의 본질을 한 단계 도약시키는 혁신적 접근이다. 객체지향 언어는 복잡한 시스템을 설계하고 관리하는 데 필수적이며, 현대 소프트웨어 산업에서 핵심 도구로 자리잡았다. 데이터를 중심으로 생각하는 사고방식과 객체 간의 상호작용을 설계하는 능력은 미래의 프로그래머들에게 필수적인 자질이다.

03 | Python 언어 이해

Python은 단순히 프로그래밍 언어의 하나로 설명하기에는 그 매력과 가능성이 너무 크다. 1990년대 초에 탄생한 이후, Python은 초보자부터 전문가에 이르기까지 폭넓게 사랑받아왔다. 그 이유는 단순히 배우기 쉬워서가 아니라, 사람과 컴퓨터 간의 '효율적인 대화'를 가능하게 하는 언어이기 때문이다. Python은 컴퓨팅 사고의 도구일 뿐 아니라, 우리의 일상과 기술을 연결하는 중요한 매개체로 자리잡고 있다. Python은 단순한 프로그래밍 도구가 아닌, 아이디어를 실현하고 창의성을 발휘하는 플랫폼이다. Python을 이해하는 첫걸음은, 곧 더 나은 문제 해결과 창의적인 도전에 한 걸음 더 다가가는 것이다.

Python은 코드 그 자체로도 우아하지만, 그 안에 담긴 철학과 설계 원칙, 그리고 다양한 활용 가능성에서 진정한 힘을 발휘한다. Python 언어의 본질과 철학, 그리고 주요 특징과 활용 분야를 중심으로 Python의 큰 그림을 이해해보기로 하자.

❶ Python 소개

Python은 현재 세계에서 가장 사랑받는 프로그래밍 언어 중 하나로 자리잡았다. 하지만 이 놀라운 언어가 처음 탄생했던 순간은 소박했다. 1991년, 네덜란드 출신의 소프트웨어 개발자인 Guido van Rossum은 자신이 꿈꾸던 간결하고 읽기 쉬운 언어를 세상에 선보였다. 그 이름은 영국의 유명한 코미디 프로그램 "Monty Python's Flying Circus"에서 영감을 받았고, 창의적이고 유머 넘치는 그의 철학이 그대로 반영되었다. Python이라는 이름만큼이나 이 언어의 철학도 흥미롭다. 코드는 가능한 한 단순하고 명확해야 한다는 원칙은 Python의 전반적인 설계 방

문제 해결의 힘, 컴퓨팅 사고력

향에 깊숙이 뿌리내렸다. 이 언어의 로고는 파랑색과 노랑색의 두 개의 뱀이 꼬여 있는 모양으로, Python의 단순성과 강력함을 상징적으로 나타낸다.

Python의 주요 목표는 무엇보다도 "모든 사람이 쉽게 접근할 수 있는 언어"로 설계되는 것이었다. Guido van Rossum은 프로그래머가 코드를 작성하는 데 있어 불필요한 복잡함을 제거하고, 읽기 쉽고 간결한 문법을 통해 창의력을 마음껏 발휘할 수 있기를 바랐다. 이런 그의 노력은 Python이 초보자에게도 환영받는 이유 중 하나가 되었다. 또한 Python은 오픈 소스 커뮤니티의 힘으로 성장해왔다. 전 세계의 개발자들은 Python의 발전에 기여하며, 이를 더욱 강력하고 유용한 도구로 만들었다. 오픈 소스의 힘은 단순히 기술적 기여에 그치지 않고, Python이 가지고 있는 개방적이고 협력적인 문화에도 깊은 영향을 미쳤다.

Python은 단순함과 창의성의 조화를 꿈꿨던 작은 프로젝트에서 출발해, 오늘날 데이터 과학, 인공지능, 웹 개발, 게임 개발 등 거의 모든 기술 분야에서 없어서는 안 될 중요한 언어로 자리잡았다. Python은 단순한 프로그래밍 언어를 넘어, 혁신과 협력의 상징으로 계속 진화하고 있다.

② Python의 철학

Python은 단순히 하나의 프로그래밍 언어가 아니라, 개발자들에게 깊은 영감을 주는 철학을 담고 있다. 이 철학은 Tim Peters가 작성한 "The Zen of Python"이라는 문서로 정리되어 있으며, Python의 설계와 사용에 대한 방향성을 명확히 제시한다. 이 철학은 단순하면서도 강력한 원칙들을 바탕으로, 아름다움과 실용성을 동시에 추구한다.

1. **아름다운 것이 추한 것보다 낫다**: 코드는 읽는 이에게 아름다움을 제공해야 한다. 복잡한 코드보다는 직관적으로 이해 가능한 코드가 선호된다.
2. **명시적인 것이 암시적인 것보다 낫다**: 코드는 읽는 사람이 의도를 명확히 이해할 수 있어야 한다. 모호하거나 암시적인 코드는 오해를 불러일으킬 수 있다.
3. **간단한 것이 복잡한 것보다 낫다**: 코드가 단순할수록 유지보수가 쉽고, 버그를 줄일

가능성이 커진다.

4. **복잡한 것이 지나치게 복잡한 것보다 낫다**: 어쩔 수 없이 복잡해야 할 때도 있지만, 그 복잡함은 꼭 필요한 수준에 그쳐야 한다.

5. **평평한 것이 중첩된 것보다 낫다**: 코드 구조는 평면적으로 설계되는 것이 중첩된 블록으로 이루어진 것보다 낫다. 지나치게 중첩된 코드는 이해하기 어렵다.

6. **드문드문 있는 것이 빽빽한 것보다 낫다**: 코드는 적절한 공백과 구분을 통해 읽기 쉽도록 작성되어야 한다. 지나치게 빽빽한 코드는 가독성을 해친다.

7. **가독성은 중요하다**: Python은 읽기 쉽고, 이해하기 쉬운 코드를 목표로 한다. 이는 초보자와 전문가 모두에게 유리한 언어 환경을 제공한다.

8. **특수한 경우라도 규칙을 깨기는 부족하다**: 특수한 상황에서도 언어의 기본 규칙과 원칙을 지켜야 한다. 일관성을 유지하는 것이 중요하다.

9. **실용성이 순수함보다 낫다**: 현실적인 문제 해결을 위해 때로는 이상적인 코드보다 실용적인 접근이 더 중요하다.

10. **오류는 절대 조용히 지나가지 않아야 한다**: 코드에서 발생한 오류는 반드시 처리되거나 보고되어야 한다. 조용히 무시되는 오류는 디버깅을 어렵게 만든다.

11. **명시적으로 침묵하지 않는 한 그렇다**: 오류가 무시되어야 하는 경우라면, 명시적으로 그것을 처리하도록 코드에 표현해야 한다.

12. **모호한 상황에서는 추측하는 유혹을 거부하라**: 코드는 개발자나 시스템이 추측하게 만들지 말고, 명확히 의도를 표현해야 한다.

13. **한 가지 방법, 바람직한 방법이 있어야 한다**: Python은 동일한 문제를 해결하기 위해 여러 방법을 제공하지만, 가장 명확하고 올바른 방법을 권장한다.

14. **그것이 처음에는 명확하지 않을 수도 있지만, 네덜란드인이라면 명확할 것이다**: 이는 Python의 창시자인 Guido van Rossum의 국적(네덜란드)을 재치 있게 반영한 문구다. Python의 철학은 결국 명확성을 추구한다.

15. **지금 하는 것이 나중에 하는 것보다 낫다**: 코드 작성이나 문제 해결은 미루지 않고 가능한 한 빨리 수행하는 것이 효율적이다.

16. **하지만 지금 당장이 올바른 것보다 나은 경우는 종종 드물다**: 신속함을 추구하더라도, 최적의 해결책이 될 때까지 충분히 고민하고 작성해야 한다.

17. **구현이 설명하기 어렵다면, 나쁜 아이디어일 가능성이 높다**: 복잡하게 설명해야 하

는 코드는 설계가 잘못된 경우가 많다. 간단히 설명 가능한 코드가 좋다.

18 **구현이 설명하기 쉽다면, 좋은 아이디어일 가능성이 있다**: 설명이 간단하고 명확한 코드는 좋은 설계의 결과물일 가능성이 높다.

19 **네임스페이스는 훌륭한 아이디어다! 더 많이 사용하자**!: Python은 네임스페이스를 적극적으로 활용하며, 이는 코드의 구조화와 충돌 방지에 큰 도움을 준다. 여기서 네임스페이스(namespace)는 프로그램에서 이름을 체계적으로 관리하는 방법을 의미한다.

이 19개의 원칙은 단순히 Python 언어의 설계 철학에 그치지 않는다. 이들은 프로그래밍 전반에 걸쳐 적용 가능한 보편적인 원칙으로, Python 개발자뿐만 아니라 모든 프로그래머에게 귀중한 지침을 제공한다. "The Zen of Python"은 Python 사용자가 코드를 작성하고 협업하며 성장하는 데 있어 중요한 나침반 역할을 한다. Python을 배우며 컴퓨팅 사고(CT)를 활용해 문제를 해결하려 한다면, 이 철학은 단순한 코딩 원칙을 넘어선 사고방식이 될 것이다. Python의 철학을 이해하고 따르며, 문제 해결에 창의성과 효율성을 더하는 여정에 도전해보자.

③ Python 주요 특징

Python은 그 자체로 프로그래밍 언어의 아름다움과 실용성을 동시에 보여주는 예술품이라 할 수 있다. 이 언어가 프로그래머들에게 사랑받는 데는 몇 가지 이유가 있다. Python의 주요 특징을 살펴보며, 왜 이 언어가 현대 프로그래밍의 중심에 있는지 알아보자.

간결한 문법과 높은 가독성   Python은 프로그래밍 초보자도 쉽게 배울 수 있도록 설계되었다. 간결한 문법은 코드 작성의 부담을 줄이고, 가독성을 극대화한다. 예를 들어, 다른 언어에서는 한 줄의 코드에 세미콜론이나 중괄호를 일일이 추가해야 할 때, Python은 들여쓰기만으로 구조를 명확히 나타낼 수 있다. 이는 복잡한 프로그램을 작성할 때도 오류를 줄이고 협업을 용이하게 한다. Python의 코드한 줄을 보면, 마치 자연어처럼 이해가 될 정도다.

플랫폼 독립성 Python은 "Write Once, Run Anywhere"라는 이상을 거의 완벽히 실현한 언어다. Windows, macOS, Linux 등 거의 모든 운영 체제에서 동일한 코드가 실행된다. 이 플랫폼 독립성 덕분에 개발자는 코드의 이식성을 고민하지 않고 본질적인 문제 해결에 집중할 수 있다. 예를 들어, 연구실에서 작성한 데이터 분석 코드가 클라우드 서버에서도 동일하게 실행되는 경험은 Python만이 제공할 수 있는 편리함이다.

풍부한 라이브러리 지원 Python은 방대한 라이브러리 생태계를 자랑한다. 데이터 분석에는 pandas, 머신러닝에는 scikit-learn, 웹 개발에는 Django, 그래픽 작업에는 matplotlib와 같은 라이브러리가 준비되어 있다. 이러한 라이브러리들은 복잡한 문제를 간단히 해결할 수 있도록 도와주며, 개발 시간을 크게 단축한다. Python은 "휠을 다시 발명하지 말라"는 프로그래밍의 기본 철학을 몸소 실천하고 있다.

인터프리터 기반 실행 Python은 컴파일러 없이 바로 실행할 수 있는 인터프리터 언어다. 이는 코드를 작성하고 수정하는 과정을 빠르고 유연하게 만들어 준다. 예를 들어, Python 인터프리터는 코드를 한 줄씩 실행하며, 개발자가 실시간으로 결과를 확인할 수 있도록 도와준다. 이는 프로토타이핑과 디버깅 과정에서 특히 유용하며, 개발자의 창의성을 극대화하는 중요한 도구로 작용한다.

이러한 특징 덕분에 Python은 프로그래머, 데이터 과학자, 시스템 디자이너 등 다양한 분야의 사람들이 사랑하는 언어가 되었다. 이 책을 읽는 독자들도 Python의 장점을 이해하고, 이를 활용해 컴퓨팅 사고력을 키우는 데 한 걸음 더 나아가길 바란다. Python의 매력에 빠져들 준비가 되었는가? 이제 우리의 여정을 계속해 보자!

4 Python 활용 분야

Python은 단순히 프로그래밍 언어를 넘어, 현대의 문제를 해결하는 창의적 도구로 자리잡았다. 웹 개발부터 인공지능, 데이터 과학, 심지어 블록체인과 핀테크에 이르기까지, Python은 경계를 허물고 새로운 기회를 열어주는 열쇠이다. 이제 Python이 열어주는 다양한 분야를 살펴보자.

웹 개발(Web Development): 아이디어를 현실로 Python은 Django, Flask, FastAPI 같은 프레임워크로 웹 애플리케이션 개발의 속도와 효율성을 극대화한다.

- **사례**: Shopify와 Pinterest 같은 E-commerce 플랫폼 구축, REST API 서버 설계.
- **장점**: 복잡한 기술적 요소를 숨기고, 개발자가 핵심 아이디어에 집중할 수 있도록 돕는다.

Python은 마치 벽돌을 쌓는 단순한 도구가 아닌, 설계도를 제공해 완벽한 건축물을 세우는 도구와 같다.

데이터 분석 및 데이터 과학(Data Analysis & Data Science): 숫자 속에서 통찰을 발견 Python의 Pandas, NumPy, Matplotlib 같은 도구는 데이터를 단순한 숫자에서 의미 있는 통찰로 바꾼다.

- **사례**: 대규모 데이터 정리와 시각화, 비즈니스 전략을 위한 데이터 모델 구축.
- **장점**: 복잡한 데이터조차 간단한 코드로 접근 가능.

Python은 데이터를 탐험하는 탐험가의 나침반과 같다. 방향만 잡으면 깊은 인사이트를 찾을 수 있다.

인공지능 및 머신러닝(AI & Machine Learning): 미래를 설계하다 TensorFlow와 PyTorch 같은 Python 라이브러리는 인공지능의 복잡한 알고리즘을 손쉽게 구현할 수 있게 한다.

- **사례**: 이미지 인식, 음성 인식, 추천 시스템(예: 넷플릭스와 아마존).
- **장점**: 간결한 코드로 미래 지향적인 기술 구현.

Python은 단순히 AI 개발의 도구가 아니라, 인간의 창의력을 증폭시키는 도약대와 같다.

스크립팅 및 자동화(Scripting & Automation): 시간을 효율적으로 사용하다

Selenium, BeautifulSoup 같은 Python 라이브러리는 단순한 반복 작업부터 복잡한 프로세스 자동화까지, Python은 생산성을 비약적으로 향상시킨다.

- **사례**: 웹 크롤링, 대량 이메일 발송.
- **장점**: 시간을 절약하고, 사용자에게 더 중요한 작업에 집중할 기회를 제공.

Python은 마치 당신의 비서를 고용한 듯, 단순한 작업을 빠르게 처리해준다.

게임 개발(Game Development): 상상을 현실로 그리다

Pygame을 통해 게임의 기본적인 로직과 디자인을 구현하는 것은 Python의 또 다른 매력이다.

- **사례**: 2D 게임 설계, 게임 프로토타이핑.
- **장점**: 초보자도 쉽게 접근 가능.

Python은 게임 개발자를 위한 도화지와 같다. 상상력을 그 위에 펼치기만 하면 된다.

과학 계산 및 연구(Scientific Computing & Research): 세상을 이해하는 도구

SciPy와 SymPy 같은 라이브러리는 복잡한 과학적 계산과 모델링에 적합하다.

- **사례**: 물리학 시뮬레이션, 화학 모델링.
- **장점**: 빠르고 정확한 프로토타입 생성.

문제 해결의 힘, 컴퓨팅 사고력

Python은 과학자의 연구실에서 필요한 만능 도구 세트와 같다.

IoT 및 하드웨어 프로그래밍(IoT & Hardware Programming): 스마트 세상을 만들다

Raspberry Pi와 Arduino 같은 하드웨어와 Python은 손쉽게 통합된다.

- **사례**: 스마트 홈 디바이스 설계, 센서 데이터 수집.
- **장점**: 하드웨어 제어와 데이터 분석의 통합적 접근.

Python은 미래의 스마트 기술을 구축하는 디지털 공구함과 같다.

금융 및 핀테크(Finance & FinTech): 정확성과 효율성을 잡다

Python은 금융 데이터 분석과 위험 관리 시스템 구축에 탁월하다.

- **사례**: 알고리즘 트레이딩, 데이터 기반 의사 결정 도구 개발.
- **장점**: 금융계의 복잡한 계산을 단순화.

Python은 금융업계에서 복잡한 문제를 해결하는 계산기의 진화형이다.

블록체인 및 암호화폐(Blockchain & Cryptocurrency): 디지털 신뢰를 구축하다

web3.py와 pyethereum 같은 라이브러리를 통해 블록체인 기술을 쉽게 구현할 수 있다.

- **사례**: 스마트 계약 설계, 네트워크 데이터 분석.
- **장점**: 블록체인 기술 탐구와 실험에 적합.

Python은 디지털 세상의 새로운 신뢰를 만드는 설계자다.

교육 및 학습 도구 개발(Education & Learning Tools): 미래의 학습을 지원하다

Python은 Jupyter Notebook과 같은 도구로 학습의 방식을 혁신하고 있다.

- **사례**: 코딩 학습 플랫폼, 온라인 강의 도구 개발.
- **장점**: 초보자도 쉽게 이해할 수 있는 직관적 문법과 설계.

Python은 지식을 공유하는 디지털 교사와 같다.

Python의 무한한 가능성: 상상을 초월하는 활용 범위   Python의 활용 가능성은 끝이 없다. 이 언어는 단순한 프로그래밍을 넘어, 상상 이상으로 다양한 분야에 응용되고 있다. 이번에는 앞서 소개한 10가지 영역을 넘어 새로운 10가지 Python 활용 영역을 소개한다. 이러한 영역들은 Python이 어떻게 우리 삶과 산업 전반을 혁신하는지 보여주는 좋은 예이다.

1. **음악 제작 및 오디오 프로세싱(Music Production & Audio Processing)**: 오디오 신호 처리와 음악 제작 소프트웨어를 구현하는 데 활용된다.
   라이브러리: Pydub, librosa.
   장점: 간단한 코드로 고성능 오디오 처리 가능.
   활용 예   오디오 파일 편집, 음악 추천 시스템 개발.

2. **의료 데이터 분석(Healthcare Data Analytics)**: 의료 데이터의 분석과 시각화를 통해 중요한 인사이트를 도출하는 데 기여한다.
   라이브러리: Pandas, Matplotlib.
   장점: 정확하고 신뢰도 높은 데이터 분석.
   활용 예   환자 기록 분석, 질병 예측 모델 구축.

3. **자연어 처리(Natural Language Processing)**: 텍스트 데이터 분석과 자연어 이해 기술에 필수적인 도구이다.
   라이브러리: NLTK, spaCy.
   장점: 방대한 텍스트 데이터 처리 가능.
   활용 예   채팅봇 개발, 문서 요약 시스템.

4. **스마트 홈 자동화(Smart Home Automation)**: IoT 장치와의 연동을 통해 스마트 홈 기술을 구현하는 데 사용된다.
   플랫폼: Raspberry Pi, Arduino.

장점: 하드웨어와 소프트웨어의 완벽한 통합.

> **활용 예** 스마트 조명 제어, 온도 모니터링 시스템 개발.

5 **비디오 처리(Video Processing)**: 비디오 데이터의 처리 및 분석에 강력한 기능을 제공한다.

라이브러리: OpenCV, MoviePy.

장점: 실시간 비디오 처리 기능.

> **활용 예** 동영상 편집 도구, 얼굴 인식 시스템.

6 **지리정보 시스템(Geographic Information Systems)**: 공간 데이터 분석과 시각화 작업에 필수적이다.

라이브러리: GeoPandas, Folium.

장점: 직관적인 지도 데이터 처리.

> **활용 예** 지도 기반 데이터 시각화, 경로 최적화.

7 **사이버보안(Cybersecurity)**: 네트워크 보안 시스템 개발과 위협 탐지에 널리 활용된다.

라이브러리: Scapy, PyCrypto.

장점: 강력한 보안 기능 구현.

> **활용 예** 침입 탐지 시스템, 데이터 암호화 도구 개발.

8 **증강현실 및 가상현실(Augmented Reality & Virtual Reality)**: AR/VR 애플리케이션 개발에 혁신적인 역할을 한다.

플랫폼: Unity, Unreal Engine(Python 지원).

장점: 몰입형 경험 개발 가능.

> **활용 예** 가상 박물관 투어, 교육 시뮬레이션 제작.

9 **자동차 산업(Automotive Industry)**: 자동차 내장 시스템 개발과 자율주행 기술에 활용된다.

플랫폼: ROS(Robot Operating System).

장점: 효율적인 시스템 제어 및 데이터 처리.

> **활용 예** 차량 센서 데이터 분석, 경로 계획 알고리즘.

10 **로봇공학(Robotics)**: 로봇 제어 및 자율 시스템 개발에 핵심적인 역할을 한다.

플랫폼: Raspberry Pi, Arduino.

장점: 복잡한 제어 시스템을 단순하게 구현.

활용 예 로봇 팔 제어, 자율 이동 로봇 개발.

이 10가지 영역은 Python이 가지는 광범위한 응용 가능성을 보여준다. 이 언어는 단순한 프로그래밍 도구를 넘어 다양한 산업과 기술 혁신의 중심에 있다. Python과 함께라면, 우리의 상상력과 기술은 더 이상 한계에 갇히지 않을 것이다. Python을 통해 자신의 가능성을 발견하고, 미래의 문제를 해결하는 주인공이 되기를 기대한다. Python과 함께라면 그 여정은 무한한 가능성으로 가득찰 것이다!

프로그래밍 언어는 단순히 코드를 작성하는 도구가 아니다. 각각의 언어는 문제 해결을 위해 설계된 철학과 목적을 지니고 있다. 프로그래밍 언어를 이해한다는 것은 단순히 문법을 배우는 것을 넘어선다. 프로그래밍 언어를 깊이 이해하려면 그 언어의 탄생 배경과 목적, 주요 특징, 활용 분야, 적용 사례, 그리고 장단점을 살펴보는 것이 필수적이다. 이 다섯 가지 요소는 해당 프로그래밍 언어가 어떤 문제를 해결하기 위해 설계되었는지, 어디에 적합한지, 그리고 실제로 어떤 방식으로 사용되고 있는지를 명확히 파악할 수 있도록 도와준다. 이는 프로그래머가 언어의 본질을 이해하고, 이를 바탕으로 문제를 효과적으로 해결할 수 있는 기반을 마련해준다.

요즘 Ruby라는 프로그래밍 언어가 관심을 끈다는데…… 프로그래밍 언어는 끊임없이 진화하고 있다. 매년 새로운 언어가 주목받고, 기존 언어는 시대의 흐름에 따라 재조명되기도 한다. 그중 최근 관심을 끌고 있는 언어 중 하나가 바로 Ruby다. 간결하면서도 강력한 문법, 그리고 웹 개발에서의 탁월한 활용성 덕분에 많은 개발자들이 Ruby를 탐구하기 시작했다. 그렇다면 Ruby라는 언어를 제대로 이해하려면 어디서부터 시작해야 할까? 단순히 문법을 배우는 것을 넘어, 그 언어의 탄생 배경, 주요 특징, 활용 분야, 적용 사례, 그리고 장단점을 종합적으로 살펴보아야 한다. Ruby는 어떤 문제를 해결하려는 의도로 만들어졌을까? 어떤 장점과 단점이 있을까? 그리고 실무에서는 어떤 방식으로 활용되고 있을까? 이 모든 질문의 답을 찾기 위해 Ruby의 속성을 하나하나 파헤쳐 보자.

- **탄생 배경**: Ruby는 1995년 일본의 유키히로 마츠모토(Matz)가 개발한 고급 프로그래밍 언어다. 당시 마츠모토는 "프로그래밍이 생산성뿐만 아니라 즐거움을 줄 수 있어야

한다"는 철학 아래 Ruby를 설계했다. 그는 Python과 Perl의 장점을 결합하며 간결하면서도 유연한 문법을 가진 언어를 만들어냈다. Ruby의 이름은 프로그래머가 더 쉽게 문제를 해결할 수 있는 보석 같은 언어라는 의미를 담고 있다.

- **주요 특징**
  - ☑ **객체지향 언어**: Ruby는 모든 것을 객체로 표현하며, 객체지향 프로그래밍의 강력한 기능을 제공한다.
  - ☑ **간결하고 읽기 쉬운 문법**: 초보자도 쉽게 배울 수 있도록 직관적이며 명료한 문법을 가지고 있다.
  - ☑ **동적 타이핑**: 변수의 데이터 타입을 명시적으로 선언할 필요가 없다.
  - ☑ **풍부한 라이브러리**: 다양한 내장 메서드와 Gem(라이브러리 관리 도구)을 통해 확장성이 뛰어나다.
  - ☑ **유연성**: 프로그래머가 자유롭게 코드를 설계할 수 있도록 지원하며, 강력한 메타프로그래밍 기능을 제공한다.
  - ☑ **활용 분야**: Ruby는 주로 웹 개발 분야에서 두각을 나타낸다. 특히 Ruby on Rails라는 프레임워크는 간결한 코드 작성과 빠른 개발 속도로 유명하다. 이외에도 스크립트 작성, 데이터 처리, 교육용 도구 개발 등에서 활용되며, 직관적인 문법 덕분에 초보자 교육에도 적합하다.

- **적용 사례**: Ruby는 다양한 실무 환경에서 성공적으로 활용되고 있다.
  - ☑ **GitHub**: 세계 최대의 코드 저장소 플랫폼은 Ruby on Rails 기반으로 개발되었다.
  - ☑ **Shopify**: 전자상거래 플랫폼 구축에 Ruby가 사용되었다.
  - ☑ **Airbnb**: 초기 MVP(최소 기능 제품) 개발에 Ruby가 큰 역할을 했다.
  - ☑ **Twitch**: 스트리밍 플랫폼의 초기 개발에서도 Ruby가 활용되었다.

- **장·단점**
  - ☑ **장점**: 간결한 문법으로 학습과 개발 속도가 빠르다.
    풍부한 커뮤니티와 강력한 웹 프레임워크(Ruby on Rails)를 제공한다.
    객체지향 설계를 통해 코드 재사용성과 유지보수가 용이하다.
  - ☑ **단점**: 실행 속도가 C, Java와 같은 언어보다 느리다.
    멀티스레드 성능이 낮아 대규모 시스템 구축에는 부적합할 수 있다.
    대규모 개발자 수요 부족으로 시장 채택률이 제한적이다.

문제 해결의 힘, 컴퓨팅 사고력

🎯 도전 과제

프로그래밍 언어에 대하여 스스로 조사하고 정리하면서 각 언어의 특성과 목적을 이해하고 비교해보자.

"절차적 프로그래밍 언어가 기본 중의 기본이라던데, 그게 뭘까?" 스스로에게 이렇게 묻는 순간, 프로그래밍의 출발점에 서 있는 기분이 든다. 논리적 순서에 따라 실행되는 명령어로 프로그램을 만든다고 하던데, 어쩌면 우리가 아침에 일어나서 세수를 하고 밥을 먹는 것처럼 순서대로 일을 처리하는 것과 비슷할지도 모르겠다. 가장 대표적인 예로는 C 언어가 떠오른다. 사람들이 C 언어는 현대 프로그래밍의 뿌리라고 부르기도 한다던데, 도대체 왜일까? 운영체제나 하드웨어 제어 같은 데에서 자주 쓰인다고 하니 뭔가 중요한 역할을 하고 있는 건 분명하다. 절차적 프로그래밍 언어가 간단하고 직관적이라서 초보자에게 적합하다고 하는데, 반대로 데이터와 함수가 따로 관리된다는 점이 대규모 프로젝트에서는 불편할 수도 있다고 한다. 이제 절차적 프로그래밍 언어 중 하나를 선택하여 탄생 배경, 주요 특징, 활용 분야, 적용 사례, 그리고 장·단점을 5가지 항목으로 조사해봐야겠다.

"객체지향 프로그래밍 언어…… 뭔가 대단히 체계적이고 정교한 방식으로 작동할 것 같은데, 도대체 무슨 뜻이지?" 스스로에게 이렇게 질문을 던져본다. '객체(Object)'라는 단어가 핵심인데, 프로그램을 현실 세계의 사물처럼 표현한다고 하니 신기하면서도 독특하다.

사람들은 객체지향 프로그래밍을 복잡한 소프트웨어를 설계하는 데 필수적인 도구라고 강조하던데, 이유가 뭘까? 캡슐화, 상속, 다형성 같은 개념들이 객체지향의 중심에 있다는데, 들어만 봐도 뭔가 체계적인 설계가 가능할 것 같다. 예를 들어 자동차 객체를 만들어서 운전, 주유, 정비 같은 동작을 코드로 표현한다고 하면 이해가 조금 더 쉬울 것 같다. 대표적인 객체지향 언어로는 Java가 떠오른다. 플랫폼 독립적이라는 특징 덕분에 어디서나 실행할 수 있고, 안정성과 유지보수가 뛰어나다고 한다. 반면, 객체지향 설계가 잘못되면 프로그램이 복잡해지고 효율이 떨어질 수도 있다고 하니, 이 방식도 장점과 단점이 분명한 것 같다.

이제 객체지향 프로그래밍 언어 중 하나를 선택하여 탄생 배경, 주요 특징, 활용 분야, 적용 사례, 그리고 장·단점을 5가지 항목으로 조사해봐야겠다.

생각하기 3: 고급 프로그래밍 언어(High-Level Programming Language) 관심이 생기네!

"고급 프로그래밍 언어라…… 뭔가 진짜 프로들만 쓰는 언어일까?" 스스로에게 이렇게 묻는다. 하지만 알아보니 '고급'이라는 표현은 인간이 이해하기 쉬운 언어라는 뜻에서 붙여진 이름이라고 한다. 즉, 기계보다는 사람이 읽고 쓰기 편하게 설계된 언어라는 점에서 '고급'이라는 말이 붙은 것이다.

고급 언어는 컴퓨터가 직접 이해하는 기계어와 달리, 사람이 이해하기 쉬운 문법과 구조를 제공한다고 한다. 예를 들어, 우리가 알고 있는 Python, Java, C++ 같은 언어들이 모두 여기에 속한다. 코드를 작성하면 컴파일러나 인터프리터가 기계가 이해할 수 있는 언어로 변환해준다니, 사용자의 편의를 생각한 세심한 설계가 돋보인다. 사람들은 고급 언어를 사용하면 생산성과 가독성이 크게 향상된다고 말한다. 복잡한 작업도 짧고 간결한 코드로 구현할 수 있으니, 많은 개발자들이 이를 선호할 수밖에 없다. 하지만 하드웨어와 가까운 작업에서는 저급 언어보다 속도가 느릴 수 있다는 단점도 존재한다고 한다. 이제 고급 프로그래밍 언어 중 하나를 선택하여 탄생 배경, 주요 특징, 활용 분야, 적용 사례, 그리고 장·단점을 5가지 항목으로 조사해봐야겠다.

프로그래밍 언어, 그 너머를 탐구하며

프로그래밍 언어는 단순히 코드를 작성하는 도구가 아니라, 문제를 해결하고 세상을 변화시키는 강력한 수단이다. 절차적 프로그래밍 언어, 객체지향 프로그래밍 언어, 그리고 고급 프로그래밍 언어는 각기 다른 철학과 목적을 지니고 있으며, 이를 이해하는 과정은 프로그래밍의 본질을 탐구하는 첫걸음이 된다. 선택한 언어를 조사하며 얻은 인사이트는 단순한 정보의 축적을 넘어, 프로그래밍 세계에 대한 더 깊은 통찰을 제공할 것이다. 탄생 배경에서 주요 특징, 활용 분야와 적용 사례, 그리고 장·단점을 조사하며 느낀 점들은 앞으로 프로그래밍을 배워 나가는 데 중요한 나침반이 될 것이다.

무엇보다 중요한 것은, 어떤 언어를 선택하든 그 언어의 철학과 특성을 이해하고 이를 기반으로 문제를 해결하는 힘을 기르는 것이다. 여러분의 여정이 단순한 지식 습득에 그치지 않고, 창의적인 문제 해결 능력을 키우는 길이 되길 바란다.

마무리

이번 장에서 프로그래밍 언어가 단순히 컴퓨터와의 대화 도구를 넘어, 세상과 소통하고 문제를 해결하며 창의력을 발휘하는 도구임을 배웠다. 언어를 이해한다는 것은 그 언어의 탄생 배경이나 목적, 주요 특징, 활용 분야, 적용 사례, 그리고 장단점을 정의할 수 있다는 의미이다. 이는 단지 언어의 기술적인 측면을 넘어, 그 언어가 어떤 문제를 해결하려고 태어났는지, 어떤 방식으로 세상에 기여하는지를 통찰하는 것을 포함한다.

우리는 프로그래밍 언어의 다양한 종류와 패러다임을 살펴보았다. 저급 언어의 효율성과 고급 언어의 가독성, 절차적 프로그래밍 언어의 구조적 접근과 객체지향 프로그래밍 언어의 유연성, 그리고 Python이 제공하는 간결하고 강력한 도구로서의 매력까지 모두 탐구했다. 이 과정은 단순히 언어의 구문과 문법을 배우는 것을 넘어, 각 언어가 설계된 철학과 실제로 어떤 문제를 해결하는 데 적합한지를 이해하는 데 초점을 맞추었다.

언어를 이해하는 것은 단지 기술적 능력을 키우는 것이 아니다. 그것은 사고의 깊이를 확장하고 문제를 바라보는 새로운 관점을 열어준다. 언어의 탄생 배경은 그 시대와 기술적 요구를 반영하며, 주요 특징은 그 언어가 해결하고자 하는 문제에 따라 정교하게 설계된다. 활용 분야와 적용 사례를 통해 우리는 그 언어가 실제로 어떤 문제를 해결하는지, 그리고 장단점을 통해 언어를 언제 어떻게 선택해야 하는지를 배운다.

Python은 이러한 모든 요소를 이상적으로 결합한 언어로, 단순하고 직관적인 구문, 높은 가독성, 플랫폼 독립성, 그리고 풍부한 라이브러리 지원으로 초보자와 전문가 모두에게 사랑받는다. 이 언어를 통해 우리는 문제 해결 능력을 배양하고, 창의적이고 혁신적인 아이디어를 구현할 수 있는 힘을 얻는다. 이제 독자들에게 묻고 싶다. 여러분이 이해한 프로그래밍 언어는 무엇인가? 그리고 그 언어를 통해 여러분이 해결하고자 하는 문제는 무엇인가? 언어를 이해하는 것은 곧 세상과 문제를 바라보는 새로운 시각을 갖는 것이다. Python을 배우고 활용하며 여러분의 창의력과 문제 해결 능력을 펼칠 준비를 하라. 세상은 여러분의 코드로 변화할 준비가 되어 있다. 지금, 도전의 첫걸음을 내딛을 시간이다.

5장

자료 구조의 이해

1 <class 'int'>
Python <class 'str'>
True <class 'bool'>

Computational
Thinking

✅ 컴퓨팅 사고력을 기반으로 문제를 해결하기 위해서는 데이터를 효과적으로 저장하고 관리할 수 있는 능력이 필수적이다. 이러한 능력을 뒷받침하는 것이 바로 자료 구조다. 자료 구조는 데이터를 체계적으로 정리하여 원하는 작업을 효율적으로 수행할 수 있도록 돕는 강력한 도구다.

....

✅ 이제 자료 구조의 기본 개념부터 선형 자료 구조와 비선형 자료 구조의 구체적인 유형들을 탐구해 보자. 자료 구조가 왜 필요한지, 어떻게 활용되는지 이해하면서 단순히 프로그래밍 기술을 넘어서 컴퓨팅 사고력을 심화시키는 데 초점을 맞춘다. 이를 통해 독자는 문제를 보다 체계적이고 효율적으로 해결할 수 있는 방법을 익히게 될 것이다.

....

✅ 자료 구조는 단순히 코딩 기술을 배우는 데 그치지 않고, 논리적 사고력과 문제 해결 능력을 키우는 데 중요한 역할을 한다. 이 단원에서 다룰 내용은 컴퓨터가 데이터를 다루는 방식을 이해하고, 이를 바탕으로 보다 창의적이고 혁신적인 해결책을 만들어내는 데 기여할 것이다. 자료 구조의 세계로 첫발을 내디디며, 컴퓨팅 사고력의 진정한 가치를 발견해 보자. 이 과정은 문제 해결 능력의 도약을 의미하며, 새로운 도전에 응답할 수 있는 자신감을 심어줄 것이다.

01 | 자료 구조 이해

데이터는 현대 사회에서 새로운 자원으로 여겨질 만큼 중요한 역할을 한다. 하지만 데이터를 단순히 수집하고 저장하는 것만으로는 큰 가치를 발휘하지 못한다. 데이터를 효율적으로 관리하고 활용하려면 체계적으로 구조화할 필요가 있다. 이 과정에서 핵심적인 개념이 바로 자료 구조다. 자료 구조는 데이터를 조직적으로 정리하고 표현하는 방법을 뜻한다. 이를 통해 데이터의 저장, 검색, 처리 속도를 극대화할 수 있으며, 복잡한 문제를 해결하기 위한 기반을 마련한다. 자료 구조를 제대로 이해하면 단순한 코드 작성에서 벗어나 더 나은 성능과 효율을 추구할 수 있는 컴퓨팅 사고력을 키울 수 있다.

이 섹션에서는 자료 구조가 무엇인지, 왜 중요한지, 그리고 이를 활용하기 위해 요구되는 사고 방식과 기술을 탐구한다. 자료 구조의 개념은 프로그램 개발뿐 아니라 데이터를 다루는 모든 분야에서 강력한 도구로 작용한다. 이 섹션을 통해 자료 구조의 기본 원리를 명확히 이해하고, 이를 바탕으로 실질적인 문제 해결 능력을 갖추어 보자.

1 자료 구조 정의

자료란 무엇인가? 자료는 물리적으로 수집된 값이나 처리되지 않은 상태의 정보를 의미한다. 이는 숫자, 문자, 이미지, 소리 등 다양한 형태로 존재할 수 있으며, 현실 세계의 사실이나 사건을 표현한 원천 데이터라고 할 수 있다. 하지만 이러한 자료는 단순히 수집된 상태로는 큰 의미를 가지지 못한다. 정리되고 가공되지 않은 자료는 그저 무질서한 데이터일 뿐이다. 자료(data)와 정보(information)는 종종 혼용되지만, 둘 사이에는 명확한 차이가 있다. 자료는 아직 가공되지 않은 상태의 원천 데이터를 뜻하며, 이를 정리하고 구조화하여 의미를 부여한 것이 바로 정보다. 예를 들어, 학생의 시험 점수 목록은 자료이며, 이를 분석하여 학급 평균 점수나 상위권 학생의 비율을 계산해낸 결과는 정보가 된다.

자료 구조화　 현대 사회에서 자료는 새로운 자원으로 여겨질 만큼 중요하다. 빅데이터, 인공지능, 클라우드 컴퓨팅 등 최신 기술의 발전은 모두 자료를 기반으로 한다. 하지만 중요한 것은 자료 자체가 아니라, 이를 어떻게 구조화하고 활용하느냐이다. 잘 정리된 자료는 더 큰 가치를 창출하고, 올바른 의사 결정을 내리는 데 도움을 준다. 자료를 효율적으로 활용하기 위해서는 먼저 이를 체계적으로 정리해야 한다. 자료 구조는 이 과정에서 중요한 역할을 한다. 자료를 논리적이고 체계적으로 정리함으로써 데이터에 대한 접근성과 활용 가능성을 극대화할 수 있다. 이는 단순히 데이터를 저장하는 것을 넘어, 문제 해결과 알고리즘 설계의 기반을 제공한다. 자료의 개념을 일상에 비유하면 다음과 같다. 영수증 더미를 생각해보자. 각각의 영수증은 단순한 자료에 불과하다. 그러나 이 영수증들을 날짜별로 정리하거나, 지출 내역을 카테고리별로 분류하면 단순한 자료가 의미 있는 정보로 변환된다. 이처럼 자료를 올바르게 이해하고 정리하여 구조화하는 과정은 모든 데이터 활용의 첫걸음이다. 자료 구조화는 단순히 자료를 쌓아두는 것이 아니라, 이를 체계적으로 정리하고 분류하여 효율적으로 사용할 수 있도록 만드는 과정을 의미한다. 자료가 구조화되면 필요한 데이터를 쉽게 찾을 수 있고, 이를 활용한 작업의 속도와 정확성이 향상된다. 이는 컴퓨팅에서뿐만 아니라 일상생활에서도 중요한 개념이다.

자료 구조의 개념　 이제 이러한 자료를 어떻게 체계적으로 정리할지에 대한 답을 제시하는 자료 구조의 개념으로 넘어가 보자. 자료 구조는 데이터를 논리적으로 배열하고 저장하는 방법을 통해 자료를 의미 있는 자원으로 변환하는 역할을 한다. 자료를 구조화하면 단순히 정리하는 것을 넘어, 다음과 같은 이점이 생긴다.

- **접근성 향상**: 필요한 데이터를 빠르게 검색할 수 있다.

문제 해결의 힘, 컴퓨팅 사고력

- **작업 효율성 증가**: 데이터를 삽입, 삭제, 수정하는 작업이 간단해진다.
- **문제 해결 용이**: 데이터를 체계적으로 다룰 수 있어 복잡한 문제 해결이 가능해진다.

이 개념은 컴퓨터 프로그램의 데이터 관리뿐만 아니라, 일상적인 작업에도 적용된다. 영수증을 날짜별로 정리하거나, 옷을 계절별로 구분하는 행위도 자료를 구조화하는 일종의 방법이다. 컴퓨터 과학에서 자료 구조는 데이터를 효과적으로 조직화하는 핵심 도구다. 배열, 연결 리스트, 트리, 그래프 등 다양한 자료 구조는 각각의 상황에 맞게 데이터를 정리하고 다루는 방식을 제공한다. 즉, 자료 구조의 개념은 데이터의 잠재력을 최대한 발휘할 수 있도록 돕는 과정이다. 정리되지 않은 필기구를 체계적으로 정돈했을 때 느끼는 성취감을 떠올리며, 자료 구조를 통해 데이터를 정리하고 문제를 해결하는 즐거움을 느껴보자.

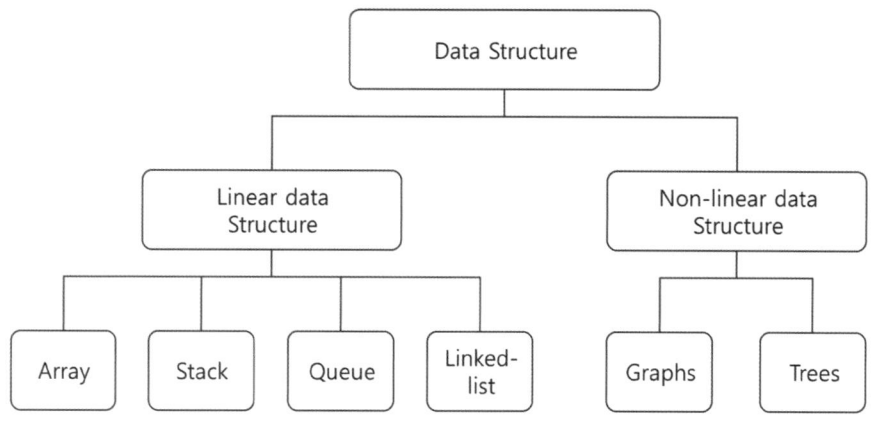

결론적으로 자료 구조의 정의는 다음과 같이 정리된다.

- **자료 구조란**: 데이터를 효율적으로 저장하고 관리하기 위한 체계적이고 논리적인 구성 방법이다. 자료 구조는 데이터를 특정 목적에 맞게 조직화하고, 이에 따라 접근, 삽입, 삭제, 검색 등의 연산을 용이하게 한다.
- **목적과 역할**: 자료 구조는 데이터를 단순히 저장하는 것을 넘어, 데이터 접근성 향상, 작업 효율성 증대, 그리고 문제 해결 능력 강화를 가능하게 한다.

- ☑ 프로그램 성능 최적화를 위하여 자료 구조는 프로그램의 실행 시간과 메모리 효율성을 결정짓는 핵심 요소다.
- ☑ 이는 알고리즘 설계와 실행의 기반이 되어, 복잡한 문제를 단순화하고 효과적으로 해결할 수 있도록 돕는다.
- **일상과의 연결**: 자료 구조를 이해하기 쉽게 설명하면, 무질서한 데이터를 정리함으로써 접근성과 활용도를 높이는 과정이다.
  - ☑ 예를 들어, 필기구를 용도와 색상별로 정리하거나, 영수증을 날짜별로 분류하는 행위는 모두 데이터를 체계화하는 사례다.
  - ☑ 옷장을 계절별로 구분하거나, 도서관의 책을 주제별로 정리하는 것도 자료 구조의 개념과 일맥상통 한다.
- **자료 구조와 알고리즘의 관계**: 자료 구조는 알고리즘과 밀접한 관계를 가진다.
  - ☑ 자료 구조는 알고리즘이 데이터를 효율적으로 처리할 수 있는 기반을 제공하며, 적합한 자료 구조의 선택은 알고리즘의 성능을 좌우한다.
  - ☑ 예를 들어, 그래프 탐색 알고리즘은 트리나 그래프 구조를 효과적으로 구현하고 탐색하기 위해 설계되며, 정렬 알고리즘은 배열과 리스트 구조와 긴밀히 연결되어 있다.
- **컴퓨터 과학에서의 중요성**: 배열, 연결 리스트, 스택, 큐, 트리, 그래프 등 다양한 자료 구조는 컴퓨터 프로그램의 성능을 최적화하고, 데이터 관리와 활용의 효율성을 극대화하는 핵심 도구로 작용한다. 데이터의 특성과 사용 목적에 따라 적합한 자료 구조를 선택해야 하며, 이는 프로그램 설계의 첫걸음이자 필수적인 단계다.

따라서 자료 구조는 데이터의 잠재력을 최대한 발휘할 수 있도록 설계된 체계적인 방법으로, 모든 데이터 중심 문제 해결의 기본이자 필수 요소라 할 수 있다.

② 자료 구조의 필요성

컴퓨터 과학에서 자료 구조는 단순한 데이터 저장을 넘어, 데이터를 효과적으로 관리하고 활용하기 위해 반드시 필요한 핵심 도구다. 자료 구조가 없다면 대량의 데이터를 다루거나 복잡한 문제를 해결하는 데 있어 효율성과 생산성이 극도로 낮아질 것이다. 다음은 자료 구조가 필수적인 이유를 다각도로 살펴본 내용이다.

대량 데이터의 효율적 관리　현대 사회는 대규모 데이터의 시대다. 수많은 데이터가 생성되고 처리되는 환경에서, 자료 구조는 이를 체계적으로 정리하고 관리하는 데 필수적이다. 비효율적으로 관리된 데이터는 시간과 자원을 낭비하게 되며, 잘 구조화된 데이터만이 빠른 검색과 처리를 가능하게 한다.

연산 속도의 향상　자료 구조는 데이터 검색, 삽입, 삭제와 같은 연산의 속도를 크게 개선한다. 예를 들어, 정렬되지 않은 데이터에서 특정 값을 찾는 데 시간이 오래 걸리지만, 적절한 자료 구조(예: 해시 테이블)를 사용하면 즉시 접근할 수 있다. 이처럼 자료 구조는 복잡한 연산을 단순화하고, 빠르게 처리하도록 돕는다.

메모리 사용의 최적화　효율적인 자료 구조는 불필요한 메모리 낭비를 줄이고, 최소한의 자원으로 최대의 성능을 낼 수 있도록 설계된다. 예를 들어, 배열보다 연결 리스트를 사용하면 동적으로 메모리를 관리할 수 있어 공간 활용도가 높아진다. 이는 특히 메모리가 제한적인 환경에서 더욱 중요한 요소다.

복잡한 문제 해결　구조화된 데이터는 복잡한 문제를 단계별로 분석하고 해결하기 쉽게 만든다. 자료 구조는 데이터를 적절히 분리하고 정리함으로써 문제 해결의 로드맵을 제공한다. 예를 들어, 그래프 구조는 네트워크 최적화나 경로 탐색 문제를 효율적으로 해결할 수 있게 한다.

알고리즘 성능 극대화　자료 구조는 알고리즘 설계의 기반이 된다. 올바른 자료 구조를 선택하면 알고리즘의 성능이 비약적으로 향상된다. 예를 들어, 우선순위 큐를 사용하면 다익스트라 알고리즘과 같은 경로 탐색 알고리즘이 효율적으로 작동한다.

유지 보수와 확장성　자료 구조는 코드의 가독성과 관리성을 높여, 프로그램의 유지 보수와 확장을 용이하게 한다. 정리된 데이터는 새로운 요구사항에 쉽게 적응할 수 있는 유연성을 제공한다. 이는 대규모 소프트웨어 프로젝트에서 특히 중요한 역할을 한다.

현실 세계 문제 모델링　자료 구조는 현실 세계의 다양한 문제를 데이터로 추상화하여 해결책을 제공한다. 예를 들어, 소셜 네트워크의 관계는 그래프 자료 구조로 표현될 수 있으며, 이를 통해 관계 분석과 연결성 평가가 가능하다.

프로그램 안정성 확보　효율적인 자료 구조는 데이터 손실을 방지하고, 일관성 있는 데이터 처리를 가능하게 한다. 이는 금융, 의료와 같이 데이터의 정확성과 안정성이 중요한 분야에서 특히 중요한 역할을 한다.

자료 구조는 단순한 이론이 아니라, 데이터를 다루는 모든 과정에서 필수적인 역할을 하는 실질적이고 강력한 도구다. 데이터가 현대 사회의 원동력이라면, 자료 구조는 그 원동력을 올바르게 작동시키는 엔진과도 같다. 데이터를 효율적으로 활용하고, 문제를 효과적으로 해결하기 위해 자료 구조의 필요성을 깊이 이해하는 것은 필수적이다.

③ 자료 구조에 필요한 컴퓨팅 사고력

자료 구조를 설계하고 활용하는 과정은 단순한 코딩 능력으로만 해결되지 않는다. 자료를 체계적으로 조직하고 문제를 효율적으로 해결하기 위해서는 컴퓨팅 사고력(Computational Thinking)이라는 강력한 도구가 필요하다. 이는 단순히 문제를 바라보는 시각을 넘어, 데이터를 다루는 사고의 방식과 접근법을 재정립하는 것이다. 자료 구조와 컴퓨팅 사고력이 어떻게 맞물려 작동하는지 살펴보자.

분해적 사고력: 문제를 나누어 해결하라　분해적 사고는 문제를 작은 단위로 나누고, 각 단위를 독립적으로 분석하여 해결하는 능력이다.

- **역할**: 자료 구조를 구성 요소(노드, 엣지 등)로 나누어 설계.
- **예시**: 연결 리스트에서 삽입, 삭제 연산을 각각 독립적으로 설계.
- **활용**: 대규모 데이터를 체계적으로 관리하고 처리 속도를 높임.
- **일상 비유**: 큰 프로젝트를 여러 작은 작업으로 나누고, 팀원들에게 할당하여 진행.

단순화 사고력: 복잡함을 단순화하라   단순화 사고는 복잡한 문제를 간단한 형태로 변환하여 해결하는 능력이다.

- **역할**: 불필요한 데이터를 제거하고 자료 구조를 간소화.
- **예시**: 그래프를 인접 리스트로 변환하여 메모리 사용을 최소화.
- **활용**: 불필요한 요소를 제거하여 데이터 분석과 구조 설계를 효율적으로 만듦.
- **일상 비유**: 이삿짐을 적은 상자에 나눠 담아 쉽게 옮기는 과정.

추상화 사고력: 핵심에 집중하라   추상화 사고는 핵심 데이터와 연산에 집중하고, 불필요한 세부 사항을 제거하는 능력이다.

- **역할**: 자료 구조 설계에서 핵심 데이터만 남겨 복잡성을 줄임.
- **예시**: 연결 리스트에서 노드의 데이터와 포인터만 추출하여 설계.
- **활용**: 중요한 요소만을 남겨 효율적이고 명확한 자료 구조를 구현.
- **일상 비유**: 복잡한 서류에서 중요한 항목만 요약 정리.

계산적 사고력: 효율성을 분석하라   계산적 사고는 시간 복잡도와 공간 복잡도를 계산하여 효율성을 분석하는 능력이다.

- **역할**: 자료 구조와 알고리즘의 성능을 예측하고 선택.
- **예시**: 배열과 연결 리스트를 비교해 삽입 작업이 많은 경우 연결 리스트를 선택.
- **활용**: 효율적인 자료 구조 설계를 통해 자원 낭비를 줄임.
- **일상 비유**: 최단 경로를 찾기 위해 여러 경로를 비교하여 가장 빠른 길을 선택.

패턴 인식: 반복 속에서 규칙을 찾아라   패턴 인식은 데이터 내에서 반복되는 구조와 규칙을 식별하는 능력이다.

- **역할**: 규칙성을 기반으로 자료 구조를 최적화.
- **예시**: 균형 트리의 규칙을 발견해 검색 속도를 높임.
- **활용**: 반복적인 데이터 처리 문제를 최적화하여 성능을 향상.
- **일상 비유**: 매일 반복되는 일정에서 규칙을 발견해 효율적으로 스케줄을 조정.

알고리즘적 사고력: 절차를 설계하라   알고리즘적 사고는 문제를 해결하기 위한 명확한 절차를 설계하는 능력이다.

- **역할**: 자료 구조의 삽입, 삭제, 탐색 알고리즘 설계.
- **예시**: DFS(깊이 우선 탐색) 알고리즘을 통해 그래프를 순서대로 탐색.
- **활용**: 빠르고 정확한 데이터 처리 알고리즘 구현.
- **일상 비유**: 목적지까지의 경로를 단계별로 계획하고 이동.

탐색적 사고력: 최적의 해결책을 찾으라   탐색적 사고는 여러 가능성을 탐구하여 최적의 해결책을 도출하는 능력이다.

- **역할**: 다양한 자료 구조를 실험해 적합한 방식을 선택.
- **예시**: DFS와 BFS 탐색 방법을 비교하여 문제에 적합한 방식을 선택.
- **활용**: 데이터 탐색과 분석을 통해 효율적인 문제 해결 가능.
- **일상 비유**: 여러 항공편을 비교하여 가장 저렴하고 편리한 항공권을 찾는 과정.

재귀적 사고력: 반복적으로 접근하라   재귀적 사고는 문제를 반복적으로 나누고 동일한 로직으로 해결하는 능력이다.

- **역할**: 재귀적으로 트리를 탐색하거나 정렬 알고리즘 구현.
- **예시**: 이진 트리의 재귀적 탐색 알고리즘 설계.

문제 해결의 힘, 컴퓨팅 사고력

- **활용**: 반복 작업을 효율적으로 처리하고, 간결한 코드를 작성.
- **일상 비유**: 러시아 인형처럼 큰 문제를 점점 작은 문제로 나누어 해결.

창의적 사고력: 새로운 방식을 고안하라　창의적 사고는 기존의 방식을 넘어 새로운 자료 구조나 알고리즘을 설계하는 능력이다.

- **역할**: 독창적인 자료 구조를 설계하여 문제 해결.
- **예시**: 우선순위 큐를 배열 대신 힙 자료 구조로 설계.
- **활용**: 복잡한 문제에 적합한 맞춤형 자료 구조 개발.
- **일상 비유**: 벽면 공간을 활용해 창의적인 책장 설계.

조건 분기 사고력: 상황에 맞게 선택하라　조건 분기 사고는 조건에 따라 자료 구조와 알고리즘을 선택하는 능력이다.

- **역할**: 조건에 따라 효율적인 자료 구조를 설계.
- **예시**: 정렬된 데이터는 이진 탐색, 정렬되지 않은 데이터는 해시 테이블을 사용.
- **활용**: 다양한 상황에 맞는 유연한 문제 해결.
- **일상 비유**: 날씨에 따라 적합한 옷을 선택하는 것.

협력적 사고력: 결합하여 해결하라　협력적 사고는 여러 자료 구조를 결합해 복잡한 문제를 해결하는 능력이다.

- **역할**: 자료 구조와 알고리즘의 장점을 결합하여 고성능 솔루션 구현.
- **예시**: 그래프와 우선순위 큐를 결합해 다익스트라 알고리즘 설계.
- **활용**: 협력 구조를 통해 복합적인 문제를 해결.
- **일상 비유**: 서로 다른 팀원이 협력해 프로젝트를 완수하는 과정.

추론적 사고력: 원인과 결과를 연결하라　추론적 사고는 주어진 데이터를 기반으로 결과를 예측하거나 도출하는 능력이다.

- **역할**: 자료 구조에서 데이터 간의 관계를 파악해 논리적인 결과를 도출.
- **예시**: 그래프에서 노드 간 관계를 분석해 최단 경로를 추론.
- **활용**: 데이터에서 원인과 결과를 분석하여 문제 해결에 적용.
- **일상 비유**: 기상 데이터를 통해 비가 올 가능성을 예측.

계층적 사고력: 구조를 나누어 관리하라

계층적 사고는 문제를 상위와 하위 구조로 나누어 체계적으로 접근하는 능력이다.

- **역할**: 계층적 자료 구조(트리, 힙 등)를 설계하고 탐색.
- **예시**: 이진 트리에서 루트, 서브트리 간의 관계를 정의.
- **활용**: 계층적 데이터를 통해 효율적인 문제 해결 가능.
- **일상 비유**: 회사 조직도를 상위 관리자와 하위 팀원으로 나누어 관리.

최적화 추론 능력: 자원을 효율적으로 사용하라

최적화 추론 능력은 최소한의 자원으로 최대 효과를 얻는 설계 능력이다.

- **역할**: 알고리즘의 효율성을 극대화.
- **예시**: 해시 테이블에서 충돌을 줄이는 적절한 해시 함수 설계.
- **활용**: 자원을 효율적으로 활용하고 성능 최적화.
- **일상 비유**: 여행 경로를 최적화하여 시간과 비용을 절약.

병렬화 처리 능력: 동시에 작업하라

병렬화 처리 능력은 작업을 동시에 수행하여 속도를 높이는 능력이다.

- **역할**: 대규모 데이터를 병렬로 처리하여 연산 속도를 개선.
- **예시**: 병렬 퀵 정렬로 데이터를 여러 그룹으로 나눠 정렬.
- **활용**: 대규모 데이터를 빠르게 처리하고 실시간 분석 가능.
- **일상 비유**: 동시에 여러 요리를 준비하여 시간을 절약.

문제 해결의 힘, 컴퓨팅 사고력

자료 구조는 단순히 데이터를 저장하거나 처리하는 도구가 아니다. 이를 설계하고 활용하기 위해서는 다양한 컴퓨팅 사고력이 필요하며, 각 사고력은 문제의 본질에 접근하고 창의적인 해결책을 제시하는 데 도움을 준다. 위에서 소개한 CT 요소들은 자료 구조를 설계할 때 사용되는 핵심 도구이자 사고의 틀이다. 자료 구조는 데이터 중심 사회에서 문제 해결의 중심이며, 컴퓨팅 사고력은 이를 실현하는 열쇠다. 이를 통해 더 창의적이고 효율적인 데이터 활용이 가능하며, 데이터의 잠재력을 최대한 발휘할 수 있다.

❹ 자료 구조의 적용

자료 구조는 데이터 처리와 문제 해결의 핵심 도구로, 다양한 상황에서 실질적인 역할을 한다. 자료 구조가 실제로 어떻게 적용되는지, 그리고 선택 기준이 성능과 효율성에 어떤 영향을 미치는지 검토해보자.

자료 구조 선택 작업: 상황에 맞는 선택의 중요성 자료 구조 선택은 프로그램의 성능과 직접적으로 연관된다. 상황과 요구 사항에 따라 적합한 자료 구조를 선택함으로써 데이터 처리를 최적화할 수 있다.

- **핵심 개념**: 자료 구조를 선택하는 과정은 단순히 데이터 저장만이 아닌, 프로그램 전체의 성능과 효율성을 결정하는 중요한 단계다.
- **예시**: 대규모 데이터를 처리할 경우, 트리와 해시 테이블이 적합한 반면, 작은 규모의 데이터에는 배열과 연결 리스트가 효율적이다.
- **실제 적용**: 네트워크 라우팅에서 그래프를 사용하여 최적 경로를 계산하거나, 데이터베이스에서 해시 테이블을 활용해 빠른 검색을 지원한다.
- **핵심 메시지**: 자료 구조의 선택은 문제 해결의 핵심 단계로, 소프트웨어 개발에서 성공의 열쇠가 된다.

자료 구조 선택 기준: 효율적인 설계의 열쇠 자료 구조를 선택할 때는 데이터의 크기와 형태, 연산의 종류와 빈도, 메모리 사용량 등 다양한 기준을 고려해야 한다. 각 기준은 프로그램의 성능에 결정적인 영향을 미친다.

- **데이터의 크기와 형태**: 대규모 데이터 처리에는 트리나 해시 테이블이, 간단한 데이터에는 배열이나 큐가 적합하다. 대규모 검색 엔진은 해시 테이블을 활용해 빠르게 데이터를 찾는 것이 예시에 해당 된다.
- **연산의 종류와 빈도**: 삽입과 삭제가 빈번한 경우에는 연결 리스트가, 검색이 자주 필요한 경우에는 해시 테이블이 적합하다. 고객 데이터베이스 관리에서 삽입과 삭제를 고려해 연결 리스트 활용이 예시이다.
- **시간 복잡도와 공간 복잡도**: 효율성을 극대화하기 위해 시간 복잡도가 낮은 구조를 선택해야 한다. 가장 낮은 시간 복잡도 연산이 필요한 경우 해시 테이블을 선택한다.
- **코드의 유지 보수성**: 코드의 가독성과 유지 보수를 위해 직관적인 자료 구조를 선택하며, 트리와 그래프는 확장 가능성이 높아 복잡한 데이터 모델에 적합함을 이해하는 것이다.

자료 구조의 적용 사례　　자료 구조는 현실 세계의 다양한 문제를 모델링하고 해결하는 데 적용된다. 다음은 자료 구조의 주요 활용 사례다.

- **네트워크 최적화**: 그래프를 사용하여 최적의 네트워크 경로를 설계. 예시로는 다익스트라 알고리즘으로 최단 경로 계산이 있다.
- **데이터베이스 관리**: 해시 테이블을 사용하여 대규모 데이터를 효율적으로 검색. 예시로는 검색 엔진의 키워드 기반 검색하는 것이다.
- **스케줄링 및 우선순위 관리**: 힙을 사용하여 작업의 우선순위를 동적으로 관리. 예시는 운영 체제의 작업 스케줄러 등이 해당한다.
- **게임 개발**: 트리 구조를 사용해 게임 상태를 저장하고 탐색. 예시는 체스 프로그램에서 미니맥스 알고리즘을 구현하는 것이 해당한다.

자료 구조는 데이터의 효율적 관리와 문제 해결의 기반이 되는 핵심 도구다. 선택 작업, 선택 기준, 그리고 다양한 적용 사례를 통해 자료 구조가 데이터 처리에서 얼마나 중요한 역할을 하는지 확인할 수 있다. 자료 구조의 적용은 문제를 단순히 해결하는 것을 넘어, 프로그램의 성능과 사용자 경험을 향상시키는 필수 과정이다. 자료 구조는 데이터를 효과적으로 활용하기 위한 첫걸음이며, 이를 통해 복잡한 문제를 체계적으로 해결할 수 있다.

5 자료형과 자료 구조

자료형과 자료 구조는 컴퓨팅에서 데이터를 다루는 기본적인 두 가지 개념으로, 프로그래밍의 기초를 이루며, 효율적인 알고리즘 설계와 데이터 처리의 근간이 된다. 이 두 개념은 종종 혼동되지만, 역할과 특성에서 명확히 구분된다. 아래에서는 자료형과 자료 구조의 정의, 차이점, 이 둘의 상호 관계를 살펴본다.

자료형(Data Type): 데이터의 본질을 정의하다 자료형은 프로그램에서 변수에 할당될 수 있는 값의 형태를 정의하는 개념이다. 이는 데이터를 저장하고 처리하는 데 있어 어떤 종류의 값이 허용될지를 결정한다.

- **정의**: 자료형은 정수, 부동소수점, 문자열 등 데이터의 유형을 명확히 정의하여, 해당 데이터가 어떻게 처리되고 저장될지를 결정한다.
- **구현 방식**: 자료형은 추상적으로 구현되며, 데이터 자체의 형태와 특성을 설명한다. 예를 들어, int는 정수를, float는 실수를, string은 텍스트 데이터를 나타낸다.
- **특성**: 자료형은 데이터의 유형만을 나타내며, 메모리를 차지하지 않는다. 예컨대, 자료형 자체는 데이터가 없는 상태에서도 정의될 수 있다.
- **예시**: 프로그래밍 언어에서 기본 자료형으로는 int, float, char, bool 등이 있다. Python에서는 리스트나 딕셔너리도 자료형의 일종이다.

자료 구조(Data Structure): 데이터를 관리하다 자료 구조는 자료형을 바탕으로 데이터를 효율적으로 저장하고 관리하기 위한 체계적인 설계 방식이다. 이는 자료형이 단일 데이터의 특성을 설명하는 반면, 자료 구조는 데이터를 모으고 이를 조작하는 방법을 다룬다.

- **정의**: 자료 구조는 다양한 데이터의 모음을 하나의 객체로 표현하며, 데이터를 체계적으로 저장하고 접근할 수 있는 방법을 제공한다.
- **구현 방식**: 자료 구조는 구체적으로 구현되며, 데이터와 연산을 포함해 메모리를 차지한다. 예를 들어, 배열은 고정된 크기의 연속된 메모리 공간을 사용하고, 연결 리스트는 동적으로 메모리를 할당한다.
- **특성**: 자료 구조는 데이터를 보유하고, 삽입, 삭제, 검색 등 연산을 수행하며, 이러한 연산은 시간 복잡도와 공간 복잡도를 갖는다.
- **예시**: 스택(Stack), 큐(Queue), 트리(Tree), 그래프(Graph) 등은 대표적인 자료 구조이다.

자료형과 자료 구조의 차이점　　자료형과 자료 구조는 목적과 특성에서 차이를 보인다. 이 둘은 데이터 처리의 각기 다른 측면을 다루며, 함께 사용될 때 더욱 강력한 데이터를 다루는 도구가 된다.

- **이해**: 자료형은 데이터의 유형을 설명하는 반면, 자료 구조는 데이터를 저장하고 조직화하는 방법이다.
- **데이터 보유 여부**: 자료형은 데이터 없이 정의될 수 있지만, 자료 구조는 데이터를 포함하며 메모리를 사용한다.
- **시간 복잡도**: 자료형 자체에는 시간 복잡도를 논하지 않지만, 자료 구조에서는 삽입·삭제·탐색과 같은 연산에 시간 복잡도가 발생한다.
- **구현 방식**: 자료형은 추상적으로 정의되지만, 자료 구조는 구체적으로 구현된다. 예시로 자료형 int는 단일 정수를 정의하지만, 자료 구조 배열은 정수의 모음을 저장하며, 각 요소에 접근할 수 있는 메커니즘을 제공한다.

자료형과 자료 구조의 상호 관계　　자료형과 자료 구조는 상호 보완적이다. 자료형은 데이터를 정의하고, 자료 구조는 데이터를 활용할 수 있도록 조직화한다. 이 둘의 조합은 효율적인 데이터 처리와 문제 해결의 핵심이 된다. 예시는 다음의 경우가 해당한다.

　　　　　　　　　　　　　　　　　　　　　　　문제 해결의 힘, 컴퓨팅 사고력

- **배열(Array)**: 정수형 자료형(int)의 모음을 저장하는 자료 구조로, 고정된 크기와 효율적인 접근을 제공한다.
- **해시 테이블(Hash Table)**: 문자열 자료형(string)을 키로 사용하여, 데이터를 빠르게 검색할 수 있다.
- **트리(Tree)**: 노드에 저장된 다양한 자료형 데이터를 계층적으로 구조화한다.

자료형과 자료 구조의 실제 활용   현실의 다양한 문제를 해결하는 데 사용된다.

- **데이터 분석**: 대규모 데이터를 처리할 때, 자료 구조(리스트, 딕셔너리 등)를 사용해 데이터를 정리하고 저장하며, 이를 기반으로 자료형(정수, 부동소수점 등)을 활용해 분석한다.
- **게임 개발**: 게임의 캐릭터 상태는 자료형으로 정의되고, 게임 월드는 그래프 자료 구조를 통해 관리된다.
- **네트워크 관리**: IP 주소는 문자열 자료형으로 저장되며, 라우팅은 그래프 자료 구조를 사용한다.

자료형과 자료 구조의 관계를 일상적으로 비유하면 다음과 같다.

- 자료형은 종이의 종류(A4, 노트, 포스트잇)를 정의하고, 자료 구조는 이를 사용해 정리하는 서류철이나 책꽂이와 같다.
- 자료형이 데이터를 정의하는 '재료'라면, 자료 구조는 그 재료를 조립해 사용하는 '조립 도구'와도 같다.

자료형과 자료 구조의 협력   자료형과 자료 구조는 컴퓨터 과학과 프로그래밍에서 데이터를 효과적으로 다루기 위한 기본적인 도구다. 자료형은 데이터를 정의하고, 자료 구조는 이를 효율적으로 조직화한다. 이 둘은 독립적으로 존재할 수 없으며, 함께 사용될 때 데이터 처리와 문제 해결의 강력한 도구가 된다. 자료형과 자료 구조의 차이를 이해하고, 이를 활용하는 능력은 성공적인 소프트웨어 개발의 핵심이라 할 수 있다.

자료 구조는 데이터를 저장하고 관리하는 방식에 따라 크게 선형 자료 구조와 비선형 자료 구조로 나뉜다. 먼저 선형 자료 구조에 대해 다루며, 그 개념과 활용, 그리고 다양한 예제들을 통해 선형 자료 구조의 중요성과 유용성을 살펴본다.

선형 자료 구조는 데이터를 간단하고 직관적으로 관리할 수 있어 프로그래밍에서 가장 널리 사용된다. 특히, 데이터의 삽입, 삭제, 검색 등의 기본 연산을 효율적으로 처리할 수 있다는 점에서 유용하다. 또한, 배열, 연결 리스트, 스택, 큐와 같은 구조는 다양한 알고리즘 설계와 문제 해결의 기반을 제공한다.

❶ 선형 자료 구조 이해

선형 자료 구조는 데이터를 직선적인 형태로 나열하여 저장하는 구조를 의미한다. 데이터가 순차적으로 배열되며, 각 데이터는 이전 데이터와 다음 데이터와의 1:1 관계를 가진다. 이는 데이터가 정렬된 방식에 따라 접근이 간단하며, 배열(Array), 연결 리스트(Linked List), 스택(Stack), 큐(Queue) 등의 형태로 나타난다.

선형 자료 구조의 대표적 특징 선형 자료 구조는 여러 응용 분야에서 중요한 역할을 한다. 이러한 구조는 데이터 간의 순서와 관계를 명확히 정의하여 데이터 관리와 처리가 간단하며 효율적이다. 대표적인 특징은 다음과 같다.

- **데이터의 순서성**: 선형 자료 구조에서는 데이터 간의 순서가 중요하다. 각 데이터는 고유한 위치를 가지며, 데이터의 삽입과 삭제가 순서에 따라 이루어진다.

- **단일 경로 접근**: 데이터는 일렬로 연결되어 있어, 하나의 경로를 통해 순차적으로 접근할 수 있다. 따라서, 데이터 검색과 탐색이 간단하다.
- **구현 방식**: 선형 자료 구조는 메모리에 연속적으로 저장되거나, 포인터로 연결되어 저장된다.
  - **정적 구현**: 배열처럼 고정된 크기의 메모리를 사용하여 데이터를 저장하는 방식이다. 메모리 할당이 간단하지만, 크기 변경이 어렵고 비효율적으로 메모리를 사용할 가능성이 있다.
  - **동적 구현**: 연결 리스트와 같이 포인터를 사용하여 데이터를 동적으로 저장하는 방식이다. 필요에 따라 메모리 크기를 조정할 수 있어 유연성이 높다. 이는 메모리 효율성을 극대화하고 데이터 삽입과 삭제 작업을 간단하게 만든다.

결론적으로, 선형 자료 구조는 데이터를 순서에 맞게 나열하고, 하나의 경로를 통해 효율적으로 접근할 수 있는 단순하면서도 강력한 데이터 저장 방식이다. 정적 구현과 동적 구현 방식을 적절히 활용함으로써 다양한 문제를 해결할 수 있다. 이처럼 선형 자료 구조는 단순함 속에서도 데이터 처리의 기본을 제공하며, 현대 컴퓨팅에서 필수적인 개념으로 자리잡고 있다.

선형 자료 구조 종류　선형 자료 구조는 데이터를 순서대로 저장하고 관리하기 위해 설계된 기본적인 데이터 구조다. 각 유형은 특정 상황과 요구에 맞게 설계되었으며, 다양한 응용 사례에서 사용된다. 다음은 대표적인 선형 자료 구조의 종류와 그 특징이다.

- **배열(Array)**: 데이터를 연속적인 메모리 공간에 저장. 빠른 접근 속도를 제공하지만, 크기가 고정되어 유연성이 떨어진다.
- **연결 리스트(Linked List)**: 데이터를 포인터로 연결하여 저장. 동적 메모리 활용이 가능하며, 데이터 삽입과 삭제가 용이하다.
- **스택(Stack)**: LIFO(Last In, First Out) 방식으로 데이터를 처리. 함수 호출 스택, 브라우저의 뒤로 가기 등에서 사용된다.
- **큐(Queue)**: FIFO(First In, First Out) 방식으로 데이터를 처리. 대기열이나 작업 스케줄

링에 활용된다.

배열, 연결 리스트, 스택, 큐는 선형 자료 구조의 대표적인 예다. 각각 고유의 특성과 장단점을 가지며, 상황에 맞게 적절히 선택하여 사용해야 한다. 예를 들어, 고정된 크기의 데이터를 빠르게 처리해야 한다면 배열이 적합하며, 유연성과 동적 메모리 할당이 중요하다면 연결 리스트가 더 적합하다. 스택과 큐는 특정한 데이터 처리 방식을 구현할 때 필수적인 도구로 사용된다.

선형 자료 구조의 장점 선형 자료 구조는 데이터의 순서성과 간단한 접근 방식을 제공하여 효율적인 데이터 관리와 처리를 가능하게 한다. 다음은 선형 자료 구조의 주요 장점이다.

- **간단한 데이터 관리**: 데이터가 순차적으로 연결되어 있어 관리가 쉽다.
- **빠른 검색**: 특정 조건의 데이터에 대해 빠른 탐색 가능.
- **효율적 메모리 사용**: 필요에 따라 메모리 공간을 연속적으로 또는 동적으로 활용.

선형 자료 구조는 간단하고 직관적인 데이터 관리를 가능하게 하며, 상황에 맞는 검색 및 메모리 사용 방식을 통해 다양한 응용에서 활용된다. 이러한 장점은 프로그램의 성능을 높이고, 데이터 처리의 효율성을 극대화하는 데 기여한다.

선형 자료 구조의 단점 선형 자료 구조는 간단하고 효율적인 구조로 많은 장점을 제공하지만, 상황에 따라 몇 가지 제약이나 한계를 가진다. 이러한 단점을 이해하는 것은 적절한 자료 구조를 선택하는 데 중요한 기준이 된다.

- **배열의 고정 크기 문제**: 정적 구현에서는 데이터 크기 초과 시 새로운 배열을 만들어야 하는 부담이 있다. 또한 배열 크기가 필요 이상으로 크면 메모리가 낭비된다.
- **순차 접근 제한**: 특정 위치의 데이터에 접근하려면 순차적으로 탐색해야 하는 경우가 많다.

문제 해결의 힘, 컴퓨팅 사고력

선형 자료 구조는 간단하고 직관적인 특징을 가지지만, 배열의 고정 크기 문제와 순차 접근 제한은 특정 상황에서 효율성을 저해할 수 있다. 이러한 단점을 보완하기 위해 비선형 자료 구조나 더 유연한 데이터 관리 방식을 고려해야 한다.

선형 자료 구조에 대한 일상 비유　선형 자료 구조는 데이터가 순차적으로 정렬되고 연결된 형태로, 우리 일상에서 쉽게 발견할 수 있는 구조와 비슷하다. 이를 이해하기 위해 선형 자료 구조를 일상적인 상황에 비유해 보자.

- **배열은 정해진 좌석 번호대로 앉아 있는 극장의 좌석 배열**: 극장에서는 각 좌석이 고유한 번호를 가지며, 모든 좌석이 연속적으로 정렬되어 있다.
- **큐는 줄을 서서 대기하는 상황**: 버스 정류장에서 승객들이 줄을 서서 기다리는 모습은 큐 구조와 동일하다.
- **스택은 접시를 쌓아 올리는 방식**: 식당에서 접시를 쌓아 올리는 방법은 스택 구조를 그대로 반영한다.
- **연결 리스트는 열차의 칸이 서로 연결된 기차**: 열차의 각 칸은 서로 연결된 형태로 움직이며, 필요한 경우 새로운 칸을 쉽게 추가할 수 있다.

선형 자료 구조는 배열, 큐, 스택, 연결 리스트와 같은 형태로 나타나며, 각각은 일상 속 다양한 상황과 비슷한 특징을 가진다. 이러한 비유를 통해 복잡한 자료 구조를 더 쉽게 이해할 수 있다.

선형 자료 구조의 기초를 이해한 만큼, 이제 각각의 구조에 대해 자세히 살펴보자. 배열에서 시작해 연결 리스트, 스택, 큐까지의 특징과 활용 방안을 학습하며 선형 자료 구조의 실질적인 유용성을 탐구해보자.

❷ 배열

배열(Array)은 동일한 타입의 데이터를 연속된 메모리 공간에 저장하는 자료 구조다. 데이터를 저장할 때, 배열은 각 데이터를 정수형 번호(인덱스)를 통해 관리하며,

필요한 데이터를 빠르게 접근할 수 있게 해준다. 배열은 프로그래밍에서 가장 기본적인 자료 구조로, 간단하면서도 강력한 데이터 관리 도구로 알려져 있다.

배열의 기본 개념 배열의 핵심은 다음과 같다.

- **같은 데이터 타입**: 배열 안의 모든 데이터는 동일한 데이터 타입이어야 한다. 예를 들어, 정수형 배열에는 정수만 저장할 수 있다.
- **인덱스**: 배열에 저장된 데이터는 각각 고유한 인덱스를 가지며, 이 인덱스를 통해 데이터를 빠르게 찾을 수 있다.
- **연속된 메모리**: 배열은 메모리에 연속적으로 저장되어 있어, 특정 데이터의 위치를 빠르게 계산할 수 있다.

배열의 장점과 활용 배열은 많은 프로그래머들이 자주 사용하는 자료 구조다.

- **빠른 데이터 접근**: 인덱스를 통해 데이터에 바로 접근할 수 있어, 특정 데이터의 검색 속도가 매우 빠르다.
- **정해진 데이터 구조**: 배열의 크기와 데이터 타입이 고정되어 있어, 예측 가능한 구조로 데이터를 처리할 수 있다.
- **다양한 응용**: 정렬 알고리즘, 데이터 처리, 매트릭스 계산 등 배열은 수많은 알고리즘과 프로그램에서 기본 자료 구조로 사용된다.

배열의 단점과 한계 배열은 다음과 같은 한계를 가지고 있다.

- **크기 제한**: 배열의 크기는 선언 시점에 고정되며, 프로그램 실행 중 크기를 변경할 수 없다. 이는 데이터 양을 미리 예측하기 어렵거나 데이터 크기가 동적으로 변할 경우 문제가 될 수 있다.
- **삽입과 삭제의 비효율성**: 배열의 중간에 데이터를 삽입하거나 삭제할 경우, 나머지 데이터를 이동해야 하므로 작업 속도가 느려질 수 있다.

배열의 일상적 비유　배열은 극장의 좌석 번호와 유사하다. 극장 좌석이 줄지어 정해진 번호에 따라 배열된 것처럼, 배열도 각 데이터가 고유한 번호(인덱스)를 가지고 있다. 예를 들어, "A열 5번 좌석"처럼 배열의 특정 데이터를 빠르게 찾을 수 있다.

Python에서 배열　Python에서는 배열 대신 리스트(List)라는 자료형을 제공한다. Python 리스트는 배열과 달리 다양한 데이터 타입을 저장할 수 있고, 크기가 동적으로 변경되는 점에서 배열보다 유연하다. 예를 들어, 다음은 Python에서의 리스트 선언과 리스트 내용 확인 방식이다.

```
1 my_list = [1, 2, 3, "Python", True]
2 print( my_list[0], type(my_list[0]) )
3 print( my_list[3], type(my_list[3]) )
4 print( my_list[4], type(my_list[4]) )


1 <class 'int'>
Python <class 'str'>
True <class 'bool'>
```

이와 같이 배열에 해당하는 Python 리스트는 정수, 문자열, 그리고 불리언 데이터 등 다양한 데이터를 동시에 포함할 수 있다.

배열의 실제 활용　배열은 다음과 같은 상황에서 유용하게 사용된다.

- **데이터 분석**: 대량의 데이터를 저장하고 처리할 때 배열은 효율적인 방법을 제공한다.
- **이미지 처리**: 이미지 데이터를 배열 형태로 표현하여 픽셀 단위로 처리.
- **게임 개발**: 게임의 좌표나 상태를 관리하는 데 배열이 활용된다.

배열은 간단하지만 강력한 도구다. 배열의 개념을 정확히 이해하면, 데이터 관리와 알고리즘 설계에서 더 효율적이고 체계적인 접근이 가능해진다.

③ 연결 리스트

연결 리스트(Linked List)는 데이터를 저장할 때 포인터를 사용하여 각 데이터가 서로 연결된 형태로 구성된 자료 구조다. 배열과 달리 메모리에 연속적으로 저장되지 않고, 각 데이터 요소(노드)가 다음 데이터를 가리키는 포인터를 포함한다. 이구조 덕분에 데이터의 삽입과 삭제가 효율적이다.

연결 리스트의 기본 개념 연결 리스트의 핵심은 다음과 같다.

- **노드(Node)**: 연결 리스트의 각 데이터 단위로, 데이터와 다음 노드의 주소(포인터)를 포함한다.
- **헤드(Head)**: 연결 리스트의 시작점을 가리키는 포인터.
- **동적 크기**: 필요에 따라 데이터를 추가하거나 삭제하면서 크기를 조정할 수 있다.
- **비연속적 메모리**: 노드가 메모리의 비연속적인 위치에 저장되며, 포인터를 통해 연결된다.

연결 리스트의 구조 연결 리스트는 크게 세 가지 유형으로 나뉜다.

- **단일 연결 리스트(Singly Linked List)**: 각 노드가 다음 노드만 가리키며, 마지막 노드는 NULL 값을 가진다.
- **이중 연결 리스트(Doubly Linked List)**: 각 노드가 이전 노드와 다음 노드를 가리키는 두 개의 포인터를 가진다.
- **원형 연결 리스트(Circular Linked List)**: 마지막 노드가 첫 번째 노드를 가리키는 구조로, 리스트가 원형으로 연결된다.

연결 리스트의 장점과 활용 연결 리스트는 다음과 같은 장점을 가진다.

- **유연한 크기 조정**: 배열과 달리, 데이터의 양이 동적으로 변화해도 크기를 조정할 필요가 없다.

문제 해결의 힘, 컴퓨팅 사고력

- **효율적인 삽입과 삭제**: 데이터의 삽입과 삭제가 포인터 조작만으로 가능해, 배열보다 빠르다. 특히 리스트 중간에 데이터를 추가하거나 제거할 때 효율적이다.
- **메모리 활용**: 필요한 만큼만 메모리를 사용하므로, 메모리 낭비가 적다.

연결 리스트의 단점과 한계　연결 리스트는 다음과 같은 단점을 가진다.

- **순차 접근만 가능**: 특정 데이터를 찾으려면 처음부터 순차적으로 탐색해야 하므로 검색 속도가 느리다.
- **추가 메모리 사용**: 데이터 외에 포인터를 저장할 메모리 공간이 추가로 필요하다.
- **복잡한 구현**: 배열에 비해 구현이 상대적으로 복잡하며, 포인터를 다루는 데 신경 써야 한다.

연결 리스트의 일상적 비유　연결 리스트는 기차의 칸과 유사하다. 각 칸은 연결 고리(포인터)를 통해 다음 칸과 이어져 있으며, 원하는 칸에 새로운 칸을 추가하거나 제거할 수 있다. 이처럼 연결 리스트는 데이터의 동적 관리가 필요한 상황에서 유용하다.

Python에는 연결 리스트가 없다?　Python에서는 연결 리스트를 기본적으로 제공하지 않는다. 대부분의 프로그래밍 언어는 배열과 함께 연결 리스트를 주요 자료 구조로 지원하지만, Python은 배열과 유사한 역할을 하는 리스트(list) 자료형이 충분히 강력하기 때문에 연결 리스트를 별도로 지원할 필요가 없다고 판단한 것이다.

　　Python의 리스트는 동적 배열을 기반으로 한다. 즉, 데이터가 추가되거나 삭제될 때 크기가 자동으로 조정된다. 이로 인해 Python 리스트는 연결 리스트가 제공하는 많은 기능을 이미 지원하고 있다. Python 리스트와 연결 리스트의 비교 내용은 다음과 같다.

비교 항목	Python 리스트	연결 리스트
구조	동적 배열 기반	노드 연결 기반
데이터 저장 방식	연속된 메모리 공간에 저장	비연속적인 메모리 공간에 저장
크기 조정	데이터 추가/삭제 시 크기가 자동 조정	노드 연결을 통해 크기를 동적으로 변경
데이터 추가/삭제	내부적으로 새로운 배열 할당 및 이동 작업 수행	링크 연결 변경으로 삽입/삭제가 비교적 간단
효율성	특정 위치 접근과 검색이 효율적	삽입과 삭제가 효율적

Python에는 기본 연결 리스트가 없지만, Python 리스트가 대부분의 기능을 대체하고 있어 연결 리스트를 꼭 필요로 하지 않는다. 하지만 연결 리스트의 개념은 여전히 자료 구조 학습의 핵심이므로, 그 동작 원리와 구현 방식을 이해하는 것은 프로그래밍 역량을 키우는 데 큰 도움이 된다.

연결 리스트의 실제 활용 연결 리스트는 다음 상황에서 유용하게 사용된다.

- **메모리 관리**: 동적 메모리 할당이 필요한 경우.
- **작업 스케줄링**: 우선순위 큐나 작업 스케줄러의 구현.
- **그래프 탐색**: 그래프의 인접 리스트 표현.

연결 리스트는 메모리와 데이터 관리가 중요한 다양한 분야에서 유용하게 활용된다. 특히 데이터의 삽입과 삭제가 빈번한 환경에서 연결 리스트는 최적의 선택이 될 수 있다.

4 스택

스택(Stack)은 "Last In, First Out(LIFO)" 방식으로 데이터를 처리하는 자료 구조다. 말 그대로 나중에 들어온 데이터가 먼저 나가는 방식이다. 일상생활에서 흔히 볼 수 있는 예는 접시를 쌓는 것이다. 접시를 쌓을 때 가장 위에 올려둔 접시를 먼저 꺼낼 수 있는 것과 같은 원리다. 스택(Stack)은 동적 선형 구조의 대표적인 예로, 데이터를 한 방향으로 삽입하고 제거하는 특성을 가진다. 동적 선형 구조란 데이터가 일렬로 정렬되지만, 크기가 유동적으로 변하며 메모리 공간을 효율적으로 사용할 수 있는 자료 구조를 말한다. 데이터를 필요에 따라 동적으로 추가하거나 제거할 수 있다. 동적 선형 구조의 기본 개념과 스택과의 연관성은 다음과 같이 정리된다. 스택은 이러한 특성을 기반으로 특정 데이터 처리 상황에서 강력한 도구로 활용된다.

- **유연한 크기**: 동적 선형 구조는 정적 구조(배열)와 달리 메모리를 필요에 따라 할당하거나 해제할 수 있다. 이는 공간 낭비를 줄이고 다양한 데이터 양에 대응할 수 있게 한다.
- **단일 경로 접근**: 스택과 같은 동적 선형 구조는 데이터를 순차적으로 처리하며, 데이터의 삽입과 삭제가 한 방향에서 이루어진다.
- **메모리 효율성**: 동적 메모리 할당을 통해 사용자가 초기 크기를 예측하지 않아도 된다.

스택의 기본 개념　　스택은 데이터를 삽입할 때 "push" 연산, 데이터를 제거할 때 "pop" 연산을 사용한다. 이 연산들은 모두 스택의 한쪽 끝에서 이루어진다. 이를 "top"이라고 부르며, 가장 최근에 추가된 데이터가 위치한다. 스택의 특징은 다음과 같다.

- **위치 지정 불필요**: 데이터 삽입과 삭제가 스택의 한쪽 끝(top)에서 이루어지므로 사용자가 위치를 지정하지 않아도 된다.
- **LIFO 구조**: 나중에 삽입된 데이터가 먼저 삭제된다.

스택의 작동 과정　　스택은 데이터의 흐름을 단계적으로 처리한다. 예를 들어, 데이터를 삽입하고 제거하는 과정은 다음과 같다.

1. A 데이터를 삽입(push A).
2. B 데이터를 삽입(push B).
3. C 데이터를 삽입(push C).
4. C 데이터를 제거(pop C).

5 B 데이터를 제거(pop B).

6 A 데이터를 제거(pop A).

이 과정을 통해 가장 나중에 삽입된 데이터부터 제거됨을 확인할 수 있다.

스택의 활용 스택은 다양한 문제 해결에 사용되며, 특히 컴퓨터 시스템에서 중요한 역할을 한다.

- **일상적인 활용**
  - ☑ A4 용지 출력 시 취소 작업: 프린터의 대기열을 처리하는 데 사용된다.
  - ☑ 책을 정리할 때: 스택 구조를 사용해 책을 순서대로 쌓고 정리.
- **컴퓨터 활용**
  - ☑ 괄호 확인 프로그램: 프로그래밍에서 괄호 짝을 맞추는 문제를 해결.
  - ☑ 이전 작업 취소 관리: 문서 편집기에서 'Ctrl + Z'를 사용할 때.
  - ☑ 방문 기록 관리: 브라우저의 '뒤로 가기' 버튼 구현.

Python에서 스택 구현 Python은 스택을 직접적으로 제공하지 않지만, 리스트(List) 자료형을 활용해 구현할 수 있다. 아래는 Python을 활용한 간단한 스택 구현 예시다.

```python
1 # 스택 생성
2 stack = []
3
4 # 데이터 삽입(push)
5 stack.append("A")
6 stack.append("B")
7 stack.append("C")
8 print('원본 스택: ', stack)  # 생성된 스택 확인
9
10 # 데이터 제거(pop)
11 print('제거된 요소: ', stack.pop())  # 출력: C
12 print('수정된 스택: ', stack)        # pop 결과 확인
13 print('제거된 요소: ', stack.pop())  # 출력: B
14 print('수정된 스택: ', stack)        # pop 결과 확인
15 print('제거된 요소: ', stack.pop())  # 출력: A
```

문제 해결의 힘, 컴퓨팅 사고력

```
16 print('수정된 스택: ', stack)      # pop 결과 확인
```
```
원본 스택:  ['A', 'B', 'C']
제거된 요소:  C
수정된 스택:  ['A', 'B']
제거된 요소:  B
수정된 스택:  ['A']
제거된 요소:  A
수정된 스택:  []
```

스택의 한계와 보완   스택은 간단하고 효율적이지만, 다음과 같은 한계가 있다.

- 데이터 접근이 제한적이다. 오직 top에 있는 데이터만 접근할 수 있다.
- 스택이 가득차면(배열 기반 스택의 경우) 메모리 초과 문제가 발생할 수 있다.

이를 보완하기 위해 동적 메모리 할당을 지원하는 연결 리스트 기반의 스택을 사용할 수 있다.

일상적인 비유로 이해하기   우리 생활에서 쉽게 발견할 수 있는 스택의 예를 들어 보자.

- **접시 더미**: 가장 위에 있는 접시부터 꺼내기.
- **책 쌓기**: 책을 차례대로 쌓고 가장 위에서부터 정리.

이처럼 스택은 우리가 데이터를 효율적으로 관리하고 처리하는 데 있어 간단하면서도 강력한 도구다.

5 큐

큐(Queue)는 "먼저 들어온 데이터가 먼저 나가는(First In First Out: FIFO)" 방식으로 작동하는 자료 구조다. 큐는 데이터의 삽입과 삭제가 각각 고유한 위치에서 이루

어진다. 데이터는 큐의 뒤쪽(Back)에서 삽입(Enqueue)되며, 큐의 앞쪽(Front)에서 삭제(Dequeue)된다. 이 구조는 줄을 서는 대기열과 유사한 방식으로 작동하며, 은행이나 계산대에서 줄을 서는 상황과 비교할 수 있다. 큐의 끝과 앞은 각각 포인터로 관리되며 삽입 및 삭제가 독립적으로 이루어진다.

큐 처리 과정 큐에서의 데이터 처리 과정은 크게 두 가지로 나뉜다.

- **삽입(Enqueue)**: 데이터를 큐의 끝(Back)에 추가한다.
- **삭제(Dequeue)**: 데이터를 큐의 앞(Front)에서 제거한다.

이 과정은 데이터를 대기열에 추가하거나, 차례대로 처리하는 상황과 유사하다. 예를 들어, 고객이 은행 창구에서 줄을 설 때, 맨 앞에 선 사람이 먼저 창구로 이동하고, 새로 온 고객은 줄의 끝에 서게 된다.

큐 활용 문제 해결 큐는 일상생활과 컴퓨터 과학에서 다양한 문제를 해결하는 데 사용된다.

- **일상생활**: 은행에서 대기 순서를 나타내는 번호표 시스템, 계산대에서 물건을 계산하기 위해 줄을 서는 상황
- **컴퓨터 활용**
  - ✅ **네트워크 데이터 수신**: 데이터를 순서대로 처리하여 신뢰성을 보장
  - ✅ **프린터 작업 대기열**: 여러 명의 사용자가 동시에 프린트를 요청할 때, 요청 순서대로 작업을 처리
  - ✅ **프로세스 관리**: 운영 체제에서 각 작업을 순서대로 처리

큐는 이러한 방식으로 순차적인 데이터 처리를 효율적으로 관리하며, 실생활의 대기열 문제를 해결하는 데 적합하다.

큐의 종류 큐는 응용 방식에 따라 다양한 유형으로 나뉜다.

문제 해결의 힘, 컴퓨팅 사고력

- **일반 큐**: FIFO 방식을 따르는 가장 기본적인 형태
- **원형 큐**: 큐가 가득차는 문제를 해결하기 위해 데이터가 원형으로 연결
- **우선순위 큐**: 삽입된 순서가 아니라 데이터의 우선순위에 따라 처리
- **이중 끝 큐**: 양쪽 끝에서 삽입과 삭제가 모두 가능한 형태

Python에서 큐 구현 Python은 기본적으로 queue 모듈을 사용해 큐를 구현할 수 있다. FIFO(First In First Out) 구조를 손쉽게 제공하며, 데이터 삽입과 삭제를 효율적으로 처리할 수 있다.

```python
1 from queue import Queue
2
3 # 큐 생성
4 q = Queue()
5
6 # 데이터 삽입
7 q.put(10)
8 q.put(20)
9 q.put(30)
10 print('큐 요소 확인: ', list(q.queue))
11
12 # 데이터 삭제
13 print('큐에서 삭제된 값: ', q.get())  # 출력: 10
14 print('삭제 후 큐 요소 확인: ', list(q.queue))
15 print('큐에서 삭제된 값: ', q.get())  # 출력: 20
16 print('삭제 후 큐 요소 확인: ', list(q.queue))
17
18 # 큐가 비었는지 확인
19 print('큐가 비어있나요?: ', q.empty())  # 출력: False
```

```
큐 요소 확인:  [10, 20, 30]
큐에서 삭제된 값:  10
삭제 후 큐 요소 확인:  [20, 30]
큐에서 삭제된 값:  20
삭제 후 큐 요소 확인:  [30]
큐가 비어있나요?:  False
```

큐의 장점 큐는 데이터가 들어온 순서대로 처리되기 때문에 순서를 유지하며 작업을 진행할 수 있다. 이러한 특성 덕분에 대기열 관리나 순차적인 데이터 처리에 적합하다.

- **순서 보장**: 데이터 처리 순서를 정확히 유지한다.
- **간단한 구현**: 삽입과 삭제 연산이 독립적이고 규칙적이다.
- **효율성**: 큐의 끝과 앞을 포인터로 관리하여, 삽입과 삭제 연산이 빠르다.

큐의 단점   큐는 순차적으로 데이터를 처리하는 특성상 특정 데이터에 접근하거나 수정할 때 한계가 있을 수 있다. 또한, 배열 기반 큐에서는 메모리 사용의 비효율성이 발생할 수 있다.

- **메모리 제한**: 배열 기반 큐의 경우, 크기가 고정되어 있어 유연성이 떨어진다.
- **공간 낭비**: 원형 큐(Circular Queue)를 사용하지 않으면 배열 기반 큐에서 삭제된 공간이 비효율적으로 사용될 수 있다.
- **순차 접근 제한**: 특정 데이터에 접근하려면 반드시 큐의 구조를 따라 탐색해야 한다.

큐에 대한 일상 비유   큐는 일상에서 흔히 접할 수 있는 상황으로 비유할 수 있다.

- **은행의 대기 번호표**: 번호표를 받은 순서대로 창구 서비스를 받는다.
- **차량의 신호 대기**: 신호등 앞에서 줄을 선 차량이 순서대로 출발한다.
- **프린터의 대기열**: 여러 문서가 동시에 인쇄를 요청할 때, 요청된 순서대로 인쇄가 진행된다.

컴퓨터에서의 활용   큐는 컴퓨터 시스템에서도 필수적인 구조로 다음과 같이 사용된다.

- **네트워크 데이터 처리**: 데이터 패킷이 전송되는 순서를 유지하기 위해 큐를 사용
- **프로세스 관리**: CPU 작업 스케줄링에서 프로세스가 순서대로 처리되도록 큐 활용
- **출력 대기열**: 프린터에서 작업 순서대로 문서를 출력하기 위해 사용

큐는 그 간단한 구조에도 불구하고 실생활 및 컴퓨터 과학의 다양한 문제를 해결하는 데 핵심적인 도구로 자리잡고 있다.

큐는 일상생활과 컴퓨터 과학의 다양한 영역에서 효율적인 데이터 처리와 순서 관리를 가능하게 하는 강력한 도구다. 데이터를 삽입하고 삭제하는 간단한 연산 방식은 큐를 이해하기 쉽게 만들지만, 그 활용 가능성은 무궁무진하다. 프로그램의 효율성과 문제 해결 능력을 높이기 위해 큐의 개념과 구현 방법을 숙지하는 것은 매우 유용하다. 큐의 원리를 바탕으로 더 복잡한 자료 구조와 알고리즘을 이해할 수 있는 기초를 마련해보자!

03 | 비선형 자료 구조

데이터를 다루는 방식은 문제를 해결하는 데 있어 중요한 역할을 한다. 선형 자료 구조가 순차적 데이터 처리에 적합하다면, 비선형 자료 구조는 복잡한 관계를 표현하고 다양한 문제를 해결하는 데 강력한 도구가 된다. 비선형 자료 구조는 데이터 간의 계층적 또는 복잡한 연결 관계를 표현하며, 다양한 형태의 문제를 해결하기 위해 설계되었다. 예를 들어, 트리와 그래프는 비선형 자료 구조의 대표적인 예로, 파일 시스템, 소셜 네트워크 분석, 최적화 문제 등에 널리 활용된다. 본문에서는 비선형 자료 구조의 기본 개념과 종류를 살펴보며, 트리와 그래프를 중심으로 그 구조와 활용 사례를 알아볼 것이다. 복잡한 데이터와 문제를 해결하기 위한 비선형 자료 구조의 세계를 탐구하며, 효율적인 알고리즘과 직관적인 문제 해결 능력을 키워보자.

1 비선형 자료 구조 이해

비선형 자료 구조는 데이터를 단순히 일렬로 연결하는 것이 아니라 여러 방향으로 분기하거나 복잡한 관계를 나타내는 구조를 말한다. 이러한 구조에서는 한 요소가 여러 요소와 연결될 수 있으며, 데이터 간의 관계를 더욱 유연하게 표현할 수 있다. 트리와 그래프가 대표적인 비선형 자료 구조다.

비선형 자료 구조의 특징 비선형 자료 구조는 선형 자료 구조와 달리 데이터가 순차적으로 정렬되지 않고 다양한 방식으로 연결된다. 이로 인해 데이터 간의 관계를 더 복잡하고 유연하게 표현할 수 있다.

- **복잡한 관계 표현 가능**: 비선형 구조는 단순한 순서가 아니라 계층적 또는 망 형태의 데이터 관계를 나타낸다.
- **효율적인 데이터 조직**: 계층적이거나 복잡한 데이터 구조를 효과적으로 저장하고 접근할 수 있다.
- **다중 연결 지원**: 한 요소가 여러 요소와 연결될 수 있어, 데이터 표현이 유연하다.

비선형 자료 구조의 장점   비선형 자료 구조는 특정 유형의 데이터와 문제를 다룰 때 탁월한 장점을 제공한다.

- **복잡한 데이터 표현**: 계층적 구조(트리) 또는 다중 연결(그래프)을 통해 복잡한 관계를 효율적으로 나타낼 수 있다.
- **효율적인 탐색 및 접근**: 적절한 알고리즘을 통해 데이터 검색 및 처리가 가능하다.
- **확장성**: 데이터 크기와 관계없이 구조를 확장하거나 수정하기가 용이하다.

비선형 자료 구조의 단점   장점에도 불구하고 비선형 자료 구조는 몇 가지 단점이 있다.

- **구현의 복잡성**: 선형 자료 구조에 비해 구조 설계와 구현이 복잡하다.
- **메모리 사용 증가**: 포인터나 추가 정보를 저장하기 위해 더 많은 메모리가 필요하다.
- **탐색 비용**: 특정 데이터를 찾는 데 더 많은 연산이 필요할 수 있다.

비선형 자료 구조의 예   비선형 자료 구조는 다양한 실생활 사례에서 볼 수 있다.

- **트리(Tree)**: 계층적 관계를 표현하며, 부모-자식 관계가 중심이다.
  예 파일 시스템, 조직도, 족보
- **그래프(Graph)**: 복잡한 망 구조를 나타내며, 노드와 간선으로 구성된다.
  예 도로 네트워크, 소셜 네트워크, 지하철 노선도

일상 비유   비선형 자료 구조는 지하철 노선도나 조직도의 구조와 유사하다.

특정 역에서 다른 역으로 가기 위해 여러 경로를 선택할 수 있듯이, 비선형 자료 구조는 데이터 간의 복잡한 연결을 효과적으로 관리할 수 있다.

❷ 트리

트리는 계층적으로 구성된 데이터 구조로, 각 노드(node)가 부모와 자식 간의 관계를 형성하며 연결된다. 트리는 그래프(Graph)에서 파생된 구조로, 사이클(cycle)이 없는 것이 특징이다. 예를 들어, 가계도나 폴더 구조가 트리 구조를 나타낸다. 트리는 데이터를 구조화하고 탐색하는 데 매우 유용하며, 효율적인 알고리즘 설계에 필수적이다.

트리의 주요 특징

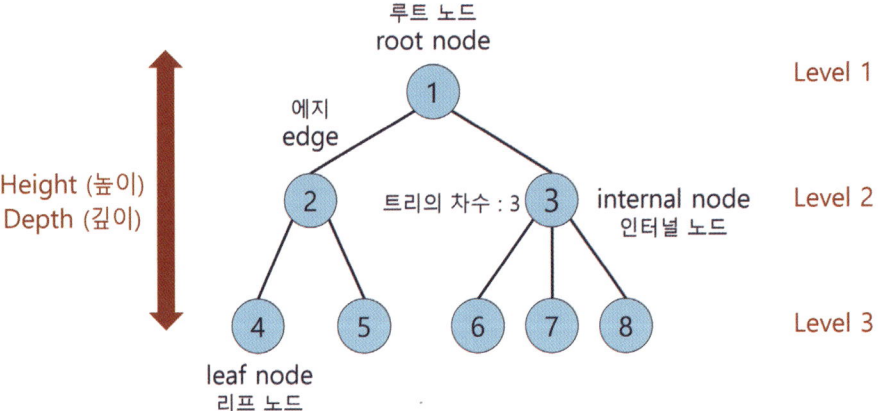

- **계층적 데이터 표현**
  - ☑ 트리는 노드들 간의 계층적 관계를 나타낸다. 예를 들어, 루트 노드는 최상위 계층 이고, 자식 노드는 다음 계층을 구성한다.
  - ☑ 부모-자식 관계를 통해 데이터 간의 구조를 명확히 정의할 수 있다.
- **루트 노드**
  - ☑ 트리의 최상단 노드로, 부모가 없는 노드를 의미한다.

문제 해결의 힘, 컴퓨팅 사고력

☑ 트리는 루트 노드에서 시작하여 하위 계층으로 확장된다.

- **단말 노드(Leaf Node)**
  ☑ 자식 노드가 없는 노드를 단말 노드라 한다. 트리의 끝을 나타낸다.
  ☑ 예를 들어, 파일 시스템에서는 파일이 단말 노드가 될 수 있다.

- **사이클 없음**
  ☑ 트리는 사이클을 허용하지 않는다. 즉, 한 노드에서 출발해 다시 해당 노드로 돌아오는 경로가 존재하지 않는다.
  ☑ 이 점은 그래프와 구별되는 주요 특징 중 하나다.

- **차수(Degree)**
  ☑ 특정 노드에 연결된 자식 노드의 수를 차수라 한다. 트리 전체의 최대 차수를 트리의 차수라고 한다.

- **높이(Height)와 깊이(Depth)**
  ☑ 높이는 루트 노드에서 가장 깊은 단말 노드까지의 거리다.
  ☑ 깊이는 루트 노드에서 특정 노드까지의 거리다.

트리 용어 정리   트리를 이해하기 위해 자주 사용되는 용어를 정리해 보자.

- **형제 노드(Sibling Node)**: 같은 부모를 공유하는 노드들. 예를 들어, 하나의 디렉터리에 포함된 파일들은 형제 관계다.
- **조상 노드(Ancestor)**: 루트 노드까지의 경로에 포함된 상위 노드들.
- **자손 노드(Descendant)**: 특정 노드로부터 하위 계층에 위치한 모든 노드.
- **서브트리(Subtree)**: 특정 노드를 루트로 하는 하위 트리 구조. 트리의 일부를 잘라낸 형태로 이해할 수 있다.

이진 트리(Binary Tree)   이진 트리는 각 노드가 최대 두 개의 자식을 가지는 트리로, 데이터 구조에서 가장 널리 사용되는 형태 중 하나다.

- **특징**
  ☑ 한 노드가 두 개 이하의 자식 노드만 가질 수 있다.

☑ 자식 노드들은 왼쪽 자식(Left Child)과 오른쪽 자식(Right Child)으로 구분된다.

• **효율성**

☑ 데이터 삽입, 삭제, 탐색이 효율적으로 이루어진다.

☑ 균형잡힌 이진 트리에서는 탐색 시간이 O(log n)이다.

포화 이진 트리와 완전 이진 트리　　이진 트리의 대표적 예는 포화 이진 트리(Full Binary Tree)와 완전 이진 트리(Complete Binary Tree)이다.

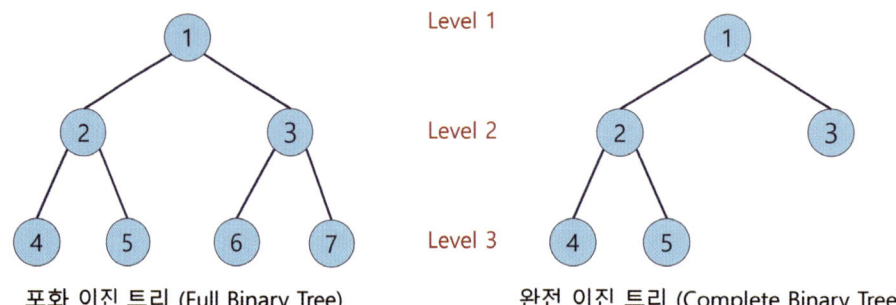

포화 이진 트리 (Full Binary Tree)　　　　　　완전 이진 트리 (Complete Binary Tree)

• **포화 이진 트리(Full Binary Tree)**: 포화 이진 트리는 모든 노드가 자식 노드를 정확히 두 개씩 가지거나, 자식 노드가 없는 단말 노드로 구성된 이진 트리다. 이 구조는 다음 과 같은 특징을 가진다.

☑ **모든 레벨에서 노드가 존재**: 각 레벨은 노드들로 꽉 차 있다.

☑ **노드 수의 규칙**: 트리의 레벨이 h일 때, 노드의 총 수는 2^h-1이다.

☑ **구조적 균형**: 자식 노드의 개수에 따라 완벽하게 균형을 이루는 구조다.

• **완전 이진 트리(Complete Binary Tree)**: 완전 이진 트리는 노드가 위에서 아래로, 왼 쪽에서 오른쪽 순서로 채워지는 구조다. 이 트리는 포화 이진 트리와는 조금 다른 규칙 을 따른다.

☑ **위에서 아래, 왼쪽에서 오른쪽으로 채워짐**: 마지막 레벨에서는 왼쪽부터 채워지고 오른쪽이 비어 있을 수 있다.

☑ **포화 이진 트리와의 관계**: 모든 완전 이진 트리는 포화 이진 트리를 포함하지만, 모 든 포화 이진 트리가 완전 이진 트리가 되는 것은 아니다.

☑ **응용 사례**: 힙(Heap) 자료 구조에서 사용되며, 데이터 우선순위를 효율적으로 관리하는 데 도움을 준다.

이진 트리의 순회(Traversal)　　이진 트리 순회는 트리의 모든 노드를 한 번씩 방문하며 특정 순서에 따라 처리하는 과정을 말한다. 순회 방식에 따라 트리 데이터를 읽거나 처리하는 순서가 달라지며, 각 순회 방법은 특정 작업에 적합한 특징을 갖고 있다. 이진 트리 순회의 주요 유형은 다음과 같으며 아래 예시의 트리에서 탐색 순서 결과를 비교할 수 있다.

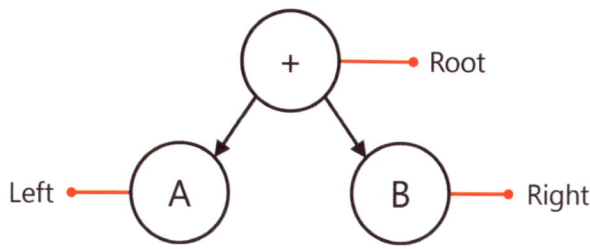

- **전위 순회(Pre-order Traversal)**
  - ☑ Root → Left → Right 순서로 노드를 방문.
  - ☑ 루트 노드를 먼저 방문한 뒤 왼쪽 서브 트리를 탐색하고, 그다음 오른쪽 서브 트리를 탐색한다.
  - ☑ **탐색 순서 결과**: + A B
- **중위 순회(In-order Traversal)**
  - ☑ Left → Root → Right 순서로 노드를 방문.
  - ☑ 왼쪽 서브 트리를 먼저 탐색한 뒤 루트 노드를 방문하고, 그다음 오른쪽 서브 트리를 탐색한다.
  - ☑ 이진 탐색 트리(BST)에서 중위 순회는 모든 노드를 값의 오름차순으로 방문하며, 수학적 표현식을 자연스러운 방식으로 출력한다.
  - ☑ **탐색 순서 결과**: A + B
- **후위 순회(Post-order Traversal)**
  - ☑ Left → Right → Root 순서로 노드를 방문.

✅ 왼쪽 서브 트리를 탐색한 뒤 오른쪽 서브 트리를 탐색하고, 마지막에 루트 노드를 방문한다.

✅ 트리의 삭제 작업이나 표현식 계산에 유용하다.

✅ **탐색 순서 결과**: A B +

이진 탐색 트리(Binary Search Tree)   이진 탐색 트리는 이진 트리의 일종으로, 다음과 같은 조건을 만족한다.

- 왼쪽 서브트리의 모든 값은 부모 노드보다 작다.
- 오른쪽 서브트리의 모든 값은 부모 노드보다 크거나 같다.

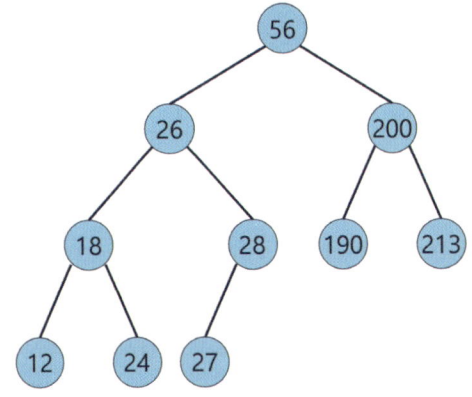

이진 탐색 트리의 활용 예시는 다음과 같다.

- **데이터 정렬**: 이진 탐색 트리를 사용하면 데이터를 빠르게 정렬하거나 검색할 수 있다.
- **탐색 알고리즘**: 루트 노드부터 시작해 값을 비교하면서 원하는 값을 찾아낸다.

이진 탐색 트리 노드 추가   이진 탐색 트리에 새로운 데이터를 추가하는 과정은 간단하면서도 체계적이다. 이 과정은 트리의 각 노드에서 값을 비교하며 새로운 데이터를 정확한 위치에 배치하는 것을 목표로 한다.

- **노드 추가의 원칙**

                                                 문제 해결의 힘, 컴퓨팅 사고력

1 루트에서 시작: 새로운 데이터를 추가하기 위해 항상 루트 노드에서 탐색을 시작한다.

2 값 비교

   ☑ 추가하려는 데이터 값이 현재 노드의 값보다 작으면 왼쪽 자식 노드로 이동한다.

   ☑ 추가하려는 데이터 값이 현재 노드의 값보다 크면 오른쪽 자식 노드로 이동한다.

3 빈 자리에 추가: 적절한 위치에 빈 자리가 발견되면, 그 자리에 새로운 노드를 추가한다.

● **예시: 87 추가하기**

주어진 트리에서 새로운 값 87을 추가한다고 가정하자.

1 루트 노드(56)에서 시작

   87은 56보다 크므로 오른쪽 서브 트리로 이동한다.

2 다음 노드(200)와 비교

   87은 200보다 작으므로 왼쪽 서브 트리로 이동한다.

3 다음 노드(190)와 비교

   87은 190보다 작으므로 다시 왼쪽 서브 트리로 이동한다.

4 적절한 빈 자리 발견

   190의 왼쪽 자식 노드가 비어 있으므로, 해당 자리에 87을 추가한다.

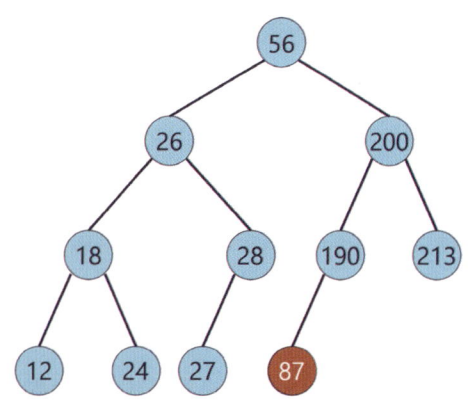

이진 탐색 트리에서 노드 삭제　　이진 탐색 트리(Binary Search Tree, BST)에서 노드를 삭제하는 작업은 삭제할 노드의 위치와 하위 트리 구조에 따라 다양한 경우를

고려해야 한다. 삭제 작업은 트리의 탐색 규칙을 따르면서 트리 구조의 균형을 유지하는 것이 중요하다.

- **삭제의 기본 과정**
  1. 루트에서 시작 삭제할 노드를 찾기 위해 루트 노드에서부터 탐색한다.
  2. 값 비교 삭제하려는 값과 현재 노드의 값을 비교하여 작으면 왼쪽, 크면 오른쪽으로 이동한다.
  3. 삭제할 노드 발견 삭제할 노드를 찾으면 해당 노드의 상태(자식 노드 유무)에 따라 다음 단계를 진행한다.

- **삭제 경우의 수**
  1. 자식 노드가 없는 경우(단말 노드)
     - ✅ 단순히 노드를 삭제하면 된다.
     - ✅ 트리의 구조에 영향을 미치지 않으므로 가장 간단한 경우다.
  2. 자식 노드가 하나인 경우
     - ✅ 삭제된 노드의 부모 노드가 자식 노드를 직접 연결하도록 한다.
     - ✅ 연결 관계만 수정하면 되므로 간단히 처리된다.
  3. 자식 노드가 두 개인 경우
     - ✅ 삭제된 노드의 값을 대체할 값을 찾아야 한다.
     - ✅ 일반적으로 왼쪽 서브 트리에서 가장 큰 값(전임자, Predecessor)이나 오른쪽 서브 트리에서 가장 작은 값(후임자, Successor)을 대체값으로 사용한다.
     - ✅ 대체값을 사용한 후, 해당 대체값 노드를 삭제하거나 재연결한다.

- **예시: 27 삭제하기**
  1. 탐색 과정
     - ✅ 루트 노드 56에서 시작.
     - ✅ 27은 56보다 작으므로 왼쪽으로 이동.
     - ✅ 26에서 27이 오른쪽 자식 노드로 연결되어 있음을 확인.
  2. 삭제 상황
     - ✅ 27은 자식 노드가 없는 단말 노드.
     - ✅ 부모 노드 26과의 연결을 단순히 제거.

문제 해결의 힘, 컴퓨팅 사고력

3 결과

☑ 27이 제거된 트리 구조가 완성된다.

☑ 트리 구조의 균형에는 영향을 미치지 않는다.

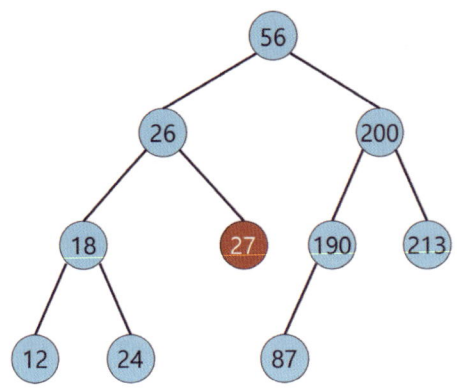

트리의 한계와 해결책   트리는 매우 강력한 구조지만 다음과 같은 단점도 존재 한다.

- **복잡성**
  - ☑ 트리의 크기가 커질수록 관리와 탐색이 복잡해진다.
  - ☑ **해결책**: 균형 잡힌 트리를 유지하거나 적합한 트리 유형 선택.
- **높이 의존성**
  - ☑ 트리가 불균형하면 탐색 시간이 길어질 수 있다.
  - ☑ **해결책**: AVL 트리, 레드-블랙 트리와 같은 균형 트리 사용.

트리는 계층적 데이터를 표현하고 처리하는 데 강력한 도구다. 다양한 트리 구조를 학습함으로써 데이터 관리 및 탐색의 효율성을 극대화할 수 있다. 이제 트리와 더불어 더욱 복잡한 데이터 관계를 표현하는 그래프(Graph)로 넘어가 보자.

③ 그래프

그래프는 현실 세계에서 다양한 관계를 표현하기 위한 가장 강력한 자료 구조 중 하나이다. 그래프는 정점(Vertex)과 간선(Edge)으로 구성되며, 이를 통해 여러 대상과 대상 간의 관계를 모델링한다. 도로망, 소셜 네트워크, 물류 시스템 등 다양한 분야에서 그래프는 필수적으로 사용된다. 이 절에서는 그래프의 기본 개념과 표현 방법을 이해한다.

그래프의 정의   그래프 $G = (V, E)$는 다음과 같이 구성된다.

- $V(E)$: 정점(Vertex)의 유한 집합
- $E(G)$: 간선(Edge)의 유한 집합으로, 정점 간의 연결을 나타낸다.

그래프는 트리의 확장된 형태로 이해할 수 있다. 트리가 부모-자식 관계를 기반으로 하는 계층적 구조라면, 그래프는 보다 자유로운 연결 관계를 허용하며, 특히 사이클(Cycle)을 포함할 수 있다.

그래프의 주요 특징

- **정점과 간선**: 그래프는 정점들의 집합 V와 이들을 연결하는 간선들의 집합 E로 이루어진다.

  예를 들어, $G_1 = (V, E)$에서 $V = \{1, 2, 3, 4\}$이고, $E = \{(1,2),(1,3),(1,4),(2,3),(2,4),(3,4)\}$라면 이는 4개의 정점과 6개의 간선을 갖는 순환 그래프이다.

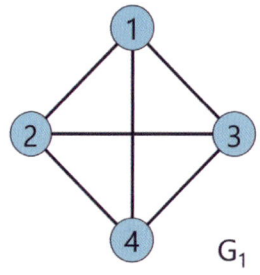

G_1

- 그래프 유형
  - ☑ **무방향 그래프**: 간선이 양방향으로 연결됨.
  - ☑ **방향 그래프**: 간선이 특정 방향성을 가짐.
  - ☑ **가중 그래프**: 간선에 가중치가 부여됨.
- 응용
  - ☑ 그래프는 복잡한 관계를 표현하는 데 탁월하다. 예를 들어 보자.
  - ☑ **도로 지도**: 도시(정점)와 도로(간선)
  - ☑ **소셜 네트워크**: 사용자(정점)와 친구 관계(간선)
  - ☑ **통신망**: 서버(정점)와 데이터 경로(간선)

이제 자세한 그래프 유형에 대하여 살펴보자.

그래프 유형 소개 그래프는 무방향 그래프, 방향 그래프, 무방향 가중치 그래프, 방향 가중치 그래프 등 다양한 유형으로 나뉜다. 각 유형은 연결의 방향성이나 가중치의 유무에 따라 구분되며, 해결하고자 하는 문제에 따라 적합한 유형이 선택된다. 이러한 그래프의 유형을 이해하면, 다양한 데이터 관계를 효과적으로 분석하고 활용할 수 있다. 이제 각각의 그래프 유형과 그 특징을 살펴보자.

- **무방향 그래프(Undirected Graph)**
  - ☑ **특징**: 각 연결선(Edge)에 방향성이 없으며, 연결된 두 정점(Vertex)은 상호 접근 가능하다.

    예

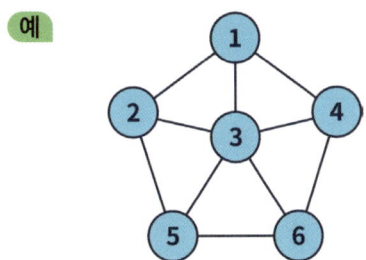

  - ☑ **활용**: 소셜 네트워크, 도시 간 도로 연결 등을 모델링할 때 자주 사용된다. 사람이 친구 관계를 표현하는 네트워크. 친구 관계는 상호적인 연결이기 때문에 무방향 그

래프로 표현할 수 있다.

- **방향 그래프(Directed Graph)**
  - ☑ **특징**: 각 연결선이 특정 방향성을 가지며, 연결된 두 정점 간 접근이 일방적이다.

  예

  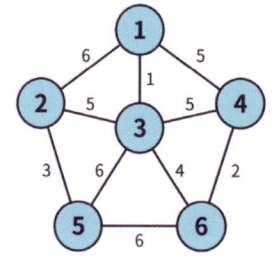

  - ☑ **활용**: 웹 크롤링, 작업 흐름 관리, 네트워크 패킷 흐름 분석 등. 인터넷 상의 웹 페이지 링크 구조. 한 페이지에서 다른 페이지로 연결된 링크는 방향성이 있기 때문에 방향 그래프로 표현된다.

- **무방향 가중치 그래프(Undirected Weighted Graph)**
  - ☑ **특징**: 연결선이 방향성을 가지지 않으면서, 각 연결선에는 특정 가중치(Weight)가 부여된다.

  예

  - ☑ **활용**: 경로 탐색 문제, 최적화 문제(예: 최소 비용 스패닝 트리). 도시 간 거리나 교통 비용을 표현한 지도. 연결선의 가중치는 도시 간 거리나 통행 비용을 나타낸다.

- **방향 가중치 그래프(Directed Weighted Graph)**
  - ☑ **특징**: 연결선이 특정 방향성을 가지며, 각 연결선에는 가중치가 부여된다.

문제 해결의 힘, 컴퓨팅 사고력

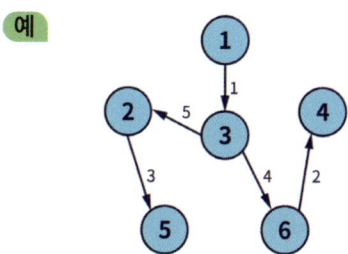

☑ 활용: 네비게이션 시스템, 네트워크 데이터 흐름, 비용 기반 최적화 문제. 항공편의 연결. 특정 도시에서 다른 도시로 이동하는 비행편의 경로와 비용은 방향성과 가중 치를 모두 포함한다.

각 유형의 그래프는 다양한 데이터 모델링 및 문제 해결에 적합하며, 실제 상 황에 맞게 선택적으로 사용된다.

그래프 표현 방법 그래프를 표현하는 방법은 다양하며, 그래프의 구조와 특성 에 따라 적절한 방법을 선택하여 활용한다. 각 방법은 그래프를 이해하거나 구현 할 때 도움을 줄 수 있는 고유의 장점과 단점을 가진다.

• **기본 표현**: 기본 표현은 그래프를 그림으로 직관적으로 나타내는 방식이다. 정점 (vertex)은 원으로, 간선(edge)은 두 정점을 연결하는 선으로 표현한다. 이 방식은 그래프의 구조를 한눈에 파악하기 쉬우며, 간단한 그래프를 설명하거나 이해할 때 유용하다.

예를 들어, 정점 집합 V가 {V1, V2, V3, V4, V5}이고, 간선 집합 E가 {(V1, V2),(V1, V3),(V1, V4),(V1, V5),(V2, V3),(V2, V5),(V4, V5)}인 그래프는 다음과 같은 그림으로 나타낼 수 있다.

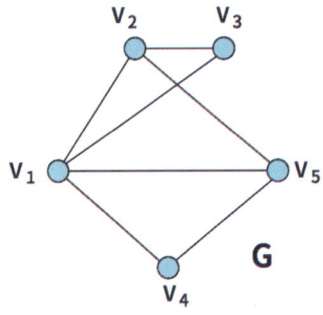

이 방법은 직관적이지만, 정점과 간선의 수가 많아질수록 시각적으로 복잡해질 수 있다는 단점이 있다.

- **집합 표현**: 그래프를 수학적으로 정의하기 위해 사용하는 방식이다. 그래프 G 는 정점 집합 V 와 간선 집합 E 로 구성되며, 이를 다음과 같이 나타낸다:

$$G = (V , E)$$

여기서 V 는 정점의 집합, E 는 간선의 집합이다. 예를 들어,

$$V = \{V1, V2, V3, V4, V5\}$$

$$E = \{(V1, V2),(V1, V3),(V1, V4),(V1, V5),(V2, V3),(V2, V5),(V4, V5)\}$$

인 그래프는 수학적으로 명확히 기술된다. 이 방식은 그래프의 구조를 엄밀히 정의할 수 있지만, 시각적으로 직관적인 이해가 어렵다는 한계가 있다.

- **행렬 표현**: 그래프를 인접 행렬(Adjacency Matrix)로 표현하는 방식이다. $n \times n$ 크기의 행렬에서 행과 열은 정점을 나타내고, 각 원소는 간선의 존재 여부를 나타낸다.

    0: 간선이 존재하지 않음

    1: 간선이 존재함

예를 들어, 앞선 그래프의 인접 행렬 표현은 다음과 같다.

$$\begin{bmatrix} 0 & 1 & 1 & 1 & 1 \\ 1 & 0 & 1 & 0 & 1 \\ 1 & 1 & 0 & 0 & 0 \\ 1 & 0 & 0 & 0 & 1 \\ 1 & 1 & 0 & 1 & 0 \end{bmatrix}$$

행렬 표현은 컴퓨터 연산에 적합하며, 정점 간의 연결 여부를 빠르게 확인할 수

문제 해결의 힘, 컴퓨팅 사고력

있다는 장점이 있다. 하지만, 간선의 수가 적은 희소 그래프에서는 많은 메모리를 낭비하게 되는 단점이 있다.

- **자료 구조 표현**: 그래프를 인접 리스트(Adjacency List)로 표현하는 방식이다. 각 정점에 연결된 다른 정점들을 리스트 형태로 나타낸다.

예를 들어, 앞선 그래프의 인접 리스트 표현은 다음과 같다.

정점	인접 정점
1	2, 3, 4, 5
2	1, 3, 5
3	1, 2
4	1, 5
5	1, 2, 4

1 → 2 → 3 → 4 → 5
2 → 1 → 3 → 5
3 → 1 → 2
4 → 1 → 5
5 → 1 → 2 → 4

인접 리스트는 공간 효율성이 뛰어나며, 간선의 수가 적은 희소 그래프에서 특히 유리하다. 또한 동적 자료 구조를 이용해 구현이 가능하여 그래프를 확장하거나 수정하기 용이하다. 하지만 특정 정점 쌍의 연결 여부를 확인하는 데 시간이 더 걸릴 수 있다는 단점이 있다.

이처럼 그래프 표현 방식은 그래프의 성격과 활용 목적에 따라 적절히 선택되어야 한다. 각각의 방식은 그래프의 구조를 효과적으로 표현하며, 문제를 분석하고 해결하는 데 중요한 역할을 한다.

그래프 연산 및 처리 작업 그래프는 다양한 연산 및 처리를 통해 원하는 구조를 생성하고 관리할 수 있다. 아래는 그래프에서 자주 수행되는 주요 작업과 그 개념을 정리한 내용이다.

- **그래프 생성**: 그래프를 생성하는 작업은 정점(vertex)과 간선(edge)을 정의하여 초기화하는 것을 의미한다. 그래프 생성은 주어진 문제에 맞게 정점과 간선의 집합을 초기화하는 과정이다.

빈 그래프를 생성하거나, 초기 정점과 간선을 포함하여 생성 가능하다.

- **Python 예시 코드**

```
 1 # 빈 그래프 생성
 2 graph = {}
 3
 4 # 초기 정점과 간선을 포함한 그래프 생성
 5 graph = {
 6     'A': ['B', 'C'],
 7     'B': ['A', 'D'],
 8     'C': ['A', 'D'],
 9     'D': ['B', 'C']
10 }
11 print(graph)

{'A': ['B', 'C'], 'B': ['A', 'D'], 'C': ['A', 'D'], 'D': ['B', 'C']}
```

- **그래프 삭제**: 그래프 삭제는 기존의 그래프 데이터를 초기화하거나 메모리에서 제거하는 작업이다.

  ☑ 이 작업은 주로 프로그램 종료 시 리소스를 해제하거나, 새로운 그래프를 생성하기 전에 수행된다.

  ☑ Python에서는 del 키워드로 객체를 삭제하거나, 변수 재할당을 통해 불필요한 메모리를 관리할 수 있다.

  ☑ Python 예시 코드 1: del 키워드 활용

```
 1 # 그래프 삭제
 2 del graph  # 그래프 객체 삭제
 3 try:
 4     if graph:
 5         print('graph가 존재 합니다.')
 6 except:
 7     print('graph가 존재하지 않습니다.')

graph가 존재하지 않습니다.
```

  ☑ Python 예시 코드 2: 변수 재할당

```
1 print(graph)
2 # 그래프 초기화
3 graph = {}
4 print('초기화 이후 확인: ', graph)
```

문제 해결의 힘, 컴퓨팅 사고력

```
{'A': ['B', 'C'], 'B': ['A', 'D'], 'C': ['A', 'D'], 'D': ['B', 'C']}
초기화 이후 확인:  {}
```

- **정점(vertex) 추가**: 정점을 추가하는 작업은 기존 그래프에 새로운 정점을 포함시키는 것을 의미한다. 추가하려는 정점이 이미 존재하지 않는지 확인해야 한다.

  ☑ 무방향 그래프에서는 추가된 정점의 간선 연결 작업도 필요하다.

  ☑ Python 예시 코드:

```python
1 # 빈 그래프 생성
2 graph = {}
3
4 # 초기 정점과 간선을 포함한 그래프 생성
5 graph = {
6     'A': ['B', 'C'],
7     'B': ['A', 'D'],
8     'C': ['A', 'D'],
9     'D': ['B', 'C']
10 }
11
12 # 정점 추가
13 def add_vertex(graph, vertex):
14     if vertex not in graph:
15         graph[vertex] = []
16     else:
17         print(f"정점 {vertex}는 이미 존재합니다.")
18
19 # 사용 예
20 add_vertex(graph, 'E')
21 print(graph)

{'A': ['B', 'C'], 'B': ['A', 'D'], 'C': ['A', 'D'], 'D': ['B', 'C'], 'E': []}
```

- **간선(edge) 추가**: 간선을 추가하는 작업은 두 정점을 연결하여 그래프의 구조를 확장하는 것이다.

  ☑ 방향 그래프에서는 간선의 방향도 정의해야 한다.

  ☑ 가중치 그래프에서는 간선과 함께 가중치 값을 추가해야 한다.

  ☑ Python 예시 코드:

```python
1 # 간선 추가
2 def add_edge(graph, vertex1, vertex2):
3     if vertex1 in graph and vertex2 in graph:
4         graph[vertex1].append(vertex2)
```

```
5          graph[vertex2].append(vertex1)  # 무방향 그래프의 경우
6      else:
7          print("하나 이상의 정점이 그래프에 존재하지 않습니다.")
8
9 # 사용 예
10 add_edge(graph, 'A', 'E')
11 print(graph)
```

```
{'A': ['B', 'C', 'E'], 'B': ['A', 'D'], 'C': ['A', 'D'], 'D': ['B', 'C'], 'E': ['A']}
```

- **정점 삭제**: 정점 삭제는 그래프에서 특정 정점을 제거하고, 해당 정점과 연결된 모든 간선을 삭제하는 작업이다.
  - ☑ 삭제하려는 정점이 그래프 내에 존재하는지 확인해야 한다.
  - ☑ 인접 리스트를 사용하는 경우, 해당 정점을 키로 가지는 엔트리와 관련된 모든 간선을 제거해야 한다.
  - ☑ Python 예시 코드:

```
1 # 정점 삭제
2 def remove_vertex(graph, vertex):
3     if vertex in graph:
4         # 해당 정점과 연결된 모든 간선 제거
5         for adj in graph.values():
6             if vertex in adj:
7                 adj.remove(vertex)
8         # 정점 삭제
9         del graph[vertex]
10    else:
11        print(f"정점 {vertex}는 존재하지 않습니다.")
12
13 # 사용 예
14 remove_vertex(graph, 'B')
15 print(graph)
```

```
{'A': ['C', 'E'], 'C': ['A', 'D'], 'D': ['C'], 'E': ['A']}
```

- **간선 삭제**: 간선을 삭제하는 작업은 특정 정점 간의 연결을 제거하는 것이다.
  - ☑ 무방향 그래프의 경우, 두 정점 간의 연결을 양쪽에서 삭제해야 한다.
  - ☑ Python에서는 리스트에서 요소를 제거하거나, 집합 자료형을 사용해 효율적으로 삭제

할 수 있다.

✅ Python 예시 코드:

```python
1 # 간선 삭제
2 def remove_edge(graph, vertex1, vertex2):
3     if vertex1 in graph and vertex2 in graph:
4         if vertex2 in graph[vertex1]:
5             graph[vertex1].remove(vertex2)
6         if vertex1 in graph[vertex2]:  # 무방향 그래프의 경우
7             graph[vertex2].remove(vertex1)
8     else:
9         print("하나 이상의 정점이 그래프에 존재하지 않습니다.")
10
11 # 사용 예
12 remove_edge(graph, 'A', 'C')
13 print(graph)

{'A': ['E'], 'C': ['D'], 'D': ['C'], 'E': ['A']}
```

- **인접 정점 반환**: 특정 정점에 인접한 모든 정점을 반환하는 작업은 그래프 탐색이나 경로 찾기 알고리즘에서 중요하다.

  ✅ 인접 리스트에서 키 값으로 검색하여 해당 정점의 리스트를 반환한다.

  ✅ graph[정점]은 해당 정점에 인접한 모든 정점의 목록을 반환한다.

  ✅ Python 예시 코드:

```python
1 # 인접 정점 반환
2 def get_adjacent_vertices(graph, vertex):
3     if vertex in graph:
4         return graph[vertex]
5     else:
6         print(f"정점 {vertex}는 그래프에 존재하지 않습니다.")
7         return []
8
9 # 사용 예
10 print(get_adjacent_vertices(graph, 'C'))

['D']
```

다양한 그래프 연산은 그래프의 연결 구조를 이해하고 활용하는 데 핵심적인 역할을 한다. 위의 작업들은 그래프를 다루는 모든 과정에서 필수적이며, 그래프의 구조와 성능을 최적화하는 데 중요한 기반이 된다. 각각의 작업은 문제의 성격과 요구사항에 따라 적절히 조합되어 사용된다.

자료 구조는 컴퓨터 과학에서 필수적인 개념이지만, 단순히 이론으로 머물러 있어서는 그 진정한 가치를 느끼기 어렵다. 자료 구조는 우리가 매일 겪는 문제를 해결하고, 복잡한 데이터를 정리하며, 효율적으로 활용할 수 있게 해주는 핵심 도구이다. 우리가 매일 사용하는 스마트폰의 연락처 목록, 음악 재생 목록, 쇼핑 애플리케이션의 구매 리스트까지도 모두 자료 구조를 기반으로 하고 있다.

자료 구조를 이해하고 실제로 코딩해보는 것은 단순한 학습을 넘어 우리의 문제 해결 능력을 키우는 중요한 과정이다. 코딩을 통해 자료 구조를 직접 구현하면, 추상적인 개념이 실질적으로 어떻게 작동하는지 깊이 이해할 수 있다. 이를 통해 단순히 문제를 해결하는 데서 그치지 않고, 더 창의적이고 체계적으로 사고하는 방법을 배울 수 있다.

이제 단순히 머릿속에서 끝나는 학습이 아니라, 자료 구조가 우리의 삶 속에서 실제로 어떻게 적용될 수 있는지 경험해 보자. Python 코딩을 통해 자료 구조를 직접 구현하고, 이를 활용하여 더 나은 선택과 효율적인 계획을 세우는 능력을 길러보는 것이다. 예를 들어, 쇼핑 리스트 관리라는 간단한 예제를 통해 우리는 자료 구조가 어떻게 현실 문제를 해결하고, 우리의 일상을 더 나은 방향으로 이끌어가는지 체감할 수 있을 것이다. 자료 구조는 단순한 기술적 개념이 아니라, 삶의 복잡한 문제를 풀어가는 새로운 관점을 제공하는 도구이다. 이를 직접 경험하며, 우리만의 문제 해결력을 키우는 도전을 시작해보자.

쇼핑가서 충동 구매는 이제 그만! 마트에 갔다가 카트를 가득 채우고 계산대에 섰을 때 이런 생각이 든 적 있을 것이다. "이건 왜 샀지? 꼭 필요한 거였나?" 충동 구매로 가득 찬 카트를 보며, 정작 필요한 물건은 놓쳤다는 걸 뒤늦게 깨닫기도 한다. 하지만 자료 구조를 활용한 쇼핑 리스트로 이런 상황을 방지할 수 있다. 체계적이고 효율적인 쇼핑 계획은 데이터 구조와 함께 시작된다.

- **쇼핑 리스트를 위한 적절한 자료 구조 선택**: 필요한 물건을 체계적으로 관리하려면 어떤 자료 구조가 적합할까? 쇼핑 리스트의 요구 사항은 아래와 같다.
  - ☑ 물건을 추가할 수 있어야 한다.(예: 우유 추가)
  - ☑ 물건을 삭제할 수 있어야 한다.(예: 이미 구입한 물건 제거)
  - ☑ 현재 리스트에 남은 물건을 확인할 수 있어야 한다.
  - ☑ 물건이 리스트에 없는데 삭제하려고 하면, 오류 메시지를 출력해야 한다.

이런 기능을 제공하려면 Python의 리스트(list) 자료 구조가 적합하다. 리스트는 데이터를 순서대로 저장하고, 추가 및 삭제 작업을 쉽게 처리할 수 있기 때문이다.

- **자료 구조 설계**: 쇼핑 리스트 관리 프로그램의 설계는 다음과 같이 간단히 정의할 수 있다.
  - ☑ **입력값**: 추가하거나 삭제할 물건의 이름.
  - ☑ **출력값**: 현재 리스트 상태 또는 경고 메시지.
  - ☑ **기능**
    - — append(): 리스트에 물건 추가.
    - — remove(): 리스트에서 물건 제거.
    - — print(): 현재 리스트 출력.
    - — 삭제하려는 물건이 없을 경우, 메시지 출력.
- **Python 프로그램**: 사고력을 동원하여 다음의 코드를 작성할 수 있다.

```
1 shopping_list = []
2
3 while True:
4     print("\n*** 쇼핑 리스트 관리 프로그램 ***")
5     print("1. 물건 추가")
6     print("2. 물건 삭제")
7     print("3. 리스트 보기")
8     print("4. 종료")
9
```

문제 해결의 힘, 컴퓨팅 사고력

```
10    choice = input("번호를 선택하세요: ")
11
12    if choice == '1':
13        item = input("추가할 물건: ")
14        shopping_list.append(item)
15        print(f"{item}이(가) 리스트에 추가되었습니다.")
16    elif choice == '2':
17        item = input("삭제할 물건: ")
18        if item in shopping_list:
19            shopping_list.remove(item)
20            print(f"{item}이(가) 리스트에서 삭제되었습니다.")
21        else:
22            print(f"{item}은(는) 리스트에 없습니다.")
23    elif choice == '3':
24        print("\n현재 쇼핑 리스트:")
25        if shopping_list:
26            for i, item in enumerate(shopping_list, start=1):
27                print(f"{i}. {item}")
28        else:
29            print("리스트가 비어 있습니다.")
30    elif choice == '4':
31        print("프로그램을 종료합니다.")
32        break
33    else:
34        print("잘못된 입력입니다. 다시 선택하세요.")


*** 쇼핑 리스트 관리 프로그램 ***
1. 물건 추가
2. 물건 삭제
3. 리스트 보기
4. 종료
번호를 선택하세요: 1
```

이제 이 프로그램을 실행하면, 쇼핑 전에 필요한 물건들을 미리 계획하고 관리할 수 있다. 계획적으로 쇼핑을 진행하면 불필요한 지출을 줄이고, 꼭 필요한 물건만 구입할 수 있다. 또한, 자료 구조를 직접 활용하며 코딩하는 과정에서, 추상적인 개념이 실제로 어떤 식으로 응용될 수 있는지 체감할 수 있을 것이다.

🎯 도전 과제

자료 구조는 단순한 개념의 집합이 아니다. 우리가 일상에서 마주하는 복잡한 문제들을 해결하는 데 활용되는 강력한 도구이다. 이번 도전 과제에서는 세 가지 실생활의 상황을 통해, 각각의 문제를 분석하고 적합한 자료 구조를 스스로 고민해보는 시간을 가져보자. 각 상황 속에서 문제를 체계적으로 이해하고, 어떤 자료 구조가 적합할지와 그 처리 과정을 구체적으로 생각해보자.

생각하기 1: 주말에 할 일이 많은데 어떻게 관리하면 좋을까?

주말에 해야 할 일이 잔뜩 쌓여 있다. 세탁소 가기, 장보기, 친구와 약속, 영화 감상, 청소, 운동 등등. 어떤 일이 먼저 중요하고, 어떤 일은 나중에 처리해도 될지 고민이 된다. 어떻게 하면 할 일을 체계적으로 관리하고 우선순위에 따라 처리할 수 있을까?

> **질문**
> ― 이런 상황에서 어떤 자료 구조를 활용하면 효율적으로 일정을 관리할 수 있을까?
> ― 할 일을 체계적으로 관리하려면 어떤 기능(function)이 필요할까?

예를 들어, 새 할 일을 추가하는 기능, 완료된 일을 처리하는 기능, 현재 대기 중인 일을 확인하는 기능 등이 필요하다. 이러한 기능들을 구현하려면 자료 구조의 어떤 특성을 활용해야 할지 고민해보자.

생각하기 2: 동아리 활동을 효과적으로 조직하려면 어떻게 해야 할까?

동아리에서는 다양한 활동을 계획하고 있다. 이번 주에는 영화 관람, 독서 모임, 축구 경기 관람 등 여러 이벤트가 준비되어 있다. 하지만 참여 인원이 다르고, 각 활동의 세부 일정도 조율해야 한다. 또, 활동이 끝나면 그 결과를 정리하고, 다음 주의 활동을 준비해야 한다. 이러한 모든 과정을 효과적으로 관리하려면 어떻게 해야 할까?

문제 해결의 힘, 컴퓨팅 사고력

— 동호회 활동을 체계적으로 관리하려면 어떤 자료 구조가 적합할까?

— 활동을 추가하거나 삭제하는 기능, 특정 활동에 참여 인원을 관리하는 기능, 완료된 활동을 기록하고 정리하는 기능 등 어떤 처리 과정(function)이 필요할까?

생각하기 3: 새로운 도시의 교통 네트워크 파악하기

새로운 동네로 이사를 왔다. 학교에 가는 길을 알아보려니, 도로와 대중교통 경로가 너무 복잡하다. 버스와 지하철을 어떻게 갈아타야 하는지, 어느 길로 가야 가장 빠를지를 고민하다 보니 머리가 아파온다. 아르바이트 장소까지 가야 하는 경로까지 더해지니 계획이 더 어려워졌다. 어떻게 하면 이 복잡한 이동 경로를 체계적으로 정리하고, 효율적으로 계획할 수 있을까?

— 학교와 아르바이트 장소로 가는 경로를 체계적으로 정리하려면 어떤 자료 구조가 적합할까?

— 이동 경로를 관리하려면 어떤 기능(function)이 필요할까?

예를 들어, 특정 위치에서 목적지까지 가장 빠른 경로를 찾는 기능, 경로 상의 환승 횟수를 계산하는 기능, 새로운 노선을 추가하거나 기존 노선을 변경하는 기능 등이 필요하다. 이러한 기능을 구현하기 위해 자료 구조의 어떤 특성을 활용할 수 있을지 고민해보자.

새로운 시각으로 도전해보자!

자료 구조는 단순히 문제를 해결하기 위한 기술적인 도구가 아니다. 그것은 우리가 문제를 바라보는 새로운 시각을 제공하며, 복잡한 상황 속에서 명확한 해답을 찾아가는 힘을 길러준다. 이번 도전 과제에서 다룬 상황들은 우리 일상 속 문제와 맞닿아 있다. 주말의 바쁜 일정, 동아리 활동 관리, 새로운 동네에서의 이동 경로 등, 자료 구조는 이 모든 문제를 체계적으로 해결하는 열쇠가 된다.

이제 여러분 차례다. 배운 개념을 바탕으로 자신만의 해결 방식을 고민해보고, 자료 구조를 직접 설계하고 구현해보자. 작은 코딩 실습이더라도, 이를 통해 얻는 성취감과 사고의 확장은 상상 이상으로 크다. 스스로 만들어낸 코드가 복잡한 문제를 풀어내는 순간, 여러분은 더 큰 도전에도 자신감을 가질 수 있을 것이다. 자료 구조는 어렵지 않다. 우리의 일상과 밀접하게 연결되어 있기에, 이를 이해하고 응용할 수 있는 능력은 곧 더 나은 문제 해결력으로 이어질 것이다. 주저하지 말고 도전하자! 여러분의 열정과 노력이 최고의 해답을 만들어낼 것이다.

마무리

자료 구조는 문제를 해결하는 과정에서 데이터를 조직하고 관리하는 핵심적인 역할을 한다. 이 책에서는 자료 구조의 기본 개념부터 선형 자료 구조와 비선형 자료 구조까지 폭넓게 탐구하며, 이를 Python 코드로 구현하여 실제 문제를 해결하는 데 적용하는 방법을 다루었다. 먼저, 자료 구조의 개념은 데이터를 체계적으로 저장하고 관리하여 효율적으로 접근하고 조작할 수 있도록 하는 것이다. 선형 자료 구조에서는 배열, 연결 리스트, 스택, 큐와 같은 구조들이 등장하며, 데이터가 일렬로 나열되어 있어 순차적인 접근이 용이하다. 각각의 자료 구조는 데이터의 삽입, 삭제, 검색 등의 작업에서 효율성을 높이기 위한 목적을 가지고 있다. 예를 들어, 스택은 후입선출(LIFO) 구조로, 큐는 선입선출(FIFO) 구조로 데이터를 처리하며, 서로 다른 문제 상황에 적합한 해결책을 제공한다. 비선형 자료 구조는 선형 자료 구조와 달리 데이터 간의 계층적 또는 복잡한 관계를 표현할 수 있다. 트리 구조는 계층적인 관계를, 그래프 구조는 정점과 간선을 통해 복잡한 네트워크를 표현한다. 트리는 파일 시스템, 데이터베이스, 웹 페이지의 구조 등에서 활용되고, 그래프는 소셜 네트워크, 지도 탐색, 네트워크 연결 등 다양한 분야에서 중요한 도구로 사용된다. 이러한 비선형 자료 구조는 더 복잡한 데이터 모델링과 문제 해결을 가능하게 한다.

Python을 활용하여 자료 구조를 구현하고 실습한 경험은 독자에게 이론적 이해를 넘어 실질적인 문제 해결 능력을 길러준다. 스택과 큐의 간단한 데이터 처리부터 트리 탐색과 그래프의 다양한 표현 방법에 이르기까지, Python 코드는 자료 구조의 동작 원리를 명확히 이해하고 실제 응용 사례를 구현할 수 있도록 돕는다. 이를 통해 독자는 데이터 구조와 알고리즘이 어떻게 실제 문제를 해결하는 데 기여하는지 체감할 수 있다.

자료 구조의 이해는 단순히 코드를 작성하는 것을 넘어 사고의 틀을 확장하는 과정이다. 문제의 본질을 파악하고 적절한 데이터 구조를 선택하며, 이를 통해 최적의 해결책을 설계하는 능력은 컴퓨팅 사고력을 함양하는 데 중요한 역할을 한다. 선형 자료 구조와 비선형 자료 구조를 학습하며 얻은 통찰은 앞으로 다양한 문제를 분석하고 해결하는 데 든든한 기반이 될 것이다.

이제 독자는 자료 구조와 Python을 활용한 문제 해결의 첫걸음을 내디뎠다. 앞으로 더 복잡한 데이터 구조와 알고리즘을 배우고 적용하면서 컴퓨팅 사고력을 더욱 심화할 수 있을 것이다. 자료 구조를 넘어 데이터와 알고리즘의 세계를 탐구하며 새로운 도전에 나서기를 기대한다.

문제 해결의 힘, 컴퓨팅 사고력 생각
Computational Thinking

1판 1쇄 인쇄 2026년 2월 6일
1판 1쇄 발행 2026년 2월 13일

지은이   한옥영
펴낸이   유지범
책임편집   구남희
편집   신철호 · 현상철
외주디자인   심심거리프레스
마케팅   박정수 · 김지현

펴낸곳   성균관대학교 출판부
등록   1975년 5월 21일 제1975-9호
주소   03063 서울특별시 종로구 성균관로 25-2
전화   02)760-1253~4
팩스   02)760-7452
홈페이지   http://press.skku.edu/

ISBN 979-11-5550-699-8 93000